PRESSA DE FUTURO

ROGÉRIO GODINHO

PRESSA DE FUTURO

Como Luiz Donaduzzi criou uma gigante farmacêutica e uma revolução na educação

© 2025 - Rogério Godinho
Direitos em língua portuguesa para o Brasil:
Matrix Editora
www.matrixeditora.com.br
/MatrixEditora | /@matrixeditora | /matrixeditora | /matrixeditora

Diretor editorial
Paulo Tadeu

Projeto gráfico e diagramação
Marcelo Córreia

Apoio editorial e desenvolvimento de conteúdo
Érika Suzuki

Foto da capa
Carlos Scherer

Revisão
Adriana Wrege
Silvia Parollo

CIP-BRASIL - CATALOGAÇÃO NA PUBLICAÇÃO
SINDICATO NACIONAL DOS EDITORES DE LIVROS, RJ

Godinho, Rogério
Pressa de futuro / Rogério Godinho. - 1. ed. - São Paulo: Matrix, 2025.
248 p.; 23 cm.

ISBN 978-65-5616-559-2

1. Donaduzzi, Luiz. 2. Empresários - Brasil - Biografia. I. Título.

25-97321.0
          CDD: 658.40092
          CDU: 929:658(81)

Gabriela Faray Ferreira Lopes - Bibliotecária - CRB-7/6643

Sumário

Agradecimentos **7**
Capítulo 1 - A biblioteca **9**
Capítulo 2 - Quase um cientista **19**
Capítulo 3 - Redomas do saber **29**
Capítulo 4 - Doutores com aspas **39**
Capítulo 5 - Vontade de estudar **53**
Capítulo 6 - O serrote **57**
Capítulo 7 - Baixo luto **65**
Capítulo 8 - Na contramão **75**
Capítulo 9 - A paixão de Carmen **81**
Capítulo 10 - Cólera **87**
Capítulo 11 - O início do sonho **93**
Capítulo 12 - Linhas tortas **101**
Capítulo 13 - Ética radical **107**
Capítulo 14 - Fuga **113**
Capítulo 15 - Saco maluco **117**
Capítulo 16 - Piloto na contramão **121**
Capítulo 17 - O pior crime **127**
Capítulo 18 - Três meses de vida **137**

Capítulo 19 -	Bebedouro	141
Capítulo 20 -	Checklist	145
Capítulo 21 -	A míni-Prati	153
Capítulo 22 -	Post-it amarelo	161
Capítulo 23 -	Prioridades	167
Capítulo 24 -	O sucessor impossível	181
Capítulo 25 -	A família Prati	197
Capítulo 26 -	Nasce o Biopark	203
Capítulo 27 -	A força da gravidade	215
Capítulo 28 -	Pressa de futuro	221
Álbum de fotos		233

Agradecimentos

Este livro só foi possível graças ao apoio e colaboração de um grande número de pessoas, que trouxeram valiosas contribuições ao longo do caminho. Boa parte delas está presente como personagens na história. Neste espaço, destacamos aqueles que ajudaram nos bastidores trazendo informações, como Adriane Cordeiro, Ana Luiza Donaduzzi, Claudia Barbosa Ladeira de Campos, Danielle Barreto, Edilson Bianqui, Gabriela Boldrini, Irani Batista de Araújo, Irineia Baretta, Joaci Pereira Furtado, Laura Gafuri, Lisete Maria Franzen, Livia Alves Almeida Rocha, Maycon Rogério Nogueira, Mario Costenaro, Marcelo Fiorin, Martha Terenzzo, Nancy Campos, Nelson Claro, Nelson Mussolini, Paulo Victor Almeida e Renato Janine Ribeiro.

Quando o livro ficou pronto, outras pessoas se somaram a esse esforço, com uma série de leituras atentas, trazendo preciosas contribuições. Foram as inestimáveis sugestões de Livia Alves Almeida Rocha, Cláudia Beatriz de Oliveira Schittler, Sara Donaduzzi Siqueira e Taiana Grespan Pensin. Todos eles, dos que trouxeram informações aos que nos fizeram ver o livro de outra forma, ajudaram a torná-lo muito melhor. A todos esses incríveis colaboradores, nosso eterno obrigado.

Capítulo 1

A biblioteca

"Um tiro!", pensou. "Descobriram a gente."
Luiz olhou em volta e não viu mais o colega. Já devia ter sumido no mato. Soltou o saco de frutas e correu com as pernas compridas de um garoto que já tinha 1,92 m – aos 13 anos, era de longe o aluno mais alto do Ginásio Agrícola. Aliás, ele achava que era somente em função da altura que o tinham convidado para pegar as laranjas.

Correu quanto podia, abrindo o mato no peito. Só parou duzentos metros adiante, quando viu o outro menino imóvel no chão, a camisa toda manchada de vermelho. Levou as mãos à cabeça e ficou andando em volta do colega, sem saber o que fazer. Ouviu o barulho de alguém se aproximando e teve o impulso de fugir, mas não podia deixar o colega ali caído daquele jeito.

Estava pronto para pedir desculpas ao vizinho, que imaginava com a espingarda na mão, determinado a punir os ladrões de laranja, quando viu os demais colegas sem ar de tanto rir. Olhou para o chão e o colega caído agora se mexia, rolando na terra, às gargalhadas.

– É mercurocromo! – o menino tirou e balançou na frente dele a camisa branca encharcada do antisséptico vermelho.

Luiz pulou em cima do colega, que nem apanhando parou de rir. Mais tarde, descobriria que o dono do laranjal mandava a conta das laranjas para a escola, não tendo necessidade de atirar em ninguém quando a molecada limpava seu pomar. Contrariado por não obter uma satisfação para o susto que tinha levado, Luiz se afastou a passos largos do grupo.

Nascido em 1955, Luiz Donaduzzi tinha comemorado o aniversário pouco antes de ser mandado para o Ginásio Agrícola de Foz do Iguaçu. Decidido a encontrar um lugar mais tranquilo, passou pelas arcadas da entrada da escola e parou em uma porta fechada na frente da sala da diretoria. Não era sala de aula, nem dormitório, nem escritório da administração da escola. Ainda podia ouvir os gritos das crianças atrás dele, aproveitando o resto do sábado para jogar bola.

Abriu lentamente a porta. Não havia ninguém dentro. Só havia livros. Mais do que ele tinha visto em toda a sua vida. Olhou em volta mais uma vez, como que para se certificar de que não havia mesmo ninguém ali. No meio da sala, uma mesa grande e algumas cadeiras em volta. Os livros se acumulavam em estantes apertadas, em um cômodo que não devia ter mais de 20 metros quadrados. Era uma biblioteca.

O garoto nunca tinha entrado em um lugar como aquele. Eram livros e mais livros, estante ao lado de estante. Apesar de ser uma biblioteca pequena, ele nunca tinha visto tanto conhecimento reunido em um só lugar. Fechou a porta atrás de si. Já não se ouviam os gritos do futebol. Andou até uma estante e torceu o pescoço para a esquerda para ler as lombadas de vários livros vermelhos, em que se lia a palavra "Enciclopédia". Puxou o primeiro volume, devagar, como se estivesse fazendo algo errado. A sala continuava em silêncio e a porta se mantinha fechada. Abriu o livro e começou a ler.

Luiz não tinha como definir exatamente a importância do que estava fazendo naquele momento, mas, ao pegar aquele livro, de certa forma estava começando a cumprir uma promessa que seu pai havia feito treze anos antes. Quando o menino nasceu, primeiro filho do casal, Aldemar Donaduzzi chorou e disse para a esposa:

– Esse menino eu vou colocar pra estudar.

Aldemar não queria que seu filho tivesse uma vida parecida com a sua. Ele e a esposa, que trabalhava como costureira, eram de famílias europeias que tinham fugido da pobreza e das guerras da segunda metade do século XIX. No caso de Aldemar, o sobrenome Donaduzzi vinha do bisavô que saiu da região de Trento, no norte da Itália (que na época pertencia ao Império Austro-Húngaro), durante os conflitos da unificação italiana (1859-1870).

No caso da mãe, Jeni Doleys, os pais também vinham da região onde na época existia a Tchecoslováquia, hoje dividida nas repúblicas Tcheca e da Eslováquia. Com muito esforço, ambas as famílias conseguiram melhorar de vida no Brasil – até que a boa fortuna deixou de agraciar uma delas.

O tifo ceifou a vida do pai do pequeno Aldemar, que acabou sendo criado pela mãe e por tios; teve que ajudar na roça e, como consequência, nunca conseguiu estudar. Aprendeu o ofício de ferreiro e comprou um pedaço de terra no município de Jaguari, no Rio Grande do Sul. Ali, Aldemar montou uma pequena ferraria. Foi quando Jeni Doleys encontrou o filho de italianos que tinha ficado órfão e pobre. Disseram a ela que o Donaduzzi não era um bom partido, mas a moça tinha personalidade forte e decidiu se casar com ele mesmo assim.

No município de Segredo, região próxima a Jaguari, tiveram seu primeiro filho: Luiz Donaduzzi.

Ao segurá-lo nos braços, Aldemar enxergou no menino tudo que não tinha vivido até ali – a chance de romper definitivamente o ciclo de pobreza que parecia perseguir o sobrenome Donaduzzi e a maioria dos imigrantes europeus que tinham vindo sobretudo para o sul do Brasil nas décadas de 1860 e 1870. Já nos primeiros anos de vida, Luiz acompanhava Aldemar na ferraria, na serraria e na lavoura e ouvia falar do dia em que iria para a escola. Devia ser muito importante, pois o pai se referia ao assunto como algo de enorme gravidade.

Quando Luiz completou sete anos, foi enviado ao lugar onde se cumpriria a promessa de Aldemar. Em tese, a escola era o local de vivências e relacionamentos, da ética e da moral, onde poderia alcançar seu pleno desenvolvimento emocional, intelectual, artístico e físico. Ou, pelo menos, era o que se esperava da educação.

Chegou sem saber pegar no lápis, porque em sua casa não havia um objeto como aquele. A mãe sabia escrever, mas não tinha tempo para ensinar; era costureira e cuidava das crianças, em uma família que já estava crescendo. Depois de Luiz, vieram Teodoro, Angela, Arno, João Paulo e Hamilton. Mesmo com o aumento do número de bocas para alimentar, a vida melhorava para a família Donaduzzi. Um sinal de prosperidade foi a aquisição de doze sacos de farinha de trigo, garantia de que teriam o que comer por um ano inteiro. Tinham se mudado para uma casa melhor, com vários quartos, feita de madeira e não de sapé, como as dos vizinhos.

Com idade suficiente para acompanhar o pai na serraria sem atrapalhar, Luiz divertia-se usando pregos velhos, que vinham em caixas, para construir pequenos carrinhos. Aldemar observava a inventividade do filho e se perguntava se conseguiria manter sua promessa ou se o menino teria que trabalhar ao seu lado.

Ao mesmo tempo, a escola que Luiz frequentava tinha suas limitações. Como o fato de não ter uma biblioteca. Nesse mundo pré-internet, a ausência de um local para ler livros podia fazer a diferença entre a boa e a má escola. Eram os espaços sagrados do saber, onde só se podia estar em silêncio ou falando baixo, semelhante à deferência adequada a um templo religioso. Até o início da década de 1960, o Brasil tinha somente 75 bibliotecas públicas e pouco mais de 200 bibliotecas públicas infantis. Na época, especialistas internacionais, como o austríaco Richard Bamberger, já alertavam que a idade ideal para desenvolver o gosto pela leitura estava entre 8 e 13 anos. Segundo essa tese, Luiz passava do ponto ideal para se iniciar na prática de ler com frequência. Aldemar provavelmente ignorava isso, mas o certo é que ele desejava que sua família tivesse mais.

Nessa época, alguém comentou com Aldemar sobre a abundante oferta de novas terras no Paraná. Ele acreditou que era a chance de melhorar a situação da família: vendeu os 25 hectares que tinha em Jaguari e comprou um terreno com o dobro do tamanho em Santa Helena, no oeste paranaense. Além do tamanho, havia a vantagem de serem terras planas e muito férteis. Dessa maneira, tinha certeza de que seria possível sustentar a família, ainda com muito suor. Não teriam luxo, mas talvez Aldemar conseguisse tirar as crianças do trabalho no campo. Talvez até todos pudessem estudar.

Movido por essa ambição, ele colocou a mulher e os cinco filhos no caminhão e, juntos, enfrentaram três dias de estradas ruins até Santa Helena, à beira do rio Paraná. O último filho do casal, Hamilton, nasceria já na nova vila. Chegaram sem dinheiro algum, pois cada centavo tinha sido destinado a dobrar o tamanho da propriedade. Não tinham recursos nem mesmo para comer. Por um bom tempo, a dieta se restringiu ao consumo de ovos de algumas galinhas e ao leite de algumas vacas. A família pegou as enxadas e foi plantar mandioca para mais tarde poder tirar o que comer daquele solo. Os Donaduzzis descobriram rapidamente que tinham saído de uma vida relativamente boa para enfrentar anos difíceis.

O maior trabalho seria abrir, sozinhos, a mata para a lavoura. Era uma floresta tropical muito fechada, o que fez Luiz dizer a Aldemar:
– Pai, eu não vou estudar este ano.
O menino tinha dez anos e meio.
– Não, você não pode parar – foi a resposta.
– Não, eu vou com você pro mato. Ano que vem, volto a estudar.
Nas semanas seguintes, o menino passou a acordar bem cedo, andar seis quilômetros e passar o dia empunhando o machado e a foice para abrir clareiras destinadas à lavoura – agora iam plantar milho e criar porcos. De noite, andava os seis quilômetros de volta para casa. Quando não estava abrindo o mato, ajudava com os animais. A memória do trabalho suplantaria todas as outras que Luiz guardaria da época. Depois de um ano, a família conseguiu abrir pouco mais que um hectare dos cinquenta que Aldemar tinha adquirido.

Em 1966, não teve jeito. Aldemar incentivou os filhos a voltarem para a escola. Pelo menos nos meses de aula, Luiz teve que trocar a enxada pelo lápis, e a foice, pelo caderno. Só que, no ano seguinte, foi obrigado a repetir, porque não tinha mais como avançar. Não havia ginásio na região. Os dois problemas combinados – trabalho infantil e falta de escolas – foram uma grande barreira para o desenvolvimento educacional do Brasil durante toda a história do país. Na década de 1960, pelo menos 30% das crianças entre 5 e 15 anos trabalhavam em lavouras, fábricas, minas ou nas ruas como vendedores ambulantes. A prática prejudicava a saúde física e mental, privava a criança da infância, mantinha o ciclo de pobreza e prejudicava o futuro delas e do país. Ao mesmo tempo, faltavam escolas, que se concentravam nas áreas urbanas. As poucas escolas eram precárias e a qualidade do ensino, desigual, sendo extremamente baixa no meio rural.

No caso da região em que a família Donaduzzi morava, escolas com ginásio apareceriam poucos anos depois, o que facilitou a situação para os irmãos de Luiz. Para ele, seria tarde, tendo lhe restado duas possibilidades: ficar trabalhando na roça com a família ou entrar em um seminário para se tornar padre.

A promessa de Aldemar eliminava a primeira opção, e o desinteresse de Luiz pela religião descartava a segunda. Então, surgiu uma terceira alternativa, menos comum, mas que seria a única maneira de Aldemar cumprir sua palavra. O menino foi enviado para um internato em Foz do Iguaçu, distante 100 quilômetros da família em Santa Helena.

Foi assim que Luiz chegou ao Ginásio Agrícola Manoel Moreira Pena, que tinha sido criado pelo governo do estado alguns anos antes, em 1960, e, com quase 70 hectares, era um pouco maior do que a área que Aldemar havia adquirido. Luiz fez um exame de seleção, foi aprovado no fim de 1967 e começou a estudar em 1968, com 13 anos recém-completados.

Ninguém pôde ficar indiferente à chegada do menino, que era não só mais alto do que os alunos de sua classe, mas também das outras classes. O extraordinário de sua presença imediatamente o transformou no foco da atenção das crianças. Com tanta visibilidade, ele só tinha duas opções: impor sua personalidade ou virar o alvo preferencial das chacotas. Como Luiz era curioso e ingênuo, o resultado eram situações como a brincadeira com as laranjas e o mercurocromo.

Mas isso era secundário para ele. O que realmente importava para o garoto era atender às expectativas do pai. Desde que Aldemar tinha prometido que o filho teria sucesso nos estudos, uma ideia fixa tomou conta de sua mente: não podia falhar. A palavra "falhar" não estava em sua mente, mas era uma autocobrança extrema, que instalaria em Luiz enormes conflitos internos. Mais de uma vez tinha ouvido o pai comentar com amigos que o filho estava estudando. A pressão cresceu tanto que ele passou a não querer mais voltar para a roça. Tinha que conseguir a qualquer custo. Só não sabia como.

Até que encontrou refúgio na biblioteca. No primeiro dia, permaneceu horas entretido, acompanhado dos livros. Leu sobre os animais e os vegetais. Leu sobre o raio, o relâmpago e o terremoto. Virava as folhas, e ia descobrindo o funcionamento de um mundo que para ele agora ficava maior, mais mágico, mais rico. Enquanto lia, uma revolução ocorria em seu cérebro. Seus neurônios produziam dopamina, fazendo com que o menino sentisse prazer em aprender. Várias outras substâncias produzidas pelo próprio corpo humano – como noradrenalina e acetilcolina – modulavam a atividade neural para regular a atenção e estimular a formação de novas conexões sinápticas. Talvez não fosse tarde para Luiz, talvez a biblioteca tivesse surgido na hora certa.

Naquela noite, voltou para o dormitório pensando nos livros que tinha deixado para trás. Dividia o espaço com outros 50 alunos, o que gerava um ruído constante, com os colegas conversando e ouvindo música até o toque de recolher. No dia seguinte, segunda-feira, não conseguiu voltar para a biblioteca. Durante a semana, a rotina do internato era agitada. Na época, com pouquíssimos funcionários – dois ou três cuidando da limpeza de toda a propriedade –, as crianças praticamente cuidavam da escola. Da horta, do pomar, dos suínos, dos bovinos, dos coelhos e das galinhas. Afinal, era uma escola agrícola. Inclusive, o fogão a lenha podia se tornar uma punição: quem cometia falta tinha que cortar lenha nos fins de semana. Fora isso, todos varriam, limpavam e lavavam.

A ideia de uma "escola agrícola" tinha mais de 1 século, mas de certa forma podia ser associada a um conceito educacional considerado inovador na época: a importância de construir o conhecimento a partir de experiências prévias dos alunos, ou seja, com elementos que já faziam parte da vida deles. No ano exato em que Luiz chegou ao internato, em 1968, o brasileiro Paulo Freire e o norte-americano David Ausubel – cada um em seu país, lançando sua própria obra – defendiam integrar o interesse do aluno ao método pedagógico.

No caso de Ausubel, era fundamental uma "aprendizagem significativa", que exigia que o indivíduo tivesse simultaneamente disposição e motivação para absorver o conhecimento. Mesmo a Lei de Diretrizes e Bases da Educação Nacional (LDB) de 1961, que estabelecia as bases da educação nacional no Brasil, já afirmava que "o ensino deveria ser organizado de forma a promover a integração entre teoria e prática, visando ao desenvolvimento integral do educando". Sem dúvida, esse discurso estava longe da realidade na maioria dos casos, não só naquele momento, mas até hoje.

Porém, Luiz tinha passado a infância acompanhando o pai na lavoura e agora vivenciava um ambiente semelhante, onde enfrentava o solo seco daquele terreno agreste sob a orientação dos professores. Não foi à toa que sua melhor nota no primeiro ano foi justamente na disciplina Agricultura. Se um *scanner* pudesse monitorar a atividade cerebral de Luiz naquele momento, registraria picos frequentes de dopamina – sinal do prazer genuíno que ele sentia ao aprender.

Nas semanas seguintes à descoberta da biblioteca, era evidente que algo havia se transformado dentro dele. Agora o menino tinha companhia para a vida toda: os livros. A mudança podia ser percebida na sala de aula. Durante a explicação do professor, os conceitos – principalmente de matemática e ciências – entravam facilmente na cabeça de Luiz. Isso porque ele já tinha se antecipado, lendo antes da aula o que o professor ia ensinar. Hoje, especialistas como Daniel Willingham, da Universidade da Virgínia, nos Estados Unidos, explicam que o cérebro humano não foi feito para pensar, mas para poupar o esforço sempre que possível. Quando encontra algo muito complicado, trava. Porém, um desafio na medida certa provocava a produção do hormônio que invadia o cérebro de Luiz sempre que ele estava na biblioteca. Ao se familiarizar com conceitos e termos antes da aula, ele sentia um imenso prazer ao perceber que aprendia com facilidade o que a professora explicava.

Rapidamente, o rapaz se tornou o aluno mais ativo da classe. Sentava nas primeiras carteiras e fazia perguntas o tempo todo, sendo de longe o mais entusiasmado com o que os professores diziam. Entre eles, ganhou a simpatia da professora de Português, a quem imediatamente retribuiu o afeto. A ponto de ela lhe emprestar um livro, o melhor presente desde que ele tinha adquirido o hábito de ler. Infelizmente, a condição financeira da família Donaduzzi ainda não permitia comprar obras como aquela. Mas, quando chegou ao dormitório naquela noite, Luiz se sentiu acompanhado de algo valioso. Ter o livro ali era como colocar um casaco quando se está com frio. Sentia o coração aquecido. Para o resto da vida, os livros teriam esse efeito para Luiz.

A atenção dessa professora – e dos outros docentes – foi mais um reforço na tempestade positiva que se formava. Afinal, a memória é influenciada por fatores, como atenção, emoção e repetição, e é mais forte – e consequentemente melhor o aprendizado – quando a informação é significativa e relevante para o indivíduo.

Aos poucos, o prazer de participar da aula aumentava, com seus neurônios disparando dopamina, à medida que sua confiança aumentava e seu desempenho se aprimorava. As notas de Luiz foram ficando cada vez melhores e suas perguntas, cada vez mais complexas. Fora da classe, quando não estava na biblioteca, desenhava mapas. Passou a amar a aula de Geografia e, também nessa disciplina, adotou a prática de se antecipar ao professor, aprendendo antes da aula sobre países, cidades, rios, relevos, montanhas e oceanos. Talvez estivesse ali um dos elementos que mais tarde o fariam decidir estudar no outro lado do Atlântico.

Também se encantou com a Física, com a qual conseguiu entender melhor o que havia lido nos livros sobre o raio, o relâmpago, o terremoto. Entre todas as matérias, percebeu que Biologia e Física eram as preferidas. Nessa época, notou que uma palavra unia as áreas do conhecimento que o fascinavam: ciência. E, de repente, veio-lhe a ideia de que as pessoas que lidavam com aquela magia eram "cientistas". Eles tinham inventado o telefone, o avião, os medicamentos, descobriam como o mundo funcionava... Mesmo que não colocasse isso de maneira clara em palavras, o sentimento do adolescente era evidente: queria ser como eles. Queria ser cientista. Não tinha ideia, naquele momento, de como a trajetória para realizar aquele sonho seria longa e complicada.

De qualquer modo, livros científicos eram os que ele buscava quando finalmente conseguia retornar à biblioteca, especialmente no fim de semana. E, quando não estava na aula, desenhando mapas em uma sala, dormindo ou lendo em seu lugar preferido cercado por livros, Luiz fazia longas caminhadas. Andava quilômetros, observando a paisagem, identificando as famílias de plantas que tinha visto nos livros. Às vezes, anotava o nome para registrar que havia encontrado aquela família durante a caminhada. Como o ipê-roxo, pertencente à família *Bignoniaceae*, e o pinheiro-do-paraná, ou araucária, da família *Araucariaceae*.

Com o tempo, Luiz começou a sentir as limitações da pequena biblioteca. Tinha lido toda a enciclopédia disponível e todos os livros de Biologia, Geografia e Física. A chance de ampliar os horizontes só veio no segundo grau (hoje, ensino médio), que ele foi cursar em Concórdia (SC), tentando fugir do *bullying* dos colegas do ginásio. Foi lá que apareceu um vendedor de enciclopédias, uma das profissões que desapareceram com a internet. Eles peregrinavam pelo país oferecendo nas escolas a *Enciclopédia Britânica* (primeira a ser vendida dessa forma), a *Enciclopédia Brasileira* (primeira no Brasil) e outras, como *Barsa* e *Delta-Larousse*. Na década de 1970, a Editora Abril ainda venderia a *Conhecer* nas bancas.

Só que aquele vendedor que apareceu não estava vendendo uma enciclopédia generalista. O que fez os olhos de Luiz brilharem foi uma coleção de livros de agricultura e pecuária. Eram cinco volumes, abrangendo diferentes tipos de criação, como bovinocultura, caprinocultura e suinocultura. E também de agricultura, desde hortas, passando por fruticultura, até grandes culturas, como soja, milho etc. Poucas vezes na vida ele desejou tanto algo como aquele conjunto pesado de folhas envolvidas por capas duras. "É a coisa mais linda e gostosa do mundo", pensou.

Luiz disse ao vendedor que ficaria com os livros. Minutos depois, se deu conta de que era um compromisso enorme para um adolescente como ele. Apesar de a situação dos Donaduzzis ter melhorado, adquirir um conjunto de livros como aquele era algo reservado aos "bens de vida". Havia coleções que ultrapassavam com folga o valor de um salário mínimo da época, que no início da década de 1970 tinha passado dos 200 cruzeiros. Aquela coleção específica não era tão cara, mas sem dúvida seria pesado para a família pagar. Ainda assim o menino pegou os livros, com a promessa de pagar por eles depois.

Quando chegou em casa, o pai estava ocupado em arrancar um toco de árvore, daqueles que nem mesmo três pessoas conseguem abraçar. Luiz ficou olhando enquanto Aldemar manejava a motosserra, terminando de cortar as raízes. Ainda teria que colocar fogo nos tocos para terminar o trabalho. Quando o aparelho barulhento foi desligado, Luiz se aproximou, contou o que tinha feito e disse que agora teria de pagar a dívida ao vendedor. Aldemar, ainda bufando pelo esforço com a motosserra, olhou para o menino e perguntou:

– Esses livros eram necessários?

– Sim – respondeu Luiz, com uma ênfase proporcional ao amor pela coleção que tinha adquirido.

– E quem mais comprou?

– Ninguém – disse, com menos convicção.

Intimamente, ele sabia que a coleção não tinha a mesma importância para os outros como tinha para ele.

Aldemar enfiou a mão no bolso, contou o dinheiro que tinha e o entregou a Luiz, para que pagasse o vendedor.

– Toma, filho. Leva. Eu e sua mãe nos viramos.

Depois disso, o pai não tocou mais no assunto. Não teve bronca, mas Luiz sentiu que o pai ficou desgostoso. De qualquer forma, os livros foram lidos e relidos muitas vezes, até que o rapaz fosse capaz de encontrar exatamente a informação de que precisava. Durante aqueles anos, o único interesse que dominava o coração de Luiz eram os livros.

No terceiro ano, uma carta chegou. Era de uma menina, um ano mais nova, que naquela mensagem lhe declarava amor. Ao abrir, descobriu que se tratava da irmã do colega de classe que havia lhe pregado o trote do sangue falso na laranjeira e de quem ele só queria fugir quando cursava o ginásio. Luiz comunicou ao rapaz que a irmã dele lhe havia escrito uma carta, mesmo sabendo que seria alvo de zombarias. Depois, esqueceu-se do assunto.

O nome da menina era Carmen.

E ela mudaria a vida de Luiz.

Capítulo 2

Quase um cientista

— Carmen Maria Dieterich.

Ao ouvir seu nome, a jovem entrou na sala e parou diante da freira. Antes de começar a falar, a irmã observou com atenção aquela aluna que tinha vindo de longe. Havia decidido convocá-la para conversar porque ela ficara em último lugar no exame de admissão, o instrumento de avaliação para entrar no colégio de freiras onde faria o segundo grau. Porém, a moça tinha o olhar vivo, parecia inteligente. A religiosa concluiu que valia a pena ter uma conversa. Chamou a aluna e expôs seus receios sobre o futuro da menina.

Quando a freira terminou de falar, Carmen olhou diretamente em seus olhos, com uma firmeza incomum para uma jovem de 19 anos, e respondeu com voz pausada e calma:

– Pode ficar tranquila, eu vou estudar.

Não seria uma promessa fácil de cumprir, a começar pelo fato de a menina agora morar distante de toda a família. A Escola Imaculada Conceição ficava em Dourados, no Mato Grosso do Sul, a quase 400 quilômetros de Santa Helena, no Paraná. Carmen tinha vindo sozinha, deixando para trás pai, mãe, irmãos e irmãs. Eles viriam depois.

A mudança não era voluntária. A família Dieterich estava sendo forçada a deixar sua casa, pois toda a região em volta seria inundada com a construção da Usina Hidrelétrica de Itaipu. Mas, antes de se mudarem, os pais Balduíno e Belmira resolveram mandar Carmen na frente, para ficar com uma família de Dourados. Ela teria lugar para morar, com uma condição: cuidar dos cinco filhos pequenos do casal e fazer os trabalhos domésticos. No tempo livre, poderia estudar.

Foi nessas condições que Carmen iniciou o colegial, em 1974, tentando se concentrar em cumprir a promessa feita para a freira. Uma concentração que ainda buscava driblar outra ausência no coração da jovem: o rapaz para quem ela escrevera uma carta poucos anos antes. Depois que Luiz deixou o ginásio e a biblioteca para trás, foi cursar o colegial agrícola em Concórdia, Santa Catarina. Mas não terminou. Preferiu fazer o último ano e concluir o curso em Ponta Grossa, porque acreditava que lá poderia ter mais tempo para se dedicar aos estudos para o vestibular. A essa altura, ninguém duvidava de que se tratava de um aluno brilhante, com um futuro promissor pela frente.

Mas os pais de Carmen já sabiam disso anos antes. Quando a menina de 15 anos escreveu a cartinha de amor, seus pais comentaram que ele certamente seria um "bom partido". Mas a reação à carta não foi a esperada. Não só Luiz não respondeu, como contou para o irmão da jovem, Carlos – o mesmo da laranjeira e do mercurocromo –, que chegou em casa disposto a não deixar barato. Depois de infernizar Luiz na escola, o rapaz redirecionou seu *bullying* para a irmã.

Com o tempo, a carta deixou de ser assunto na casa da família Dieterich. Mas o nome Donaduzzi continuou sendo mencionado. Balduíno e Belmira chegaram até a ser padrinhos de um dos irmãos de Luiz, um dos muitos laços que ligavam as duas famílias e que tinha começado logo que os Donaduzzis migraram do Rio Grande do Sul para o Paraná. Quando chovia e eles não podiam andar os seis quilômetros para passar o dia abrindo o mato, Luiz parava em uma serraria próxima para conversar com o dono, Balduíno Dieterich.

Como os Donaduzzis, os Dieterichs também eram filhos do movimento de grandes migrações que trouxeram europeus ao Brasil no século XIX. E, da mesma maneira, chegaram a Santa Helena na onda de gaúchos que subiram para o Paraná. Naquele caso, tratava-se de um projeto da imobiliária gaúcha Madalosso, que vendia lotes especificamente para famílias oriundas do Rio Grande do Sul e de Santa Catarina.

Quando chegaram, viveram um período de dificuldades. Em parte, pela precariedade de uma região que se resumia a algumas poucas famílias tentando sobreviver. E, também, pela própria vulnerabilidade social. A casa dos Dieterichs tinha um telhado com pequenas tábuas que, com o tempo, a umidade entortou e elas começaram a deixar passar a água. Quando chovia, Balduíno subia na cama e se cobria com uma grande capa, debaixo da qual ele colocava a filharada toda. Em cima, abria um guarda-chuva e ali ficavam até que a chuva parasse. Para a comida não estragar, a família guardava sacos de açúcar e arroz no guarda-roupa, que era feito de madeira maciça e não deixava entrar água.

Ao mesmo tempo, a infraestrutura era quase nula na região. Santa Helena não tinha hospital, farmácia, nem mesmo um cemitério. Sem médico nem tratamento, os moradores eram vulneráveis a doenças, como a febre paratifoide que atacou Belmira, mãe de Carmen. Ou uma das avós, que teve tuberculose. Em caso de acidente, todos corriam para alguma cidade próxima, frequentemente tarde demais. Uma tia cortou parte da mão na serraria e teve que ser levada para Toledo. Ela perdeu um dedo, e outros três não dobravam mais. Um tio foi levado para um hospital em outra cidade, a 70 quilômetros, e lá recebeu uma simples transfusão de sangue. Fosse por erro de tipo sanguíneo, fosse por sensibilidade do paciente, o parente de Carmen morreu de choque anafilático. O tio de Carmen foi o segundo a inaugurar o cemitério da cidade, que ele mesmo tinha ajudado a criar. O próprio Balduíno, que não era letrado, mas valorizava o estudo, construiu um hospital com um sócio, local que hoje se chama Policlínica de Santa Helena.

Antes de a cidade melhorar, Carmen teve a sua porção de doenças e acidentes, até porque era especialmente rebelde. Era conhecida na família por ser a rainha da perna de pau, que ela mesma e os irmãos construíam com as ferramentas do avô. Como resultado da irascibilidade (como ela mesma diz) e da falta de vacinação, pegou coqueluche e deixou evoluir sem tratamento uma osteomielite, que faria com que a menina fosse muitas vezes internada em Toledo. Mais tarde, essas idas frequentes a hospitais distantes de casa colocariam a biologia no quadro de interesses de Carmen.

Justamente quando as condições em Santa Helena começaram a melhorar é que veio a notícia de que a área onde estavam seria inundada pela hidrelétrica. Foi assim que os Dieterichs começaram a mudança para o Mato Grosso do Sul. Antes de partir, Carmen encontrou mais uma vez o jovem para quem havia escrito uma carta de amor. Mas agora ela era uma moça de quase 18 anos. Ao encontrá-la, dessa vez Luiz não teve a menor intenção de chamar o irmão dela.

Logo começaram a namorar. Meses depois, Carmen mudou de estado e entrou para o colégio de freiras em Dourados, quando se viu sozinha, sem casa e sem família. E sem namorado, pois mais de 700 quilômetros a separavam de Luiz, que cursava o último ano do colegial em Ponta Grossa, Paraná. A essa altura, não é improvável que tivesse passado pela cabeça de alguém da família que a menina pudesse interromper os estudos. Afinal, na década de 1970, ainda era bastante comum a ideia de que uma mulher não precisava estudar a partir de certa idade. Nesses anos, a participação dos homens no mercado de trabalho era quase quatro vezes maior do que a das mulheres. Atualmente, essa diferença ainda é de 20%.

Como na família Donaduzzi, os Dieterichs tinham direcionado a prioridade do estudo para o primogênito, Carlos. Embora nada tivesse sido dito a Carmen, a possibilidade de ela simplesmente se casar e não ter profissão certamente estava presente.

A moça passou os meses seguintes equilibrando a promessa que tinha feito para a freira, suas obrigações na casa que a tinha acolhido e o relacionamento com o namorado a muitos quilômetros de distância. Quando os Dieterichs finalmente chegaram a Dourados, Belmira foi convocada à reunião de pais na Escola Imaculada Conceição. Mas as professoras tinham uma boa notícia: Carmen estava indo muito bem.

Talvez o problema fosse simplesmente a impossibilidade do exame de admissão do colégio mostrar o potencial da adolescente. A pedagogia moderna é cética quanto à eficiência dos exames de avaliação padronizados em relação a medir de forma precisa e objetiva a inteligência de um aluno. Inteligência é um conceito complexo, envolve diversas habilidades cognitivas, emocionais e sociais, além de outros fatores. Ainda não tinham inventado uma avaliação capaz de medir o que Carmen podia fazer. Mais tarde, Luiz resumiria melhor: "Quando ela pega um problema, estraçalha".

Enquanto Carmen "estraçalhava" em Dourados e Luiz demonstrava que aprendia qualquer assunto com facilidade em Ponta Grossa, o restante da família Donaduzzi não seguia o mesmo caminho. Aldemar certamente gostaria de estender a promessa que havia feito com referência a Luiz ao restante dos filhos, mas a condição financeira da família era apertada e eles eram mão de obra importante na lavoura. Além disso, havia um motivo importante para os adolescentes quererem ficar com o pai.

Aldemar havia conseguido um financiamento no Banco do Brasil para comprar máquinas a fim de aumentar a produtividade da lavoura, o que em tese permitiria que as crianças da família Donaduzzi fossem para a escola. No entanto, agora era a molecada que não queria mais estudar.

A principal razão era o famoso trator MF 50, da fabricante americana Massey Ferguson, lançado dez anos antes, em 1962. É raro um agricultor da época que não se lembre do "Cinquentinha". O modelo não tinha esse nome por causa da característica técnica – ele tinha 37 cavalos de potência –, mas como uma referência às intensas transformações que a sociedade brasileira sofria na época e à promessa do presidente Juscelino Kubitschek de fazer o Brasil crescer "50 anos em 5".

Com o possante tratar à disposição, sentar em uma sala ouvindo uma professora falar de Matemática e Português era a última coisa que os irmãos de Luiz queriam. Principalmente porque, em vez de andar atrás do boi o dia todo, agora eles podiam dirigir um trator capaz de levar três toras de madeira, com até 50 centímetros de largura, de uma vez só. Para eles, era a mesma coisa que ganhar uma Mercedes.

O trator mudou o mundo dos Donaduzzis, como era comum mudar – e em vários aspectos – a vida de quem morava no campo. Não só porque o trabalhador rural passava a ter menos dores nas mãos, livrando-o do uso excessivo de enxada, foice e machado. Não só porque abandonava o arado, com cabos e bois à frente. A chegada do trator melhorava a autoestima do indivíduo, a maneira como ele se enxergava, revolucionava o universo social de todos. E, não menos importante, muita gente saía da pobreza – às vezes mesmo da extrema pobreza, deixando de passar fome e frio – para uma vida minimamente confortável.

O mecanismo fundamental que permitiu isso foi o financiamento público subsidiado para a compra de máquinas, a partir do Sistema Nacional de Crédito Rural (SNCR), que começou a funcionar em 1965. Nos dez anos seguintes, a agricultura brasileira foi modernizada, com a oferta de juros subsidiados para a compra de insumos, comercialização e industrialização do campo. Incluindo, evidentemente, a compra de máquinas, como o trator da família Donaduzzi – isso fez com que o período da ditadura deixasse uma marca positiva na memória de muita gente do meio rural.

Para coroar as transformações econômicas e sociais, o desenvolvimento do campo acabou ficando evidente por meio de outros fatores, como a chegada de asfalto e energia elétrica a regiões onde antes não havia. Mesmo Luiz, que já na época tinha consciência política suficiente para não ter amor por regimes ditatoriais, rapidamente entendeu que havia ao menos um aspecto positivo no que estava acontecendo.

Um efeito colateral divertido é que o trator passou a ser o veículo de transporte da família. Antes, os Donaduzzis iam para a cidade na carroça de bois. Agora, quando Carmen estava em Santa Helena, Luiz ia até namorar de trator. Com a desvantagem de que tinha que ficar atento quando os carros passavam ao lado em dia de chuva. Foi por um descuido desses que certa vez ele tomou um banho de terra e chegou à casa de Carmen sujo da cabeça aos pés. Ela só riu, e em poucos segundos já tinha uma toalha na mão, secando o rapaz e o deixando apresentável. Fazia com tanto jeito que ele até ficava menos encabulado do que era normalmente.

Entre uma viagem e outra, Luiz refletia muito sobre seu futuro. Principalmente porque tinha se dado conta de que queria mudar completamente o rumo que ele havia desenhado para a sua vida até aquele momento. Ao fazer o colegial agrícola depois do ginásio agrícola, o jovem percebeu que os conteúdos se repetiam. Percebeu que não toleraria passar mais quatro anos sem aprender nada de muito novo. Sua ânsia por conhecimento, descoberta em Foz do Iguaçu, tivera o efeito colateral de lhe provocar uma pressa que o acompanharia por toda a vida.

– Professor, o que a gente vai aprender em agronomia na faculdade?

– Ah, culturas de arroz, milho, feijão – e seguiu citando o nome de outras culturas que seriam ensinadas no curso superior.

– Mas eu já aprendi isso duas vezes – respondeu Luiz.

Ao perceber que não queria continuar aprendendo sobre o campo, o jovem levou um choque. Não tinha ideia do que fazer. No fundo, percebeu que ele queria mesmo era ser cientista. Desde as leituras na biblioteca, ansiava por compreender melhor o mundo. Porém, já no último ano do colegial, ele começou a achar que levaria tempo demais para alcançar aquela atividade tão desejada. Depois da faculdade, ainda teria que fazer a pós-graduação, provavelmente até mais de uma. Isso estava fora de cogitação. Não era rico. E, pelo menos da maneira como ele via o mundo na década de 1970, ser cientista devia ser coisa de rico.

Portanto, tinha que ser pragmático. Namorando firme com Carmen, logo começariam a falar em casamento. Ele precisava escolher uma profissão que lhe desse um retorno financeiro e que ao mesmo tempo saciasse sua sede de conhecimento. Na primeira metade da década de 1970, no interior, não havia muitas possibilidades que atendessem essas características. O mundo ainda era pequeno, fechado, e os jovens não conheciam a diversidade de cursos disponíveis. Nas semanas seguintes, Luiz começou a considerar as carreiras mais comuns. Advogado e médico eram as mais clássicas. Porém, não achava que teria facilidade no curso de Direito e tinha aversão a sangue.

Ainda havia as funções de contador, padre e farmacêutico. Não queria ser contador, padre, nem pensar, e o farmacêutico certamente também teria que lidar com sangue. Cursos novos, que começavam a surgir, como o de informática, simplesmente não pareciam ser uma opção no interior do Paraná.

A decisão sobre a profissão é uma das encruzilhadas mais importantes na vida do indivíduo. Ainda que a pessoa possa mudar de ideia mais tarde, ajustar a trajetória normalmente implica um enorme custo pessoal. Por outro lado, não há uma fórmula fixa para tomar essa decisão, e os especialistas divergem sobre o melhor modelo. Entre os mais famosos, estão os americanos John Holland, Frank Parsons e Donald Super. O primeiro acreditava que a carreira devia corresponder ao tipo de personalidade. Já Parsons, com sua famosa teoria de traços e fatores, afirmava que a escolha da profissão dependia, sim, de traços individuais, como interesses e habilidades, mas dava mais peso para o alinhamento que essas características devem ter com as ocupações escolhidas. E Super seguia um terceiro caminho, defendendo que a carreira teria um desenvolvimento contínuo ao longo da vida.

A inclinação de Luiz por ciências e a influência que teria na sua escolha poderia ser explicada pelas teorias de Parsons e Holland, pela importância que elas dão para preferências e traços de personalidade do indivíduo. Entretanto, o modelo desenvolvido por Donald Super poderia se provar mais correto: o jovem ainda estava no meio do caminho do autoconhecimento.

Foi o farmacêutico de Santa Helena, Celso Gobbi, quem lhe deu uma luz. Ao ouvir de Luiz que ele realmente queria ser cientista, Gobbi lhe deu a sugestão que parecia óbvia.

– Por que você não faz Farmácia?

Essa opção Luiz já tinha ponderado e descartado.
– Porque eu não gosto de injeção, tem que tirar sangue.
Gobbi sorriu.
– Não, a enfermeira faz isso por você.
"Resolvido", Luiz pensou. "Farmácia."

Quanto mais pensava no assunto, mais gostava da ideia. Na sua imaginação, era quase como ser um cientista. Talvez fosse um caminho intermediário para chegar lá. Faltava transformar a primeira etapa do plano em realidade: entrar na faculdade de Farmácia. O que não era tão simples em meados da década de 1970. Na época, a oferta de cursos de nível superior era muito mais restrita. As faculdades privadas eram raras e caras; quem quisesse estudar precisava ser aceito em uma universidade pública. Resultado: a disputa por essas poucas vagas era muito acirrada. Luiz prestou vestibular na Universidade Federal do Paraná, em Curitiba. Não passou.

No semestre seguinte, novo plano. Ficou sabendo que a Universidade Estadual de Maringá, que tinha se tornado universidade somente cinco anos antes, passara a oferecer em 1974 o curso superior de Farmácia-Bioquímica. Na realidade, eram três anos regulares de Farmácia, com um quarto ano de Bioquímica. Luiz achou interessante. Dessa vez, fez um mês de cursinho e se preparou para rumar para o norte do Paraná.

No entanto, antes que ele pudesse fazer a prova, um fato mudou para sempre a vida e a dinâmica da família Donaduzzi. Sem imaginar o terremoto familiar que estava para acontecer, Luiz deixou Ponta Grossa e foi passar alguns dias com a família e com Carmen, que devia vir de Dourados. Naquele ano de 1975, tudo ia bem para os Donaduzzis. Tinham dinheiro suficiente no banco para comprar um carro à vista, se quisessem.

Luiz chegou em casa, pegou a mãe, e os dois seguiram de trator para a casa da família de Carmen. Jeni queria pedir a Belmira uma mortalha emprestada para a sogra, que estava acamada. Pegou carona com o filho, mesmo sem saber se a amiga estava em casa ou em Dourados. A distância entre as duas famílias não passava muito dos dez quilômetros. De trator, deveriam fazer o trajeto em pouco tempo.

Ao chegarem, descobriram que nem Belmira nem Carmen estavam em casa. A namorada devia chegar a Santa Helena só no dia seguinte. Mãe e filho deram meia-volta com o trator e retornaram para casa. Luiz guardou o trator no galpão, o bem mais precioso da família, e a mãe foi tratar das galinhas. Quando pegou a lata com dez quilos de ração, Jeni sentiu uma dor. Caiu no chão. Foi um ataque cardíaco fulminante. Deixou esposo, cinco filhos homens e uma filha. A família Donaduzzi perdia sua matriarca.

Após o sepultamento, Luiz foi falar com Aldemar.

– Pai, eu não vou fazer o vestibular agora, fico estudando esse semestre em casa.

Fazia sentido. Ele era o mais velho, e a perda era profunda. Aldemar nunca mais seria o mesmo. Se ele tinha a determinação, Jeni era dona de capricho, organização e inteligência. Sem ela, marido e filhos ficaram sem rumo. O pai ainda cuidou da prole, não caiu na bebedeira, como era comum em casos assim, mas todos viam que ele não tinha mais a mesma força. Os filhos mais velhos – Luiz, Teodoro e Arno – foram assumindo suas responsabilidades de vida adulta. Logo viriam os casamentos, mas essa seria outra parte da história.

Ao ouvir o filho dizer que ia interromper os estudos, Aldemar reagiu como tinha feito durante toda a sua vida. Não podia aceitar. Seu filho tinha que estudar. Nem mesmo a dor da perda de Jeni podia ficar no caminho da promessa que fizera. Se segurasse o filho, talvez ele nunca fizesse faculdade. Talvez nenhum Donaduzzi chegasse à faculdade.

De fato, depois de Luiz, nenhum outro filho de Aldemar e Jeni fez curso universitário. Quatro dias depois do falecimento, chegou a data do vestibular em Maringá. Luiz pegou o ônibus e foi decidir seu destino. Dessa vez, vitória incontestável. Passou em quinto lugar.

Era o segundo semestre de 1975.

Capítulo 3

Redomas do saber

Luiz desceu do ônibus levemente desorientado pela soneca da última hora de viagem. Tinha saído de Santa Helena de manhã e passara quase todo o trajeto chorando a perda da mãe. Luiz chegou a Maringá em agosto de 1975, e o sol a pino garantia, mesmo sendo inverno, uma temperatura perto dos 30 graus. Olhou em volta, observando a rodoviária e a multidão que se acotovelava para embarcar e desembarcar, enquanto pensava em suas tarefas mais urgentes: arrumar um lugar para dormir e outro para almoçar. Mas o que ele viu naquele instante foi algo completamente diferente.

"Farmácia", dizia uma placa que se projetava no ar a quase três metros do solo. Não enxergou o estabelecimento, só a placa, pois a multidão encobria o que quer que existisse para aqueles lados. Um vento vinha da mesma direção, trazendo cheiro de comida, provavelmente vendida nos bares que ficavam perto dali, e Luiz imediatamente sentiu o estômago vazio. Por uma fração de segundo, pensou em ir até a farmácia, mas desistiu. "Depois", pensou. "Melhor primeiro achar um lugar para ficar." Não era muito seguro sair andando de mala na mão pela cidade, mesmo que fosse improvável alguém querer assaltar um rapaz forte de 1,92 m.

De malinha em punho, foi na direção contrária e saiu da estação. No primeiro hotel que encontrou, a poucos minutos da rodoviária, decidiu ficar. Optou pelo regime de pensionato, pagando menos por um mês adiantado. Deixou a pouca bagagem e andou em direção à Universidade

Estadual de Maringá. Chegou, depois de pouco menos de meia hora de caminhada, pensando se não tinha se precipitado ao pagar o mês adiantado em um lugar tão longe de onde iria estudar.

No *campus*, conferiu o calendário de aulas do curso de Farmácia-Bioquímica. Na segunda-feira, duas aulas no período da manhã; na terça, teria que ir no período da tarde. "Não tem como trabalhar", pensou Luiz. Na época, era raro conseguir um bom trabalho noturno. Seria difícil arrumar emprego ou estágio sem faltar às aulas. Ele usufruía de um privilégio: no primeiro ano, Aldemar ia bancar os estudos. No entanto, o rapaz queria arrumar algum trabalho e deixar de ser um fardo para a família. Quanto antes arrumasse alguma maneira de ganhar dinheiro, melhor. "O jeito vai ser fazer algum bico."

Lembrou-se da placa da farmácia na rodoviária enquanto fazia o caminho de volta. Com tanto movimento, o dono devia precisar de ajuda. Voltou ao local dois dias depois, ainda antes da primeira aula do curso. Mais desperto, observou melhor a entrada, onde havia uma enorme cobertura de mais de dez metros de altura. Ela se estendia por cima da área onde os ônibus chegavam e partiam, no exato local onde ele havia desembarcado quando chegou. A farmácia ficava bem na altura de uma das colunas dessa cobertura, do lado direito da rodoviária. Luiz atravessou a multidão até se ver em frente ao comércio.

Para os padrões da época, era uma loja média; para os de hoje, pequena, um box estreito entre dois bares. Talvez fosse pequena demais para aceitar mais um funcionário. No balcão, uma senhora japonesa, relativamente idosa e com jeito de proprietária, lia com atenção um papel qualquer. Luiz optou pela tática mais direta possível.

– Bom dia. Posso trabalhar aqui?

A senhora de idade, com cerca de um metro e meio de altura, olhou nos olhos do rapaz, o que a obrigou a esticar um pouco o pescoço para cima.

– Não preciso de mais funcionários – disse.

Depois de uma pequena pausa, completou:

– E nem teria como te pagar.

– Não precisa me pagar nada. Eu sou aluno de Farmácia e quero fazer um estágio.

Olhou rapidamente em volta, a loja não era grande. Sentiu que ela ainda não estava convencida.

– Eu posso arrumar as prateleiras. Posso tirar o pó.

A mulher agora observava o rapaz com muita atenção. Parecia avaliar seu caráter com base em suas roupas, em sua expressão facial e no rosto jovem que ainda não deixava a barba crescer. O gosto pela leitura e o isolamento que o introvertiam paradoxalmente faziam com que soubesse se expressar corretamente e com segurança. E, evidentemente, um homem com aquela altura na loja também tinha suas vantagens. A pequena empresária não tinha nada a perder. Luiz foi aceito.

Não era contratado, pois ao menos naquele momento não havia remuneração nem relação formal de trabalho. De qualquer modo, era um feito. O rapaz havia conseguido um estágio antes mesmo de ter a primeira aula na faculdade.

A atividade que o jovem passou a desempenhar ali, a de fornecer medicamentos para a população, caracterizava-se como uma das mais constantes ao longo da história. Mesmo que os produtos tivessem evoluído ao longo do tempo, sendo chamados de drogas, poções, xaropes ou outros tipos de preparados, os objetivos não mudaram muito. Na primeira farmácia da história, em Florença, no início do século XVII, o que se vendia eram "águas", que tinham desde propriedades digestivas até calmantes. No Brasil Colonial, os mascates percorriam as vilas e fazendas com seus elixires e unguentos. A medicina percorreu um longo caminho até a sofisticação atual, com farmácias preparadas para armazenar até mesmo medicamentos termossensíveis – fármacos que podem se degradar ou ter sua composição química alterada quando expostos a grandes variações de temperatura, o que exige que sejam mantidos em uma faixa térmica específica.

O que Luiz encontrou em 1975 ao entrar na loja foi uma variedade limitada de medicamentos, com ênfase naqueles que um viajante pudesse precisar em um momento de urgência. Por exemplo, logo na entrada, um cartaz na parede indicava a oferta do famoso antiácido Sonrisal, que atraía aqueles que desciam do ônibus sentindo um mal-estar no estômago.

No primeiro dia de trabalho, Luiz observava tudo à sua volta enquanto tirava o pó das prateleiras e organizava as caixas, tentando se familiarizar com o nome dos medicamentos e o local onde eram guardados: Aspirina, Gardenal, Doril, Novalgina, entre outros analgésicos e antitérmicos. Embora com menor variedade do que hoje, também havia uma boa quantidade de cosméticos, com marcas bastante populares, como Pond's,

Ipê e Granado. Aos poucos, Luiz aprendeu que homens que se aproximavam devagar, olhando para os lados, muitas vezes iam pedir, quase sempre em um tom de voz baixo, um preservativo ou antibióticos para alguma doença venérea. Já as senhoras costumavam entrar na loja para pedir um batom – ou "batão", como elas diziam –, um perfume ou um cosmético. De um modo geral, percebeu que o cliente de farmácia de rodoviária era apressado. Boa parte das vezes, a compra tinha que ser feita em poucos minutos, pois o ônibus já ia partir.

Como era uma farmácia de rodoviária, ficava aberta até bem tarde. Por isso, a rotina combinou perfeitamente com os horários irregulares da universidade, pois o rapaz podia trabalhar quando tivesse tempo livre. Ficava à noite até fechar, mas também ia trabalhar de manhã ou à tarde. Começou fazendo limpeza, mas, em pouco tempo, dona Cecília passou a pedir que assumisse outras responsabilidades. Luiz começou a procurar medicamentos para os balconistas, arrumar as prateleiras e até atender algum cliente que procurava algo simples.

Aos poucos, começou a memorizar o efeito de cada medicamento. O cliente entrava e estendia o papel com a receita, muitas vezes sem dizer uma palavra. Afinal, era comum que o cidadão não tivesse a menor ideia do que a prescrição médica dizia, o que normalmente acontecia mais pela impenetrável e enigmática caligrafia dos profissionais da saúde do que pela ignorância sobre os medicamentos. O estudante de Farmácia lia, buscava um remédio, verificava a bula e ia gradualmente aprendendo, de maneira quase autodidata. Passados alguns meses, já não perguntava mais nada para os outros funcionários.

Enquanto Luiz observava tudo para aprender, dona Cecília também o observava: o jeito correto de falar, o olhar focado e compenetrado, a vontade de se instruir. Achou que o rapaz era sério e passou a ensinar tudo que sabia. No terceiro mês, a mulher o chamou e disse que ele passaria a ganhar uma comissão. Não teria salário nem seria registrado, mas ganharia por seu trabalho. Antes do fim do ano, Luiz já superava em vendas os colegas balconistas.

Mas havia algo de errado naquela história. Luiz só havia ido procurar emprego na farmácia de dona Cecília porque tinha entrado no curso de Farmácia-Bioquímica. Entretanto, ele descobriu que nenhum de seus colegas de faculdade trabalhava em farmácias. Em geral, os donos e os funcionários desses estabelecimentos eram pessoas sem nenhuma formação especializada. De início, Luiz se sentiu privilegiado. Tinha conseguido, bem cedo e rápido, uma atividade relacionada ao curso que estudava. Com o tempo, começou a achar que existia um problema ali. Mas ele só entenderia isso completamente mais tarde.

Por ora, o que Luiz sentia ao ir para a universidade era empolgação, uma emoção que o faria pensar que o meio acadêmico poderia ser o seu futuro. Ele só mudaria de ideia no último ano. Enquanto a frustração não vinha, ele seguiu se encantando com o que aprendia. Ali, os professores queriam mais do que uma "decoreba", como no ginásio e no colegial – uma limitação que Luiz tinha contornado, ao insistir em questionar os mestres durante toda a aula. Na universidade, ele começava a perceber que os professores se aprofundavam nos conceitos de uma maneira que nunca tinha visto.

Nesse período em que conciliava o aprendizado na farmácia com a faculdade, Luiz ainda encontrou tempo para deixar o noroeste do Paraná e visitar Carmen no Mato Grosso do Sul, em Dourados. Só o trajeto de ônibus levava mais de sete horas. Quando ia, ficava uma semana. Depois voltava correndo, para não ser reprovado por falta. Ao mesmo tempo, Carmen tinha um problema: Dourados não tinha universidade. Como Luiz havia vivenciado no ano anterior, quando teve que escolher qual curso faria, as opções eram poucas e era difícil ingressar.

Mais ainda para Carmen. Além da paixão por livros e por conhecimento, Luiz tinha a vantagem de ter passado por escolas melhores. Porém, a jovem não se deixava intimidar diante de nenhuma dificuldade e planejava compensar essa diferença com muita determinação, algo que ela certamente já demonstrava ter. Quanto à questão de onde estudar, o namorado tinha a resposta: era só ela se mudar para Maringá. A cidade tinha duas grandes vantagens: a faculdade e ele, Luiz.

Para que isso acontecesse, os dois tinham que resolver um detalhe antes. E, naquela semana em que ambos estavam em Santa Helena, na casa dos Donaduzzis, o rapaz se preparou para levar o plano adiante. De noite, não foram ao baile, porque não tinham dinheiro. O jovem casal ficou por ali mesmo, na casa do pai, sentados em cima da tampa do poço. Então, Luiz virou-se para a moça e disparou, sem nenhum alerta:

– Vamos nos casar?

Carmen já tinha a resposta pronta havia tempos e, quando a revelou, sua voz exibia a mesma determinação com que tinha dito para a freira que suas notas melhorariam.

– Vamos.

Foram dormir, cada um em um lugar diferente, pois na época não havia esse costume de namorados – mesmo adultos – dormirem juntos. No dia seguinte, foram conversar com Aldemar.

– Pai, eu e a Carmen decidimos que vamos casar.

O granjeiro gaguejou um pouco, até que conseguiu perguntar:

– Meu filho, o que aconteceu? – obviamente, imaginou que Carmen estivesse grávida.

– Não, pai, não aconteceu nada.

Era um caso raro de jovens que queriam se casar não por causa de uma gravidez, mas pelo desejo de um deles fazer faculdade. Ainda hoje, a gravidez não planejada é um dos principais fatores que afastam as jovens brasileiras das escolas. Mais de 18% das adolescentes e mulheres entre 15 e 29 anos apontam esse como o principal motivo para deixar os estudos. Não foi o caso de Carmen.

Tudo combinado, o casamento foi realizado em 28 de dezembro de 1976, em Dourados, Mato Grosso do Sul. Carmen se mudou para Maringá e concluiu o segundo grau em 1977, no Colégio Paraná, enquanto fazia o cursinho pré-vestibular. Passou em Biologia e começou o curso, mas logo achou que não servia para ela – uma opinião que mais tarde mudaria. Mas isso seria no futuro. Naquele momento da vida, Carmen queria e precisava de algo mais prático. Pelo que ela ouvia de Luiz, Farmácia podia ser exatamente o que ela procurava.

Havia uma diferença na maneira como os dois jovens escolheram seus cursos. Luiz privilegiou seus traços e interesses pessoais, enquanto Carmen estava mudando sua escolha de acordo com critérios pragmáticos e o alinhamento com o ambiente. Faziam isso sem orientação e sem conhecer teorias, como a do ajustamento, de John Holland, ou a do desenvolvimento de carreira, de Donald Super, simplesmente fazendo uma reflexão sobre o que se encaixava melhor em suas vidas. Conscientes disso ou não, essas abordagens fariam diferença no futuro.

Em um primeiro momento, a troca de curso impôs algumas dificuldades práticas. Primeiro, Carmen teria que enfrentar o vestibular novamente.

Segundo, dessa vez seria mais difícil, pois o curso de Farmácia era mais disputado que o de Biologia.

Nada daquilo assustava Carmen. Ela abandonou o curso de Biologia e voltou ao cursinho. E, desta vez, o professor seria seu marido, porque Luiz não estava mais trabalhando na farmácia. Na faculdade, ele tinha rapidamente se destacado como um dos melhores da classe e foi convidado, depois de alguns meses, para ser monitor nas aulas de Parasitologia. Como desempenhou bem a função, chamaram-no para dar aula em um cursinho pré-vestibular. Foi assim que ele – que agora tinha uma barba que o fazia parecer mais velho – virou professor de Biologia e, no ano seguinte, Carmen se tornou sua aluna.

Nos meses seguintes, a jovem se preparou com a determinação de quem vai entrar em uma maratona. Estudava em cada minuto livre durante o dia. No primeiro ano o casal teve ajuda dos pais, agora já se criava um consenso entre os dois de que eles precisavam se virar sozinhos. Por isso, Luiz não ficava parado, estava sempre em busca de algo melhor. E Carmen arrumou duas pensionistas, duas moças a quem oferecia casa, comida e roupa lavada. Tudo para arranjar um trocado.

Com o vestibular chegando, a rotina de Carmen se tornou mais apertada. Acordava às três ou quatro da madrugada para revisar a matéria do dia anterior, muitas vezes com Luiz ao lado para tirar as dúvidas. No meio-tempo, tocava algumas coisas da casa, indo e voltando aos livros, até sete ou oito da manhã, quando ambos partiam para o cursinho.

Poucos meses depois, inscreveu-se no vestibular da Universidade Estadual de Maringá. No dia da prova, Luiz e Carmen foram juntos até o local, onde descobriram que o *campus* estava fechado. Só entrava funcionário e quem ia fazer a prova. O marido ficou do lado de fora, sem poder entrar, angustiado, porque queria dar força para a esposa e aluna.

No fim deu tudo certo, e Carmen passou no vestibular da Universidade Estadual de Maringá. Pela segunda vez. Ela encontrou-se na faculdade de Farmácia e teve a certeza de que era o que queria fazer.

Para Luiz, a faculdade também estava sendo motivo de alegria. Os conceitos eram esmiuçados, fenômenos químicos eram desvendados, e tudo ficava cada vez mais claro. Em especial, adorava as aulas práticas, como, por exemplo, quando coletavam uma gotinha de água em um parque de Maringá. Parecia limpa, mas no microscópio descobriam que ali havia um mundo, com novas formas: protozoários, algas, larvas. Ou quando faziam experiências na aula de Química, pegando uma amostra do solo e identificando o que estava presente: ferro, magnésio, cálcio. Enxergava a beleza da ciência e cada vez mais tomava gosto por tudo aquilo.

O curso era novo, tinha começado em 1974, e sofria com a escassez de materiais. Os professores, ainda sem pós-graduação, como era típico da época, compensavam as limitações com garra. Os alunos notavam que os docentes davam aula com amor. A ponto de Luiz não ter preferidos, pois gostava de todos eles, nunca se indispôs com ninguém. E, como no ginásio e no colegial, era sempre o aluno que mais fazia perguntas. A empolgação o seguia até em casa, onde estudava com antecedência a matéria que seria ensinada na aula seguinte. Os hábitos do ginásio continuavam vivos.

O problema começaria no último ano. Luiz já sabia o que queria da vida: ficar na academia, talvez em Maringá mesmo, dando aula e fazendo pesquisa. Para isso, teria que mostrar que podia ser, além de professor, um bom pesquisador. E teria que arrumar um "padrinho". Porque o meio acadêmico é fundamentalmente estruturado por seus relacionamentos – e esse mecanismo começa a operar a partir da escolha do professor que vai supervisionar a pesquisa do aluno, o orientador. Foi quando a situação começou a se complicar.

De início, foi uma boa notícia. O jovem ganhou uma bolsa de iniciação científica, que parecia ser seu sonho se tornando realidade. O objetivo era estudar um fungo que atinge o pulmão, o *Paracoccidioides brasiliensis,* que provocava sintomas que eram diagnosticados erradamente e tratados como tuberculose. Como o tratamento não funcionava, o pulmão era destruído e a pessoa morria. Era um fungo oportunista, que atacava pessoas pobres do meio rural, que eram mais vulneráveis e expostas à doença. Intrigado pelo desafio e percebendo a importância do projeto, Luiz se dedicou totalmente à pesquisa, como era seu estilo. Dia e noite, estudou o funcionamento do fungo, sentindo um prazer comparável ao do dia em que descobriu a biblioteca no Ginásio Agrícola. A busca pelo conhecimento empolgava o rapaz.

Entretanto, a pessoa que o apoiava – o orientador – tinha dificuldades de relacionamento dentro da universidade. Não com Luiz – o estudante se dava bem com o farmacêutico italiano Lucindo Dagostini, professor de Biologia. "Conhecimento, quando se divide com alguém, você acaba multiplicando", dizia o docente com seu sotaque carregado. Com o orientador, o jovem aprendeu a trabalhar com bibliografia e o cuidado meticuloso que a ciência exige de suas fontes.

Era difícil negar que Dagostini fosse um bom professor. Se realmente trouxera traumas de guerra na Europa, como diziam, isso não tinha afetado sua capacidade de dar aulas. Apesar disso, seu temperamento forte o prejudicou na política acadêmica. Ficou "queimado". Sua carreira debilitada contaminou o futuro de Luiz, que também teve seu progresso barrado. Afinal, outros professores, habilidosos em termos de relacionamento, cuidaram de beneficiar seus próprios orientandos. Enquanto isso, Luiz estava tão dedicado aos estudos, aos livros e ao fungo, que também não alimentou suas conexões e vínculos como poderia. "Bom", pensou Luiz. "Se estou barrado, vou ter que fazer outra coisa."

Ele e Carmen passaram os meses seguintes tentando definir o que fazer. Naquele momento, vivenciaram um problema central do mundo acadêmico, que ainda hoje está longe de ser resolvido. As universidades eram totalmente isoladas do mundo real. Na época, os estágios eram praticamente ignorados como instrumento de aproximação do aluno com o mercado. Somente em 2008 seria regulamentado como obrigatório no país, um avanço que não chegou nem perto de resolver o problema da desconexão das universidades brasileiras com a realidade e a falta de recursos e projetos que resultava dessa situação.

O meio acadêmico dava as costas para a realidade fora do seu espaço, isolando-se em uma bolha. Como Dagostini, que valorizava a ciência, mas não achava importante manter bons relacionamentos, as universidades construíam muros que as impediam de ter um impacto no mundo. Nesse contexto nasceu a expressão "redomas do saber", sugerindo ambientes onde o conhecimento é cultivado e preservado como um tesouro, mas fora do alcance do mundo exterior. Essa deficiência gerava – e ainda gera – alunos que chegam despreparados ao mercado de trabalho.

Décadas mais tarde, o tema do alinhamento entre universidade e mercado interessaria muito a Luiz, mas naquele momento ele precisava lidar com a formação que tinha recebido e se concentrar no seu futuro mais imediato. Todos os seus colegas começaram a trabalhar no segmento de análises clínicas, mas esse era um setor cada vez mais saturado. Paradoxalmente, o mesmo Luiz, que não se via como a pessoa mais sociável de sua classe, havia ao mesmo tempo, no mundo real e usando seus conhecimentos, tido experiências – trabalhando na farmácia e depois como professor – mais relevantes do que qualquer outro de seus colegas. A partir disso, pensou em empreender e abrir ele mesmo uma farmácia. O problema era a disputa acirrada, com a maior parte do mercado ocupada por pessoas sem formação e para as quais a ética nem sempre era prioridade.

Mais ou menos nessa época, Luiz ouviu uma sugestão de um veterano, que havia se formado pouco antes dele. A pessoa trabalhava em um laboratório de análises clínicas em uma cidade não muito longe dali, perto da divisa com o Mato Grosso do Sul, Querência do Norte, no meio do caminho entre Dourados e Maringá. A dica: a cidade era pequena e havia espaço para uma nova farmácia. Luiz se convenceu de que seria a melhor saída. Afinal, ele gostava de medicamentos e tinha provado que podia se dar bem no varejo. Estava pronto para mudar mais uma vez de cidade. E de rumo.

Capítulo 4

Doutores com aspas

— O senhor se importa de deixar a caixinha?
Quem fazia a pergunta era Luiz, enquanto apontava para o remédio que estava vendendo para o cliente. O homem olhou para o farmacêutico novato por alguns segundos, sem entender exatamente o que ele estava pedindo.

– A caixinha, a gente pode ficar?...
– Ah, sim. Tudo bem, pode ficar. Ia jogar fora mesmo.

Luiz tirou o medicamento da caixa e o entregou para o homem. O pedido inusitado não fazia parte de um precoce programa de reciclagem naquele final da década de 1970. Na realidade, Luiz queria caixas vazias para colocar nas prateleiras. Tentava esconder o fato de simplesmente não ter dinheiro para exibir produtos em profusão, o que causaria boa impressão aos clientes que entrassem na farmácia.

Conseguir os produtos e a falta de experiência tinham sido as primeiras barreiras na vida de Luiz e Carmen como empreendedores. O dinheiro vinha de um empréstimo que obtiveram usando o Fuscão como garantia, carro que Luiz tinha ganhado do pai quando se formou. Hoje em dia, com esse dinheiro não daria para ir muito longe: o investimento em uma farmácia pode variar de R$ 190 mil a R$ 350 mil, de acordo com o Portal do Franchising. Para complicar um pouco mais, os jovens empreendedores só puderam financiar metade do automóvel.

Era pouco, mas pelo menos tinham algo para começar. Com aqueles trocados, alugaram uma sala que lhes pareceu um bom ponto: um prediozinho onde também funcionavam uma agência do Banco do Brasil e um escritório da Receita Estadual. Ficava em uma esquina de frente para a praça, que, mesmo não tendo muito comércio, tinha algum movimento. Com o dinheiro que sobrou, após pagar o primeiro aluguel, compraram algumas caixas de medicamentos mais corriqueiros (era todo o estoque que teriam) e algumas tábuas para fazer as prateleiras. O próprio Luiz lixou, limpou e construiu a estrutura, que também serviu para separar a farmácia do local onde dormiriam. O lar da família agora se resumia a uma cozinha improvisada e uma cama; trabalho e casa passaram a ser uma coisa só.

Restava realizar o milagre de transformar aquele ínfimo estoque de medicamentos em uma farmácia e em rentabilidade. Se a demanda da cidade, que tinha uma população de 6 mil habitantes, realmente não estava sendo atendida, então eles acreditavam que era possível.

Sabiam que, quando o estoque diminuísse, teriam um segundo problema: os fabricantes não atendiam a pedidos pequenos como aqueles que o casal podia adquirir. A alternativa seria encontrar distribuidores, mas a pequena quantidade continuou sendo uma barreira, pois o pedido que podiam fazer ainda assim era insuficiente para que fosse entregue em Querência do Norte. Como Carmen ainda estava terminando o curso de Farmácia em Maringá, ela ficou com a missão de visitar os distribuidores durante a semana, comprar o que precisavam e, na sexta-feira, depois da aula, levar as caixas para Querência do Norte no Fuscão (que ainda estava alienado por causa do empréstimo). Essa seria sua rotina durante muitos meses.

Com a farmácia meio vazia, agora tinham o maior obstáculo de todos: convencer os habitantes da cidade a confiar sua saúde àqueles jovens forasteiros. Luiz tinha 25, Carmen, 24 anos. Nenhum dos dois tinha conhecidos ou parentes na região que pudessem garantir sua idoneidade. Além disso, Luiz era reconhecidamente antissocial.

Para piorar, Luiz descobriu que seu estabelecimento não era o único da cidade. Querência do Norte tinha, muito bem estabelecida, a "farmácia do seu João". E aquele concorrente era justamente o oposto deles: mais velho, muitos anos atendendo em sua farmácia e, ainda por cima, antigo morador local.

A concorrência preocupava, porque, em tese, a cidade não precisava de duas farmácias. Atualmente, a Organização Mundial da Saúde sugere uma proporção mínima de pelo menos uma a cada 8 mil habitantes. Ou seja, se os moradores de Querência do Norte rejeitassem completamente os Donaduzzis, a sua concorrente ainda poderia – com folga – dar conta da demanda.

Havia também o agravante de que seu João compensava a falta de formação acadêmica com o zelo nos relacionamentos. Luiz não comparecia nem mesmo ao baile gauchesco que havia na região, pois não gostava de dançar. Em contraste, seu João visitava as residências, ia aos clubes e estava presente nos bailes. Era conhecido de toda a gente. Em último caso, quando João não conseguia atender – em caso de doença delicada ou mais complicada –, os moradores costumavam ir até a cidade vizinha, onde podiam encontrar um farmacêutico mais qualificado.

A luta para atrair clientes passava por entender os costumes da região. Querência do Norte era muito pobre, composta principalmente de trabalhadores rurais emigrados do Norte e do Nordeste do Brasil. Os primeiros que chegaram à região plantaram café, mas a cultura sofreu com as geadas, e boa parte dos agricultores migrou para o algodão, que se expandiu e desceu pelo sul, acompanhando o rio Paraná até perto de Toledo. A partir dali, uma linha passou a dividir o estado. De Toledo para cima, influência nordestina, café e algodão. De Toledo para baixo, influência da colonização europeia, predominando soja, milho, trigo e criação de animais. Eram mundos totalmente diferentes, e Luiz e Carmen precisavam entender como essas culturas funcionavam para integrar a comunidade.

Como durante boa parte do tempo a farmácia ficava vazia, Luiz passou a sentar-se em um banquinho na porta para observar o movimento. Nessa época, adquirira o cacoete de passar a mão no cabelo e no queixo, na barba que não tirava mais. Os moradores passavam, indo ora para a igreja, para a quitandinha da Josefa, que ficava em frente, ora indo ali mesmo ao lado, na agência do Banco do Brasil. E ele perguntava:

– Como tá o algodão?

– Infestou de bicho, seu Luiz. Vou ter que *metê* veneno.

– Mas báááá – dizia o farmacêutico, passando a mão no queixo.

Outro passava e ele questionava:

– E os bichos, estão comendo direitinho?

– Só saúde, *tá* tudo viçoso, seu Luiz.

– Mas bááá – respondia, passando a mão na cabeça.

Enquanto fazia contato direto com a população na rua, os Donaduzzis começavam a ser percebidos por outra faixa do estrato social da cidade. Eram as famílias mais antigas e respeitadas da cidade, incluindo nomes como os Reginatos, os Perottis, os Paganis e os Hessmanns. Em geral, tratava-se de granjeiros que já estavam mandando os filhos estudar nas faculdades e reconheciam o valor do estudo. Quando essas famílias começaram a frequentar a farmácia, o restante da população imediatamente viu isso como um sinal de aprovação. Se eles confiavam no "doutor", é porque ele sabia o que estava fazendo.

A procura foi aumentando, e os forasteiros não decepcionaram. Abriam a farmácia às 7h30 e baixavam a porta às 22h, em dia de semana, sábado, domingo ou feriado. Um dia, no meio da madrugada, a campainha tocou. Luiz levantou-se da cama e foi ver que doença ou acidente havia motivado uma visita tão urgente.

– O senhor me vende uma chupeta? – ouviu uma voz de homem dizer.

O farmacêutico arregalou os olhos, imaginando que o sono podia tê-lo confundido.

– Minha criança perdeu a dela e não deixa ninguém na casa dormir.

Em outros casos, era mesmo algo grave, muitas vezes uma criança doente. Frequentemente, o pai ou a mãe da criança não tinha dinheiro para pagar nem pelo medicamento nem pelo atendimento. Como deixar a criança sofrer não era uma opção, o prejuízo ficava com os farmacêuticos, que aumentavam sua lista de devedores. E não era nada incomum um cliente entrar pela primeira vez na loja e logo pedir fiado, que devia ser dado como uma prova de confiança, uma espécie de contrato social não escrito. Luiz abria o caderno e anotava:

"Vizinho do João da padaria".

"Trabalha com o José da prefeitura".

"Agricultor da fazenda dos Reginatos".

Nesses termos, o fiado se tornava uma espécie de comprovação de que eles faziam mesmo parte da cidade. E, apesar da dificuldade de cobrar em alguns casos, aquele não era o real problema que Luiz teria com a farmácia de Querência do Norte. Ao contrário, o incômodo viria do excesso de confiança que os moradores desenvolveriam para com aqueles jovens "doutores". Com aspas mesmo, pois eles ainda não tinham doutorado; recebiam o tratamento pelo respeito cada vez maior que inspiravam na cidade.

Mas essa preocupação com a confiança excessiva viria somente depois. No início, as surpresas foram tantas que a farmácia parecia quase uma aventura, com aprendizados constantes. Um dos mais curiosos residia na própria vocação econômica de Querência do Norte, com suas culturas de algodão e café, que dependiam de mão de obra intensiva. O modelo fazia com que a demanda por trabalhadores fosse sazonal. Em tempos de entressafra, o trabalho era escasso; no entanto, durante a colheita, os trabalhadores precisavam compensar, ganhando o máximo de dinheiro que pudessem.

O resultado era que eles se exauriam, em jornadas extremamente longas. Para conseguir suportar o esforço por várias semanas seguidas, recorriam à farmácia dos Donaduzzis. Foi Carmen quem primeiro ficou sabendo daquele estranho costume, logo na segunda semana da colheita de algodão. No fim de semana, os clientes entravam e pediam que lhes aplicasse uma injeção de vitaminas com glicose. Não era nem a hora do almoço e uma dúzia já tinha passado pela farmácia. A prática era uma consequência da pobreza da população. A carne era cara e não gerava energia imediata no corpo. Já a aplicação de glicose na veia dava resultado na hora.

Na época, a informação disponível só fazia confirmar que o que faziam era correto. Na TV, no final da década de 1970, a empresa DM Farmacêutica tinha emplacado uma campanha lembrada até hoje: o complexo vitamínico Vitasay, anunciado por ninguém menos que o Rei Pelé. Era a "vitamina dos campeões". Se até o Rei, atleta mundialmente conhecido, indicava o consumo de vitaminas, talvez elas pudessem substituir uma alimentação balanceada.

A venda de vitaminas contribuiu para melhorar a situação dos Donaduzzis, que com o tempo descobriram outros "sucessos de venda", como os remédios para gripe, verminoses e infecções. Ou os anti-hipertensivos, anti-inflamatórios e analgésicos, que vendiam bem principalmente entre os clientes mais velhos. No final de 1979, os negócios iam bem o suficiente para Carmen precisar trancar a matrícula em Maringá e se mudar de vez para Querência do Norte. Ainda não podiam contratar pessoas para ajudá-los, e sua presença era fundamental na farmácia. De quebra, ela ainda passou a trazer bijuterias de São Paulo, que vendiam tanto ou mais do que os medicamentos. Os resultados logo apareceram na forma de aquisição, no começo do ano seguinte, de uma moto e um segundo veículo, um Chevrolet Chevette, lançado no mercado brasileiro sete anos antes, em 1973. O Fusca havia sido vendido para comprar medicamentos.

Mas, ao passo que a farmácia fez Carmen interromper os estudos, as vendas crescentes acabaram causando um efeito oposto na vida de outras pessoas da cidade. A aceitação dos Donaduzzis tornou a farmácia um local interessante – e mesmo cobiçado – para se trabalhar. Primeiro veio Marlene, que começou ajudando na limpeza e com o tempo passou a atender no balcão. Mais tarde veio Rose, pertencente a uma das famílias mais importantes da região, os Reginatos. Ela trabalhava na lavoura, mas fazia o magistério, sonhava em ser professora e imaginava um dia até estudar fora da cidade. O que podia não ser tão simples em uma comunidade tradicional e conservadora como aquela, em que era comum mulher não trabalhar fora nem ir muito longe nos estudos. Trabalhar com os Donaduzzis, que já eram respeitados na cidade, ofereceu-lhe um caminho para uma vida diferente.

Na época, além da farmácia, Luiz mantinha um laboratório de análises clínicas dentro do Hospital Municipal de Querência do Norte. Contratou Rose para trabalhar ali, mas bastaram duas semanas para ver que o lugar dela não era no laboratório. A moça tinha personalidade firme e não hesitava diante de nada. "Ele viu que eu era mandona", lembra Rose. Diante disso, Luiz considerou que o lugar da moça era ao lado deles, lidando com clientes no balcão da farmácia.

Às vezes, Rose e Marlene não podiam fazer o atendimento. Eram os casos em que um cliente, sempre um rapaz, ficava fazendo hora perto da farmácia, olhava para os lados, vendo se não passava nenhum conhecido. Marlene, Rose e Carmen já sabiam: iam para os fundos da loja e ficavam com os ouvidos atentos. Logo o rapaz entrava e ia direto falar com Luiz, a quem confidenciava um segredo de Estado:

– Peguei gonorreia – sussurrava, enquanto as mulheres riam baixinho.

Aos poucos, a farmácia foi se transformando em um ponto importante da cidade. Até a esposa do seu João, da farmácia concorrente, preferia ir até os Donaduzzis para tomar injeção. Dizia que o marido tinha a "mão pesada". Com o tempo, Carmen e Luiz passaram a visitar as pessoas em suas casas, não socialmente, mas a trabalho, fosse para aplicar uma injeção ou fazer um curativo. Uma terceira farmácia foi aberta na cidade, por outro empreendedor, mas só durou um ano. Em 2025, Querência do Norte registrava oito farmácias para atender sua população, que havia dobrado – para cerca de 12 mil habitantes.

A importância dos Donaduzzis só crescia. Ajudava o fato de que o único hospital da cidade era precário, com piso de tábuas. O médico – como o padre, o prefeito e o delegado – era uma das personalidades da cidade, mas os Donaduzzis se impuseram como referência fundamental, até mais do que Luiz desejava. Foi quando o incômodo começou.

Em uma noite de Natal, que Luiz e Carmen passavam na casa de um amigo, próximo à farmácia, ouviram alguém bater à porta. Era o delegado.

– Mataram um cara, a trinta quilômetros daqui. Vocês têm que vir comigo.

– Nós? – responderam Luiz e Carmen. Foi tudo que conseguiram dizer. O delegado continuou:

– Sim, tem que fazer o levantamento cadavérico. O médico disse que está cuidando de uma parturiente e não pode ir.

Luiz e Carmen se entreolharam. Querendo ou não, não tinham alternativa, pois o delegado não dispunha de outro profissional a quem recorrer. Entraram no carro e seguiram a caminhonete do delegado até a cidade vizinha, Santa Cruz de Monte Castelo. Quando chegaram à praça onde estava o corpo, já não havia mais ninguém na rua. O rumor de que a polícia estava chegando tinha feito a população se dispersar. Jazia somente o corpo no chão, entre os pés de cinamomo de mais de quinze metros de altura. "Do que será que esse cara morreu?", Luiz cochichou para Carmen. "Morto ele está", respondeu Carmen. Ambos estavam intrigados com a ausência de sangue; dava apenas para ver uma perfuração e o que parecia ser uma alça do intestino para fora. Pronto, o serviço era aquele: na ausência de um médico-legista, os dois eram convocados para ser simples testemunhas das mortes.

O corpo foi colocado na caminhonete, mas, antes de ser levado para onde quer que tivessem que levá-lo, o delegado fez um desvio no trajeto: precisava ir até o rancho da vítima. Enquanto acompanhavam o delegado, o casal Donaduzzi pensava no fato de não terem nenhuma qualificação para fazer um exame cadavérico. O problema mais imediato, no entanto, era mesmo o medo. Na tensão daquela cena com o cadáver, se alguém tivesse pisado numa folha de árvore, os dois teriam gritado. A imaginação os dominava, e chegaram a supor que o assassino podia estar justamente no rancho da vítima. Tudo podia acontecer em uma noite tão inusitada quanto aquela. Felizmente, os dois voltaram para casa ilesos.

Nos anos seguintes, o casal Donaduzzi testemunharia cenas mais terríveis do que aquela. Um homem esmagado por uma árvore perturbou o sono de Luiz por semanas. Outra vez, um homem chegou à farmácia com enormes talhos, que começavam nas costas e marcavam o corpo com trilhas de sangue que seguiam pelos braços, pelas pernas e pela barriga. Ele tinha encontrado um tamanduá-bandeira e, bêbado, abraçou o bicho como se fosse um velho amigo. Só quem já viu as garras desse mamífero compreende o sentido da expressão "abraço de tamanduá". Mas uma das piores experiências de Carmen e Luiz foi quando tiveram que fazer o tal do exame cadavérico na estrada, de duas crianças que haviam sido atropeladas por um caminhão. A cena que viram é forte demais para ser descrita e nunca foi apagada de sua memória.

Em uma tarde, Carmen estava no balcão enquanto Luiz descansava, e um mensageiro chegou com uma prescrição de Valium e um pedido para que fosse até a delegacia. Carmen descobriu que um homem tinha atropelado o próprio filho com o trator. Nesse caso, a farmacêutica estava lá para aplicar o sedativo no homem, que queria a todo custo se matar. Para impedi-lo de se suicidar, algemaram-no e o colocaram em uma cela, para onde Carmen foi levada. Quando chegou, o homem se mordia. Os policiais o seguraram e ela aplicou o Valium.

Nada disso impediria Luiz e Carmen de prosseguir com seu comércio. O que faria os dois finalmente deixar Querência do Norte não seria a quantidade de gente esfaqueada, fatalidades em fazendas ou tragédias na estrada. O impacto dessas cenas marcaria para sempre a mente dos Donaduzzis, mas isso não era um problema em si. A questão é que eles estavam sendo convocados para fazer o trabalho de um médico, sem ter qualificação para tal. Isso é que geraria o verdadeiro incômodo dali por diante.

Até a década de 1980, o sistema de saúde no Brasil era extremamente cruel para a maior parte da população. Quem precisasse de atendimento médico só teria um serviço de qualidade se pudesse pagar – e muito caro. Caso contrário, teria que se deslocar até uma cidade maior e tentar ser atendido por algum hospital filantrópico mantido por instituições religiosas. Se tivesse carteira registrada, poderia tentar as filas do serviço de saúde pública. Fora isso, restavam médicos caridosos, cuidados caseiros e medicina popular. Essa situação só começaria a mudar com a Constituição de 1988, que estabeleceu o serviço de saúde pública e universal como um dever do Estado. É quando surge o Sistema Único de Saúde, o SUS. A partir daí, o setor público começou lentamente a investir para que todos, sem exceção, pudessem ser atendidos – evidentemente, a qualidade do atendimento seria outro desafio a ser vencido.

A situação era – e ainda é – pior nas cidades menores. Mesmo com o aumento do número de formados, mais do que duplicando o número de médicos por mil habitantes indicado pela Organização Mundial da Saúde, a distribuição é desigual e há uma grande concentração de profissionais nas capitais e nas grandes cidades. Assim, lugares como Querência do Norte sempre sofrem com a precariedade do atendimento médico. Nesse contexto, é comum o farmacêutico acabar preenchendo essa lacuna.

No começo da década de 1980, porém, naquele pequeno município do Paraná, os moradores não tinham dúvida sobre quem poderia resolver seu problema em caso de doença: os Donaduzzis. Não havia fila, não precisavam pagar pela consulta e todos confiavam no casal de farmacêuticos. "Me dá um remedinho", diziam. Podia ser dor de garganta, ferida ou até situações mais graves. Todos sabiam que Luiz e Carmen não faziam a "empurroterapia", ou seja, nunca empurravam a venda de um medicamento que não fosse necessário.

A situação deixava Luiz extremamente incomodado. Quase sempre, ele respondia: "Vá falar com o médico". Era e ainda é proibido a um farmacêutico prescrever medicamentos. Mas a confiança era tanta que era comum os clientes trazerem a receita dada pelo médico para que Luiz confirmasse que era aquilo mesmo.

E o conflito ético estava sempre presente. Se Luiz desconfiava de algo mais grave, dava ao cliente um analgésico e orientava-o a ir para o hospital. Isso quando ele mesmo não pegava o Fusca e levava.

– Pisei num prego.

– Suspeita de tétano, isso não se trata em farmácia, tem que ir ver o médico.

– Dor de garganta.

– Ainda? Tem que ir ao hospital, pode ser difteria e difteria mata.
– Ajudem, ele está tendo um ataque cardíaco!
– Então ele tem que ser levado para outra cidade.

Em todas essas situações, Marlene, Rose ou Carmen ouviam Luiz dizer, em um tom cansado:

– Mas báááá...

Ele estava descontente.

A frustração ficava mais evidente nos dias mais tranquilos, em que ele se sentava no banquinho na frente da farmácia e começava a conversar com Rose e Marlene, que muitas vezes aproveitavam o tempo livre para se arrumar, sentadas em um banco maior ao lado dele. Ali, muitas vezes, ele pegava a embalagem de algum medicamento e começava a explicar para as funcionárias como determinada substância tinha sido descoberta ou como uma outra era produzida. Era a alma de cientista falando, com a mesma empolgação do menino que havia entrado na biblioteca e começado a decifrar o mundo. Chegava a ficar horas falando da modernidade e das novas descobertas da ciência. Às vezes, Luiz engatava essa conversa – com o olhar distante, enquanto passava a mão no queixo barbudo – revelando o desejo de produzir algo que fosse útil para a humanidade.

– Ó, tempo é dinheiro, *Marlenosa* – de repente ele encerrava a conversa, fazendo o cálculo de quanto as moças ganhavam por minuto, o que sempre as fazia sorrir.

Quando estavam sozinhos, Luiz e Carmen começaram a conversar sobre o futuro. Do ponto de vista financeiro, as coisas iam bem. Depois da moto e do carro, compraram uma linda chácara, cheia de árvores frutíferas, e nela planejavam construir uma boa casa para morar. Mas nem tudo estava certo. Sua principal função na cidade era fazer algo para o qual não tinham estudado, tampouco tinham a qualificação correta para desempenhá-la. Ser o pronto-socorro de Querência do Norte sem diploma de médico não parecia ser um bom projeto de vida.

Luiz já tinha completado três anos de formado e seguia estudando ciência de alimentos em casa, enquanto sonhava em aprender mais sobre biotecnologia. Carmen, por sua vez, voltou para a faculdade, o que significou levantar da cama às segundas-feiras às três horas da manhã, entrar no Chevette e pegar a estrada para Maringá. Então, passava a semana em uma república de estudantes, com mais duas alunas. Só voltava para Querência na sexta-feira.

Um vizinho, espantado com toda aquela autonomia feminina, disse a Luiz:

– Se fosse minha mulher, ela não ia.

Carmen foi.

Não passava pela cabeça de Luiz dizer que alguém não devia estudar, fosse a esposa, fosse qualquer outra pessoa. Para ele, não havia nada mais importante do que o conhecimento. Por isso mesmo, resolveu dar o passo seguinte e, em 1982, inscreveu-se em um mestrado na Universidade Estadual de Campinas, a Unicamp.

Faltava ser aprovado no processo seletivo. Na véspera do exame, ele e Carmen foram juntos até Campinas, para pernoitar em um hotel próximo ao local. Naquela noite, a volta para a cidade grande cobrou seu preço de Luiz, como se aquele fosse um lugar em que ele não deveria estar.

– Carmen, eu preciso ir embora.

Ela não respondeu. Ele continuou:

– Já estou há três anos longe do meio acadêmico. Como vou concorrer com gente que estudou aqui, gente que acabou de se formar?

Ela continuou ouvindo.

– Vamos embora.

Foi quando ela disse:

– Não vamos, não. Você vai fazer o teste!

Luiz foi.

Passou em segundo lugar.

A partir de então, os dois se ausentaram de Querência do Norte. A farmácia ficou sob a responsabilidade do primeiro irmão de Luiz, Teodoro, que, juntamente com Marlene e Rose, tomava conta do negócio.

Era o auge da produção de álcool no Brasil, com o combustível em ascensão desde a criação do Proálcool pelo governo, sete anos antes, em 1975. E o combustível vinha da cana-de-açúcar, foco do interesse científico de Luiz. No bagaço da cana ele encontrou o ponto de ligação entre seu interesse em biotecnologia, a ciência de alimentos e o *boom* do álcool. O candidato a pesquisador acreditava que a enorme biomassa de celulose de que o Brasil dispunha poderia ser uma fonte de material para a fermentação, por meio da quebra do material celulósico e produção de glicose – matéria-prima de tantos produtos, entre eles o álcool.

Surpreendentemente, o novo mestrando acabou se adaptando bem em Campinas. A cidade não era grande como São Paulo, e ele ficava a maior parte do tempo estudando. Depois de dois meses de mestrado, em maio de 1983, um professor da universidade voltou da França e Luiz foi lhe perguntar como tinha sido a experiência.

– Como é esse negócio de fazer doutorado na França?

– Lá você pode fazer mestrado e doutorado juntos, leva só cinco anos.

A informação mexeu com Luiz. Com muita sorte, ele levaria no mínimo seis anos para fazer a mesma coisa no Brasil. Talvez até mais tempo.

– Então eu vou pra França – respondeu na hora para o professor.

A empolgação foi tão grande que Luiz sentiu que poderia ter atravessado o Atlântico a nado naquela mesma hora. Fazer um doutorado no exterior seria um atalho enorme para alcançar seu sonho de ser cientista. As possibilidades se multiplicavam, nenhum projeto lhe parecia impossível. Conversou com Carmen e decidiram que venderiam tudo – moto, carro, até a chácara em que nunca haviam construído – para viabilizar os estudos no estrangeiro. Chegou a Querência em uma sexta-feira, contou a novidade para Rose e disse a ela:

– Vou precisar que você ajude a cuidar da farmácia.

As pernas da moça tremeram e ela ouviu que teria folga nos dois dias seguintes, sábado e domingo, para pensar. No fundo, Rose não acreditou que Luiz iria mesmo ficar fora da farmácia.

Voltou na segunda-feira e ficou no balcão, até que ouviu o barulho do chinelão franciscano do patrão – *chlec, chlec, chlec*. Quando Rose e Marlene ouviam o tal barulho, logo corriam, pois sabiam que ele estava chegando. Era a primeira vez que Luiz, que morava ali mesmo, chegava para trabalhar depois delas. O farmacêutico entrou com um fone de ouvido na cabeça e sentou-se no fundo da farmácia. "Quanto mistério", pensaram as funcionárias.

Naquele mesmo dia, descobriram que Luiz tinha passado a noite estudando e se preparando para o exame de admissão para o doutorado na França. E que aqueles fones de ouvido eram para ouvir uma fita cassete e estudar francês. Era mesmo verdade, o patrão realmente planejava ir embora. Carmen iria depois. Os "doutores" com aspas iam se tornar doutores de verdade. Ironicamente, o casal nunca ligou para o status de serem chamados de doutores. Queriam mesmo era estudar.

Luiz foi a Maringá encontrar Carmen, que estava no último ano da graduação, e dali viajaram juntos para Curitiba. Ele levava uma pasta com vários documentos, pois teria que pedir uma autorização para mandar dinheiro para o exterior. Recurso próprio. Ele não tinha bolsa de estudo, mas, mesmo assim, era preciso ter uma aprovação do governo para fazer a transferência. Carmen se dirigiu à Polícia Federal para solicitar seu passaporte; queria já ter tudo pronto quando se formasse e assim poder se juntar a Luiz na França.

À tarde, encontraram-se na rodoviária.

Luiz chegou mais arqueado que de costume e não tirava os olhos do chão. Ele estava abatido. Algo tinha dado muito errado.

– Não vamos mais.

Capítulo 5
Vontade de estudar

O ônibus em que Carmen viajava chegou a Brasília bem cedo, depois de quinze horas de estrada. Vinha de Maringá. A jovem desembarcou e foi direto para o Congresso Nacional, onde pretendia confrontar o primeiro deputado federal que encontrasse. Ela estava determinada a resolver o problema de qualquer jeito.

A dificuldade dos burocratas em compreender a intenção de Luiz era esperada. Naquele início da década de 1980 começava o período caracterizado como de "estagnação da formação de doutores no exterior". Em outras palavras, uma baixa histórica no número de formandos, que iria até 1987. Portanto, além de Luiz ser uma exceção, ele ainda pretendia financiar a si próprio, enviando à França o dinheiro conquistado com a farmácia para bancar o doutorado.

Luiz tinha voltado para Querência, certo de que seu sonho de fazer doutorado no exterior tinha se tornado impossível de realizar. Carmen ficou com os documentos e rumou para Brasília, com o objetivo de encontrar alguém que pudesse ajudá-los. Qualquer pessoa. Agora ela estava no Congresso Nacional para explicar que era isso mesmo: estavam determinados a gastar seu dinheiro com educação. Não era uma loucura, era vontade de estudar.

Na portaria, um senhor questionou se ela tinha horário marcado com alguém.

— Vim falar com um deputado — foi a resposta.

O tal senhor ficou com sua identidade e Carmen entrou. Subiu as escadas revisando mentalmente os argumentos que pretendia usar. Não tinha muita informação precisa. Sabia que muitos de seus colegas buscavam pós-graduação no exterior, mas desconhecia o número exato. Até o ano de 1985, mais de 40% dos doutores brasileiros tinham obtido seu título em instituições estrangeiras. Sabia que o setor público não dava quase nenhum apoio para futuros pesquisadores como ela, mas não saberia descrever com conhecimento o período de grande instabilidade no qual o sistema de ciência e tecnologia brasileiro estava entrando. Ou dar detalhes sobre as fortes turbulências nas instituições de gestão, cada vez mais sufocadas pela burocratização e incertas quanto às suas dotações orçamentárias.

O que Carmen podia falar era sobre o desejo que tinham de estudar. E de como estavam dispostos a investir na própria formação. Ao sair da escada, deu de cara com uma porta aberta. Na frente, o nome de um deputado, que ela não leu. Deu uma batidinha logo abaixo da placa e foi entrando:

— Dá licença?

O homem apenas fez sinal para que entrasse, e Carmen disparou:

— Sou a Carmen, vim de Maringá, nós temos isso — disse e colocou a pasta na mesa. O homem baixou os olhos para ler, mas não conseguiu, porque ela continuou:

— Meu marido...

O homem voltou a olhar para ela.

— ...meu marido foi aceito numa universidade na França, temos nosso próprio dinheiro pra pagar para ir pra lá, mas o MEC não libera porque... — fez uma pausa quase imperceptível e continuou:

— ...porque vamos criar problemas diplomáticos.

Enquanto Carmen retomava o fôlego, o homem conseguiu dizer:

— Ah, eu também sou do Paraná.

A afirmação pareceu ter o efeito de tranquilizá-la, o que permitiu que o congressista prosseguisse. Olhou os documentos, puxou um papel em branco e escreveu uma carta. Dobrou-a, colocou-a num envelope e entregou-a para Carmen, juntamente com sua pasta.

— A senhora vai fazer assim: hoje à tarde, às 13h30, quando abrir o Banco Central...

E seguiu explicando que ela tinha que ir a tal andar, falar com fulano e levar os documentos e aquela carta que ele acabara de entregar a ela.

Carmen saiu exultante. Foi direto ao Banco Central e ficou esperando dar 13h30. Fez exatamente o que o deputado a tinha orientado a fazer e, em menos de dez minutos, saía com uma carta a mais: a autorização para enviar dinheiro para a manutenção de Luiz na França.

Uma década depois, quando ela e Luiz estivessem finalizando sua complicada passagem pela França, com muitas idas e voltas, começaria no Brasil o período de "retomada da formação de doutores no exterior", estimulada pela abertura econômica na década de 1990. Tudo seria mais simples, ao menos por um período. A partir de 1995, o número de doutores titulados no exterior cairia novamente.

Capítulo 6
O serrote

Três meses depois de Carmen visitar o Congresso Nacional, Luiz cruzava o Atlântico pelas Linhas Aéreas Paraguaias. Tinha embarcado em São Paulo, voado para Assunção e, finalmente, rumado para a Europa, não sem antes fazer uma parada para abastecimento da aeronave em Pernambuco. Ele nunca tinha entrado em um avião. Pior ainda, aquela não era uma aeronave que transmitisse muita segurança. Era um modelo velho, sujo por fora, desgastado por dentro e com o metal da fuselagem rugindo de um modo que lhe pareceu que estava enferrujado. Mais tarde, um primo lhe disse: "Mas avião não enferruja". Luiz: "Mas esse parecia que tinha ferrugem. Como se o alumínio fosse soltando um resíduo escuro nas articulações".

Finalmente, Luiz desembarcou na França. País das coordenadas de René Descartes, da microbiologia de Pasteur, do cálculo de probabilidades de Pierre-Simon Laplace, do eletromagnetismo de André-Marie Ampère, da neurociência de Jean-Martin Charcot, da radioatividade de Marie e Pierre Curie. De tantas instituições científicas de renome – do Instituto Pasteur ao Instituto Curie, do Institut National de la Santé et de la Recherche Médicale ao Centre National de la Recherche Scientifique. E do Centro Nacional de Pesquisa Científica, localizado na fronteira franco-suíça que, no ano de 1983, quando Luiz chegou, havia acabado de fazer a descoberta dos bósons W e Z, partículas que viriam a se tornar componentes essenciais na física. Para quem tinha o sonho de ser cientista, poucos países no mundo se igualavam àquele onde ele ia estudar.

Apesar disso, Luiz se sentia perdido. Não só porque chegava com o dinheiro contado em um país em que não conhecia ninguém e cujo idioma pouco entendia, mas também porque – talvez mais importante – desbravar cidades não era exatamente o seu estilo. Diferente de Carmen, que chegava a qualquer lugar sem conhecer ninguém e se virava. Luiz não era assim e, ao chegar à França, sentia-se como a peça de um jogo colocada fora de lugar. Não se encaixava.

A título de referência, um conhecido havia lhe dado o nome de um brasileiro que estudava lá e que poderia albergá-lo nos primeiros dias. Uma boa notícia, porque ele já se sentia perdido o bastante com o idioma, o que aumentava sua preocupação sobre como seria o curso, que ele imaginava difícil.

De fato, aquele não era um doutorado qualquer. O Institut National Polytechnique de Lorraine era um dos três que tinham sido criados no fim da década de 1960 na França: dois ao sul, em Grenoble e Toulouse, e aquele onde Luiz se inscrevera, em Lorraine. A partir daquele mês de outubro, estudaria em uma de suas unidades, a École Nationale Supérieure d'Agronomie et des Industries Alimentaires, a ENSAIA.

Em suas salas, o brasileiro passou a ouvir fórmulas de um palmo de comprimento, esforçando-se para entender o que o professor estava falando. O homem fazia movimentos com as mãos, repetindo algo como "tuiô". Depois, Luiz descobriu que se tratava da palavra "tuyau", que em francês significa "tubo". Os movimentos significavam que um tubo passava dentro de outro, com líquidos passando por eles. Era uma explicação sobre mecânica dos fluidos, que já seria difícil para Luiz entender se fosse em português. Durante trinta anos ele teria pesadelos relativos àqueles primeiros meses na França.

Fora da sala de aula, sem ainda conseguir se comunicar bem com os habitantes da região, ele não tinha muito com o que se ocupar. A universidade ficava em uma cidade francesa chamada Nancy, localizada em um vale, o Meurthe. A população da localidade francesa, mesmo em queda na época, era quinze vezes maior que a da cidade onde o empreendedor tinha montado sua farmácia. Fora da região próxima a Paris, Île de France, Nancy tinha uma das maiores densidades populacionais do país. Em grande medida, em razão dos cursos universitários que abrigava.

Mesmo ficando a maior parte do tempo em casa e nas aulas, estudando sempre, Luiz consumiu logo no primeiro ano o que economizara durante o período na farmácia. Não tinha bolsa, o dinheiro acabava rapidamente. Entretanto, voltar para o Brasil estava fora de questão. Não trabalhava, só estudava, dia e noite. O caso do jovem estudante ilustrava bem as dificuldades da educação brasileira. Ainda hoje, o Brasil tem uma das mais baixas taxas de pós-graduados entre os países da Organização para a Cooperação e Desenvolvimento Econômico (OCDE), de 0,2% da população total. A média da OCDE é de 1,1%. A falta de recursos financeiros impede estudantes talentosos de ingressar em programas de pós-graduação e limita o potencial do país de formar pesquisadores e profissionais qualificados. O resultado é uma fuga constante de cérebros, baixa capacidade nacional de pesquisa e inovação e a renovação do ciclo negativo da educação brasileira.

Quando o dinheiro acabou, Luiz passou a depender de Carmen. Periodicamente, ela saía de Maringá – onde terminava a última disciplina – e ia para a farmácia, em Querência do Norte, administrada pelo irmão de Luiz, Teodoro. Pegava o que podia da receita e ia ao Banco do Brasil, que ficava colado à farmácia, para enviar o dinheiro, agora que tinha autorização do Banco Central.

Um ano depois que Luiz chegou à França, foi a vez de sua esposa desembarcar no país. Carmen terminou a faculdade no final de 1983 e logo depois seguiu o marido, para também fazer a pós-graduação. A partir daquele momento, seriam dois com despesa em moeda estrangeira.

Pouco depois, Luiz concluiu o curso que era o equivalente ao mestrado no Brasil. Estava pronto para começar o doutorado e com direito a solicitar uma bolsa em programas públicos, como o do CNPq (sigla do antigo Conselho Nacional de Pesquisas, hoje Conselho Nacional de Desenvolvimento Científico e Tecnológico) ou da Capes (Coordenação de Aperfeiçoamento de Pessoal de Nível Superior, órgão que concede o auxílio). Ambos eram vinculados ao Ministério da Educação. No doutorado, não haveria mais as tradicionais aulas expositivas, e Luiz passaria a maior parte do tempo no laboratório de microbiologia da ENSAIA, localizado nas franjas de Nancy, a meia hora de ônibus elétrico do centro da cidade.

Foi nesse laboratório que Luiz viu um cromatógrafo pela primeira vez. Na universidade em Maringá não havia nenhum, instrumento tão básico para um pesquisador como Luiz. O aparelho permitia separar, identificar e quantificar componentes presentes em uma amostra. No caso daquele da universidade francesa, era um cromatógrafo líquido de alta *performance*. Bombeava a amostra através de uma coluna, separando cada substância e medindo suas quantidades, com o resultado saindo em um gráfico chamado cromatograma.

Luiz estava maravilhado e cheio de esperança; um após outro, tinha vencido todos os obstáculos. Seus sonhos tinham tudo para dar certo, e ele estava realizando um dos mais importantes deles, seu doutorado, e havia chegado ao topo da carreira acadêmica. Ele, que não tinha a intenção de ser empresário, podia ser de fato um pesquisador e viver de ciência.

Tinha vencido a barreira do idioma, o que aumentou sua autoconfiança, e já era capaz de se comunicar e de entender bem os professores. Em especial, seu orientador, Pierre Germain, com quem acertou que poderia prosseguir pesquisando o mesmo assunto do mestrado que fizera em Campinas. O que deixou Luiz extremamente satisfeito, pois gostara de estudar a fermentação de álcool a partir de celulose.

Na tese, o estudo se concentrou em uma bactéria anaeróbica, que se desenvolve em temperaturas elevadas e tinha sido descoberta em ambientes vulcânicos. Crescia bem na ausência de oxigênio, a uma temperatura de sessenta e poucos graus. O desafio era fazer com que essa bactéria produzisse muito mais álcool do que era capaz de fazer na natureza. A empolgação era grande, Luiz sentia como se tivesse achado a solução para consertar o mundo. Durante meses e meses ele seguiu com a pesquisa, sem avanço visível, mas confiante de que conseguiria chegar lá.

Aos poucos, a ausência de resultados começou a afetar sua empolgação. Era como se o cotidiano em que nada acontecia, nem mesmo uma vida intelectual realmente estimulante, o colocasse em uma pausa mental. Ele não sentiu a mudança de imediato, seriam necessários mais alguns elementos para que a grande transformação se produzisse.

A essa altura, a vida de Carmen também estava mudando. Quando chegou à França, pouco mais de um ano depois de Luiz, o plano era que ela desse apoio, trabalhando para ajudar nas contas. Desembarcou disposta a fazer limpeza, cuidar de idosos, o que fosse necessário. Como tinha a possibilidade de estudar sem gastar muito, começou a fazer a faculdade de Letras, oferecida para estrangeiros que quisessem estudar francês. Ali encontrou gente do mundo inteiro, de chineses a norte-americanos, de japoneses a latino-americanos. Ela não sabia absolutamente nada do idioma, mas se virava com o pouquinho de inglês que sabia e o alemão que aprendera quando criança. Essa exposição precoce fez com que ela tivesse uma facilidade natural com idiomas. Resultado: aprendeu o francês rapidamente.

Assim, Carmen decidiu também fazer a pós-graduação; passou na prova e fez o mestrado. Em cada etapa, Luiz dava-lhe força para que conseguisse avançar, além de ajudá-la a escrever o trabalho. Carmen estava feliz. Não só pelo bom desempenho nos estudos, mas porque amava ver como um povo diferente vivia, seus costumes, seu jeito de encarar a vida, de viver um dia após o outro.

O lado negativo era um certo grau de xenofobia por parte de alguns locais. Muitas vezes, falavam com os dois brasileiros em um tom áspero. Luiz e Carmen não se deixavam intimidar; levantavam a voz de volta e tudo se ajeitava.

Certa vez, Carmen disse ao seu professor:

– Eu tenho microrganismos que são superprodutores de antibiótico.

Ele nem pediu para verificar o trabalho. Imediatamente descartou os resultados da pesquisa da brasileira, da maneira mais brusca possível.

– Não, madame, você mesma matou todos os microrganismos.

Carmen sentiu uma pequena revolta pelo fato de o professor duvidar dela.

– Não é isso, eu tenho certeza absoluta.

– Então você vai reproduzir de novo o experimento para me mostrar que realmente obteve superprodutores.

Indignada, ela não respondeu e simplesmente refez a experiência. No dia seguinte, antes de Carmen chegar à sala, o professor foi olhar onde estavam incubados os microrganismos. Depois de verificar o experimento, anotou um recado para Carmen, dobrou o papel e o deixou em cima da bancada dela.

Quando a pesquisadora chegou, notou imediatamente o papel dobrado. Abriu e leu. O professor admitiu que ela estava correta.

Intimamente, tanto Carmen como Luiz sabiam que cresciam com a experiência. Não só dentro do laboratório, mas por tudo que estavam passando. Inclusive por entender como um país como a França funciona, como suas instituições operam e mesmo como seu sistema educacional é desenhado para produzir resultados. Ficariam marcados para sempre, pessoal e profissionalmente. O casal Donaduzzi não se transformou em consumidores de luxo ou esnobes por terem estudado no exterior, mas algo mudou naquele período. E eles só perceberiam isso completamente anos depois.

Por enquanto, tentavam sobreviver à experiência. O que não era simples, inclusive do ponto de vista financeiro. Luiz tinha sido contemplado com uma bolsa do CNPq, mas o valor era muito pequeno. O dinheiro seguia escasso. Enquanto alguns colegas pesquisadores brasileiros tinham carro e no fim de semana viajavam para países vizinhos, Luiz e Carmen sempre ficavam em casa.

No segundo semestre de 1985, o casal Donaduzzi soube que suas vidas teriam mais uma responsabilidade. Casados havia dez anos, Carmen percebeu que sua menstruação tinha atrasado pela primeira vez.

– Luiz, estou grávida.

Eles queriam ter um filho, mas não tinham planejado conduzir uma gravidez ali, em um país estrangeiro.

Ela também estava na reta final de seu "diplôme d'études approfondies", o DEA. Para isso, mesmo grávida, passou a ter que ir mais ao laboratório, muitas vezes à noite, e todos os fins de semana. O casal trabalhava dia e noite, sete dias por semana.

Enquanto isso, a pesquisa de Luiz continuava sem avanços significativos. Ele tinha se proposto um desafio grande, e o resultado demorava a chegar. O ano de 1985 terminava e Luiz já estava longe do Brasil fazia cerca de dois anos. Nesse período, sua visão sobre o que era a vida de um cientista tinha mudado. No início, aprendeu os métodos, o cuidado com os procedimentos, a exigência da ciência. No entanto, quando esse período de educação passou, o que restou foi a rotina.

Foi aí que ele entendeu. Era como se a pesquisa se movimentasse como um serrote. Um pouquinho pra frente, um pouquinho pra trás. Lentamente. Podia levar até mesmo quatro ou cinco anos naquela rotina, otimizando o crescimento das bactérias, esperando semanas para que se completasse o prazo de um experimento, fracassando e começando de novo. Ao final do processo, depois de todos os anos, havia ainda a possibilidade de a solução do mundo que ele achou que tinha encontrado ser simplesmente errada. Ele poderia não ter nada.

A pressão aumentava. Contas, trabalho, o primeiro filho chegando. E, acima de tudo, a pesquisa que não produzia resultados. A cada mês que passava, a compreensão da falta que fazia a existência de um resultado ficava mais evidente para Luiz. Quando trabalhava na farmácia, o cliente entrava, ele o atendia, esclarecia dúvidas, o cliente saía com o problema resolvido. Quando dava aula para os colegas ou no cursinho, percebia no olhar de quem ouvia o brilho da compreensão. Em todas as situações, ao final do dia ele conseguia contabilizar o efeito de seu esforço.

No laboratório, não.

Era o serrote.

Para a frente e para trás.

Em janeiro de 1986, uma grande notícia: nasceu Victor Donaduzzi. Pouco depois, Carmen foi aprovada, passando do mestrado para o doutorado. No mês do nascimento ela ficou em casa, mas logo depois retomou as atividades, duplamente feliz – com a aprovação e, mais ainda, com o bebê, que havia nascido saudável. Colocava o menino em uma cesta, vestido da melhor forma, bonito, e o levava junto para o laboratório. Deixava-o em cima de sua mesa no escritório e começava a trabalhar. Dali a pouco alguém aparecia avisando que o bebê estava com fome. Carmen dava de mamar, trocava a fralda, ficava um pouquinho com o bebê, colocava-o no cesto e voltava a trabalhar.

Para Luiz, o duplo alívio, da aprovação de Carmen e da boa saúde do bebê, fez com que a tensão diminuísse bruscamente. E foi nessa hora que algo diferente aconteceu no espírito do gaúcho. Como após um momento de grande tensão, quando o corpo relaxa e fica vulnerável, ele se viu sem energia. A essa apatia somou-se a consciência de que o seu grande sonho poderia não se tornar realidade. Talvez ele simplesmente não tivesse o perfil e a personalidade de um cientista. Não tinha sido feito para viver no ritmo do serrote.

Foi quando Luiz caiu em depressão. Nos meses seguintes, sua disposição não mudava, a energia não voltava. Em maio de 1986, resolveram voltar para o Brasil. Estavam longe da família fazia mais de dois anos; um retorno, ainda que temporário, poderia ajudar. Quando chegaram a Santa Helena, o irmão Teodoro lhes contou que estava partindo em viagem. Pouco tempo antes ele havia comprado a farmácia de Luiz, ficando com uma dívida de 15 mil dólares. Agora tinha vendido o comércio, para, com o dinheiro, comprar um caminhão e pegar a estrada.

Nos últimos anos, a mecanização da produção agrícola empurrava os pequenos agricultores para fora do sul do Brasil, e muitas famílias migravam para explorar outras atividades. Um dos destinos mais comuns era Rondônia. Principalmente porque o governo federal havia feito diversas campanhas de colonização, estimulando a população a se deslocar para regiões com baixa densidade populacional. Teodoro estava de partida justamente para Rondônia. Levava material manufaturado e trazia madeira para o sul. Pretendia montar uma madeireira e viver de cortar árvores.

– Vamos juntos? – perguntou para Luiz.
– Vamos, estou aqui sem fazer nada. Vambora.

Capítulo 7
Baixo luto

Era só olhar a enorme quantidade de gente na calçada, entrando nos comércios e atravancando a rua – fazendo com que os carros andassem bem devagar –, para saber que a cidade de Ariquemes estava em plena ebulição econômica. Luiz e Teodoro estacionaram o caminhão perto do centro e ficaram observando o movimento. Um forte cheiro de serragem, trazido pelo vento, indicava a principal atividade econômica da região: a indústria madeireira.

O que eles presenciavam ali era uma revolução em curso, modificando profundamente as características daquele que era chamado de "o estado mais jovem do Brasil". Ao menos quando se considerava a idade de seus municípios, todos fundados no século XX, era o único do Brasil de que se podia afirmar isso.

Quando Luiz e Teodoro chegaram, em meados da década de 1980, Rondônia já era o estado com o maior crescimento populacional no Brasil: 331% apenas na década de 1970. E o crescimento continuaria no mesmo ritmo nas décadas seguintes. Uma parte dessa expansão se daria na pequena cidade onde eles estavam, a 200 quilômetros da capital, Porto Velho. Inicialmente um modesto ponto de parada na rodovia BR-364, a cidade de Ariquemes se transformou na década de 1970, quando os migrantes, em vez de apenas passar por ali, começaram a se estabelecer – exatamente como Luiz e Teodoro faziam agora.

Toda aquela atividade humana teve um efeito estimulante no espírito do jovem pesquisador, que completaria 32 anos em poucos meses. Depois de anos vivendo no isolamento, de casa para o laboratório e depois de volta para estudar e trabalhar em casa, o movimento das pessoas nas ruas de Rondônia o despertou.

Os dois irmãos tinham chegado ali com um objetivo simples: descarregar os alimentos trazidos do sul e voltar transportando madeira. Porém, a breve visita deixou um impacto no espírito dos jovens gaúchos. Assim, antes mesmo de deixarem Ariquemes, Luiz já planejava retornar.

– Vamos vir pra cá montar uma serraria – disse ao irmão.

Teodoro costumava ter sempre a mesma reação: seguir o irmão mais velho. Se este queria fazer algo, provavelmente devia estar certo. Em 1986, tudo que envolvia o corte de madeira era diferente – do conhecimento sobre o impacto da perda da cobertura florestal, passando pela legislação ambiental, até a conscientização da sociedade sobre o assunto. Na época, a exploração madeireira era simplesmente fonte de renda, emprego e crescimento econômico, especialmente em estados como Rondônia. O poder público incentivava a população, chegando a doar lotes de 100 hectares, com a condição de que o ocupante derrubasse 50% da mata. Tendo feito isso, o cidadão recebia um título provisório da área.

Só muito mais tarde temas como a mudança climática e a relação da floresta com o regime de chuvas no Brasil seriam amplamente divulgados. O processo conhecido como "rio atmosférico" ou "rios aéreos", em que a presença da cobertura florestal tem um papel determinante no ciclo hidrológico global, em especial no Brasil, vinha sendo pesquisado desde a década de 1960, mas mesmo décadas depois, em 1986, só era conhecido por especialistas. Cientistas de outras áreas, como Luiz, raramente tinham conhecimento sobre o assunto.

Assim, os irmãos voltaram de Rondônia e conversaram com Carmen e com Jacinta (esposa de Teodoro), que conheciam bem os maridos e sabiam que seria inútil se opor ao projeto. Poucos dias depois, os irmãos estavam de volta a Rondônia e ficaram mais 45 dias transportando madeira de terceiros. Não era difícil achar trabalho nessas condições. Segundo dados oficiais, Ariquemes tinha naquele momento 75 madeireiras registradas, sem contar a intensa movimentação informal, o que significava que a disputa era grande no segmento.

A concorrência não foi um problema para Luiz. Mesmo sem nenhuma experiência de gestão, aquele jovem se impôs com facilidade com os recursos naturais que tinha: seu 1,92 m de altura, a habilidade para se expressar e convencer as pessoas e uma inclinação natural para organizar processos. Com seus talentos, rapidamente conseguiu se fazer notar na região. Contratou um motorista e logo transportava mais madeira que os outros. Em vez do "serrote" da pesquisa, que dia após dia parecia não sair do lugar, o trabalho na floresta se traduzia em resultados diários, que Luiz conseguia enxergar como produto de seu esforço.

Foi assim que o pesquisador trocou o doutorado pela madeireira; o cromatógrafo pela serra; o estímulo intelectual pela gratificação imediata do progresso físico. Em vez da rotina tranquila do laboratório, a labuta física de horários longos e irregulares, com o risco de uma árvore cair em cima dele. Sua energia tinha voltado, parecia ser uma solução para a depressão que sentia.

Carmen voltou para a França, entregou o apartamento em que moravam, vendeu ou doou os móveis que tinham, conversou com os professores e trancou a pós-graduação. Luiz contatou o CNPq para suspender a bolsa de estudos. Mas isso era o menos importante. O que ele mais desejava naquele momento era avançar com seu projeto em Ariquemes. Depois de transportar a madeira, o passo seguinte foi ele mesmo se encarregar do corte. Comprou três motosserras e foi para o mato. Em um primeiro terreno, descobriu quem era o dono e deu a ele uma motosserra em troca do direito de cortar as árvores. Tirava árvores dia e noite, derrubando-as e levando-as para a serraria. Trabalhava até sentir fome, quando paravam para comer; depois trabalhava até se cansar, quando iam dormir – Teodoro no caminhão, Luiz em uma barraca de *camping*.

Tão esgotado ficava que não tinha tempo para refletir. Não lhe sobrava energia para pensar no que diria seu orientador, Pierre Germain, se o visse ali. Ou o que diriam os patriarcas das famílias Perotti, Pagani e Hessmann, em Querência do Norte. O que diria dona Cecília, a patroa de seu primeiro emprego, ou Dagostini, seu professor da faculdade. Todos tinham se acostumado a olhar para Luiz e pensar no rapaz inteligente, destinado a ser um cientista. Acima de tudo, se por acaso essas reflexões passassem pela mente de Luiz, ele poderia se perguntar o que seu pai diria. Será que ao ver o filho abandonar o doutorado e passar seus dias no mato, como pai e filho faziam quando ele era pequeno, Aldemar ficaria satisfeito? Será que ele pensaria que sua promessa de fazer seu primogênito estudar estava realmente sendo cumprida?

Nas ocasiões em que sua mente vagava pela vida anterior de cientista, Luiz chegava a pensar que poderia juntar dinheiro ali para montar um laboratório de biotecnologia. Mas essas ideias o ocupavam pouco, porque, depois de dezesseis ou dezessete horas de trabalho, ele não tinha forças para ruminar tais pensamentos. Tudo que sabia é que havia anos que não se sentia tão vivo. O trabalho o fazia lembrar de quando acompanhava o pai para preparar a terra para a lavoura. Ao mesmo tempo, o manejo diário da motosserra lhe dava uma sensação de força. Ele se sentia ativamente construindo seu futuro. Ao fim do dia, a pilha de madeira cortada diante dele era a representação física e concreta de um trabalho realizado. Algo de que ele sentia falta, depois de anos de esforço intelectual extremamente abstrato.

Depois de um mês, Carmen voltou da França. Pegou o filho, Victor, que tinha deixado com a irmã em Dourados, e foi de ônibus até Rondônia. Quando chegou, Luiz tinha se mudado para outra floresta, com árvores de melhor qualidade. Mulher e filho se deslocaram 30 quilômetros dentro do mato, até chegar à barraca de *camping* onde Luiz estava. Victor tinha oito meses de idade.

Em pouco tempo, Luiz já tinha meia dúzia de empregados trabalhando na empreitada. Todos eles dormiam em redes na floresta. A exceção era Teodoro, que preferia dormir no caminhão. Quando Carmen e Victor chegaram, passaram a dormir na barraca de *camping* com Luiz. À noite, ela ficava acordada mais do que os outros dois, ouvindo barulhos esquisitos.

Croc, croc, croc.

Era o som de algum bicho passando perto da barraca. "Perto demais", pensou Carmen. Ela olhou para Luiz e Victor. Ambos dormiam, o filho no meio do casal.

"Se esse bicho entrar aqui" – pensou –, "vai morder eu ou o Luiz, mas o Victor não." Mais tarde, achou que podia ser um porco-do-mato. Ou uma capivara. Nunca soube, porque não saiu da barraca para averiguar.

Outro problema que enfrentavam era relativo à água, que tomavam do rio e podia estar contaminada. Era comum a população local contrair doenças endêmicas tropicais dessa maneira.

Mas o maior risco, na opinião de Carmen, era mesmo o trabalho. Para derrubar uma árvore, era preciso saber exatamente para que lado ela ia cair. Uma pequena inclinação, um vento na direção errada e o tronco podia cair em cima deles. Era pior quando trabalhavam no período noturno, sem condições de enxergar o movimento das folhas, a direção do vento e para que lado a árvore cairia. Luiz, Teodoro e os outros frequentemente corriam esse tipo de risco ao passar as madrugadas trabalhando.

Uma noite, voltando da cidade, Luiz e Teodoro encontraram uma árvore caída na estrada. Cortaram-na até onde conseguiram, mas não teve jeito; tiveram que seguir a pé, passando por outras árvores caídas, até chegar ao acampamento. Enquanto avançavam, Luiz preocupava-se com Carmen, que estava no acampamento com Victor e um empregado novo, contratado havia pouco tempo. Quando finalmente chegou, ela e Victor cochilavam, tranquilos.

Assim que Luiz chegou, Carmen acordou. A ventania continuava forte. Luiz foi tomar banho no pequeno riacho próximo quando, de repente, viu cair, bem na frente dele, um tronco de três metros. Certamente pesava mais de quinhentos quilos. Carmen vinha logo atrás.

A floresta reverberou com o choque, o estrondo ecoando pelas árvores. O solo tremeu, as folhas ao redor levantaram-se do chão. A violência da queda – o tronco parecia ter caído de uma altura de quarenta metros – deixou todos mudos. Luiz não comentou nada, mas percebeu que Carmen foi dormir assustada. Ele também.

Poucos dias depois, a família de Carmen chegou para visitá-los. Vieram o pai, Balduíno, dois irmãos e o primo Amélio, muito amigo da família e companheiro de pescaria. No mesmo dia, Amélio foi picado por uma tucandeira, conhecida como a "formiga mais perigosa do Brasil". Seu veneno é composto por uma neurotoxina paralisante chamada poneratoxina. Ela afeta as terminações nervosas, provocando tremores, náuseas e vômito, sem contar uma dor excruciante. Foi o que Amélio sentiu nas 24 horas seguintes.

Depois do susto, todo mundo voltou para o acampamento e foi se deitar. Luiz sempre achara o sogro muito "enérgico e bravo", e lembrava que ele nunca chegou a dar realmente o "sim" oficial para o casamento da filha. De repente, viu-se refletindo sobre o que Balduíno devia achar daquela ideia de seu genro largar tudo e passar a trabalhar como madeireiro na floresta.

De manhã, todos se despediram rapidamente e partiram. Quando o sogro estava indo embora da floresta, Luiz julgou ler em sua expressão algo como "esse cara com quem minha filha casou é maluco".

Durante muito tempo, Luiz também julgou que o sogro tinha dito algo para a filha. Ela negou, mas o fato é que dois dias depois foi ela quem decidiu partir.

– Luiz, se a gente não tivesse nada, ia ficar aqui. E sairíamos bem em alguns anos.

Fez uma pausa e olhou bem nos olhos dele.

– Mas nós estamos no meio do doutorado. Vamos embora. Vamos terminar o que começamos.

Era novembro de 1986 quando o casal Donaduzzi resolveu voltar para a França. Carmen ficou para resolver algumas questões e Luiz foi antes, com o filho Victor. Ao chegar a Nancy, tinham que encontrar um lugar para ficar, pois haviam entregado o apartamento em que tinham ficado antes. Foram morar com um casal amigo, Jorge e Dora, professores da Universidade Federal de Santa Catarina. Victor, que ainda não tinha 1 ano, insistia em tentar comer as plantas da casa.

Em algumas semanas, Carmen já estava de volta à França, tinham alugado um novo apartamento, mobiliaram-no, e logo ambos estavam novamente trabalhando em suas teses de doutorado. Tempo suficiente para Luiz ficar deprimido de novo, em sintonia com o inverno francês. Ele trabalhava de noite, enquanto Carmen dormia. Lá fora, o céu estava coberto por *nuages gris*, nuvens cinza, em francês. As pessoas caminhavam com passos lentos, usando casacos pesados, raramente trocando sorrisos. Quando a esposa acordava, levava o filho para a creche e Luiz ia dormir.

No dia seguinte, a mesma rotina. A vontade dele era de jogar tudo para o alto e voltar para Rondônia. Mas o objetivo de concluir o doutorado precisava ser cumprido, ele tinha que terminar a tese. E colocou toda a energia nisso, dia após dia, semana após semana. Finalmente, sua força de vontade sucumbiu, a depressão voltou e Luiz começou a dizer que queria retornar. Durante os seis meses seguintes, insistia com Carmen que precisava parar novamente. Ela respondia que não. Até que, finalmente, ela cedeu:

– Vai.

O que aparentemente era um defeito de Luiz, mais tarde se revelaria uma característica fundamental de sua personalidade. Um traço que o ajudaria a evitar cometer um dos grandes erros que os empreendedores iniciantes cometem: relutar em abandonar uma ideia ou projeto que não está funcionando.

Para lidar com o problema, a empreendedora e acadêmica norte-americana Saras Sarasvathy desenvolveu uma teoria que ela chamou de lógica de efetuação. Em outras palavras, o que envolve executar um projeto com sucesso e lidar com um futuro imprevisível. Para Sarasvathy, o conceito vai além do empreendedorismo e pode envolver qualquer projeto de carreira. Como Luiz tentando decidir se devia ou não ser cientista. E, se não, o que fazer da vida.

Para Sarasvathy, o indivíduo precisa usar aquilo que está sob seu controle. E, com esse objetivo, precisa saber quem ele é de fato, qual é sua personalidade, quem ele conhece e que recursos estão disponíveis. Ao viver o cotidiano da pesquisa na França, Luiz se deu conta de que sua personalidade não combinava com aquela rotina. Essa constatação não veio sem um custo emocional. Durante toda a vida, ele tinha sonhado em ser cientista. Agora tinha descoberto que não tinha nascido para a pesquisa convencional, que não gostava de ficar fechado dentro de um laboratório todos os dias.

Em sua teoria, Sarasvathy responde a esse tipo de situação com a ideia de "baixo luto", um conceito em que um empreendedor ou uma equipe se distancia emocionalmente de ideias ou projetos que estão desenvolvendo. Ou seja, mesmo que tenham investido tempo, esforço e recursos em uma ideia, eles precisam estar dispostos a abandoná-la ou a pivotar (fazer uma mudança significativa de direção) se as evidências mostrarem que não está funcionando como planejado.

Luiz evidentemente tinha feito um investimento emocional enorme – a vida inteira – no projeto de se tornar cientista. E estava pagando o preço com depressão. Apesar disso, ele estava exercendo uma habilidade natural de abandonar quando necessário: o baixo luto. Durante toda a sua vida, ele passaria por ciclos como esse, usando sua enorme imaginação e visão para arquitetar grandes e ambiciosos projetos e, às vezes, sabendo a hora de abandoná-los.

Foi assim que ele mais uma vez deixou a França. Chegou a São Paulo, pegou um voo para Cuiabá e de lá um ônibus para Ariquemes. Pouco tempo depois, voltou para o Sul e comprou uma serraria rudimentar, que tinha sido desativada havia mais de trinta anos, em 1954. Colocou tudo no caminhão de Teodoro e levou para Ariquemes.

Luiz passou seis meses aprendendo a afiar a serra e a acertar o ângulo na hora de cortar. No começo, sem saber usar a ferramenta direito, ele começava cortando a madeira com dois centímetros. A serra ia para cima e para baixo, e, quando terminava na outra ponta, a peça já tinha seis centímetros de espessura. Levou muito tempo para que ele fizesse o ajuste fino e aprendesse a cortar corretamente.

Mesmo colocar a serra em funcionamento exigiu disposição para aprender e improvisar. No início, fizeram uma gambiarra. Luiz levantou a roda do Fiat 147 velho que tinham, colocou uma correia e a ligou na serra. O consumo de gasolina era "infernal", mas trabalharam dessa forma até que conseguiram comprar um pequeno motor a diesel. E o Fiat 147 pôde voltar para sua finalidade original: transportar madeira. Luiz tirou os bancos, abriu a porta de trás e ia colocando os barrotes, ripas e tábuas, com seis metros de comprimento, até chegar ao assoalho na frente. Embaixo colocavam as tábuas mais compridas; em cima, as mais curtas. Como o Fiat 147 tinha 2,5 metros de comprimento, as madeiras vergavam. Para compensar, Luiz colocava uma nova ripa de três metros em cima, procurando mudar o centro de gravidade e evitar perder madeira no caminho.

Arranjar onde dormir era sempre um problema, como Carmen havia constatado tentando proteger Victor na tenda. Porque bichos menores também eram uma ameaça. Como Luiz e Hamilton, o irmão mais novo, descobriram certa noite, por estarem no caminho de formigas de correição. Acordaram assustados, vendo formigas por todos os lados. Levantaram-se correndo e tentaram se afastar. As formigas de correição são um conjunto de insetos migratórios que abrangem cerca de duzentas espécies, as quais têm em comum o fato de formar grandes expedições, que podem chegar a 500 mil indivíduos. Por onde passam deixam terra arrasada, consumindo os animais menores.

Para resolver esse tipo de problema, Luiz tentou fazer uma casa provisória, separando madeira. Mas, quando vinha alguém precisando de uma tábua, ele ia lá e arrancava duas, três ou quatro delas e vendia. Assim, não conseguia erguer as quatro paredes. De vez em quando passava uma cobra por cima da estrutura, entrava por um lado e saía pelo outro. Os dois irmãos pernoitavam na carroceria graneleira de Teodoro, se esta não estivesse sendo usada. Era mais segura que o projeto de casa. Luiz levantava-se às cinco da manhã, passava a noite toda trabalhando e ia até as 23 horas do dia seguinte. No outro dia, para descansar, trabalhava só até a noite.

O trabalho em excesso e o sono escasso um dia tinham que cobrar o seu preço. E ele veio para Luiz, quando já fazia quase um ano longe de Carmen. Aconteceu em um sábado em que ele manuseava um tronco de madeira de dez toneladas, segurado por ganchos que o fixavam no lugar. Durante o processo do corte, a peça era gradualmente inclinada, enquanto Luiz ia cortando tábuas do tronco. De repente, ele esticou o braço para pegar um cabo e um funcionário soltou um dos grampos. A madeira tombou.

O braço de Luiz ficou preso entre a enorme tora e o cabo da serraria. Só não foi cortado porque sobrou um espaço de cerca de dois centímetros entre um e outro. Com cuidado, voltaram a tora ao lugar original. Luiz foi levado até Porto Velho, a 150 quilômetros de Ariquemes, provavelmente a viagem mais dolorosa da vida dele. No hospital, o braço foi imobilizado com gesso e recebeu pinos.

Luiz voltou para a floresta e continuou trabalhando, mas com dificuldade. E chegou à conclusão de que era hora de visitar Carmen na França. Ainda em São Paulo, onde fora pegar o visto, sentiu um incômodo esquisito no braço. Não era dor, era algo diferente. Em Portugal, onde fez escala, o incômodo aumentou e Luiz nem sequer foi visitar os amigos que tinha no país. Não via a hora de chegar a seu destino. Mas o avião ficou detido dois dias em Lisboa, porque uma greve estava acontecendo na Espanha. A essa altura, o braço já doía bastante. Quando o tráfego aéreo finalmente foi liberado, do hotel Luiz ligou para Carmen.

– O braço tá com problema.

Quando Luiz finalmente chegou à França, Carmen e a amiga Brigitte já tinham conseguido médico e hospital para ele ser internado. Passou por cirurgia e saiu de lá com um ilizarov. Trata-se de um sistema de hastes metálicas finas, inseridas cirurgicamente através da pele e fixadas nos ossos afetados. O principal objetivo do aparelho é ajudar na regeneração óssea, garantindo um controle preciso do posicionamento dos fragmentos ósseos.

Foi assim que Luiz, com um ilizarov no braço, voltou a trabalhar na tese. Desta vez, para concluí-la. Em menos de seis meses a pesquisa estava pronta. E tinha um nome comprido: *Fermentação de Clostridium thermohydrosulfuricum produtora de lactato e etanol: estudos cinéticos e enzimáticos da influência dos substratos de carbono e nitrogênio e dos produtos de excreção.*

A pesquisa mostrava como a bactéria estudada podia transformar açúcares em etanol, lactato, acetato, dióxido de carbono e hidrogênio. Dependendo da quantidade de açúcar e de nutrientes que a bactéria recebesse, sua produção seria afetada. No fundo, Luiz não sabia se realmente usaria aquele conhecimento em alguma aplicação prática. Mesmo assim, de volta ao Brasil, concluiu que seu tempo em Rondônia tinha acabado. Era o segundo uso de sua capacidade de "baixo luto" nesse momento de sua vida. Assim como havia percebido que seu destino não seria dentro de um laboratório o tempo todo, igualmente concluiu que também não era lidar com maquinário pesado. Talvez pudesse voltar a algo semelhante no futuro, mas naquele instante ele precisava redirecionar sua vida.

Ainda voltou para a mata de Ariquemes uma última vez, com o braço já cicatrizado. A casa semiconstruída continuava ali. Chovia muito. Entrou na casa, chovia dentro também. Subiu no telhado para tentar fazer um conserto, quando se deu conta do risco que corria. "Se eu cair agora, perco de vez esse braço." Foi embora. Vendeu o lugar, com casa e tudo, sem nunca ter recebido do comprador.

Não sabia bem o que fazer. Desde criança, tinha se encantado com a ciência. Agora, era um doutor. Mesmo sem saber se usaria ou não o conhecimento sobre a bactéria que havia estudado, a experiência como pesquisador tinha aguçado seu olhar, sua compreensão do rigor científico. Ou a forma de trabalhar para produzir um lote piloto, uma pequena quantidade de produto, esperando para ver se daria certo e aumentando a escala a partir dali. Ou, simplesmente, o trabalho com fermentação de álcool a partir de celulose, que tanto tinha lhe agradado. Por mais insuportável que fosse a rotina, o serrote que avança e recua sem parar tinha lhe ensinado muito.

Voltou para Campinas, onde tudo começou. Chegando lá, encontrou o mesmo professor que havia falado sobre o doutorado na França. Comentou que gostava do interior paulista, mas que não estava conseguindo arranjar emprego por ali. O professor respondeu que não sabia de nenhum emprego na região. Mas – acrescentou – talvez tivesse uma dica para dar se Luiz estivesse disposto a ir para longe dali. De fato, se topasse, ele teria que se mudar para o outro lado do país.

Capítulo 8

Na contramão

— Luiz, a gente precisa desses equipamentos pra ontem.
Quem falava era Carlos Costa Dantas, presidente do Instituto de Tecnologia de Pernambuco, o Itep, com um tom de voz tenso. O órgão tinha acabado de receber uma verba importante da Financiadora de Estudos e Projetos (Finep), agência pública que financia projetos de inovação. Porém, tão logo recebiam o recurso, já perdiam a luta contra o pior inimigo da instituição na época: a inflação.

Era o início de 1989, e no ano anterior o índice tinha alcançado estratosféricos 980,21%. Mesmo países com problemas sérios – como Turquia, México e África do Sul – tinham indicadores inflacionários dezenas de vezes menores do que o "dragão brasileiro", como era chamado o processo de aumento de preços. Com isso, cada hora que Luiz demorasse para comprar os materiais necessários para dar andamento aos seus projetos de pesquisa significava um prejuízo enorme. A inflação desestruturava toda a gestão do Itep, provocando um desequilíbrio orçamentário constante, com dois impactos principais. O primeiro era aquele que Luiz enfrentava naquele momento, que fazia com que o equipamento sempre estivesse defasado, pois não era possível planejar a reposição. O segundo problema era que o instituto não conseguia acompanhar as constantes reivindicações salariais e, como resultado, acabava perdendo técnicos para a iniciativa privada.

Luiz tinha se tornado diretor técnico do instituto meses antes, com base na dica de seu professor do mestrado em Campinas. Sem emprego no Sul nem no Sudeste, a alternativa tinha sido aceitar aquela proposta no Nordeste. A oferta parecia boa. Ganhar um bom salário para dirigir vários projetos em uma área que lhe interessava: biotecnologia. Um deles envolvia a produção de ácido láctico partindo do melaço, outro, a produção do aminoácido lisina para uso em ração, outro era sobre o uso de efluentes (resíduos industriais) para produzir biogás. Luiz, inclusive, teria de ir a Cuba conhecer a experiência deles no uso de substrato de cana para cultivar cogumelos comestíveis e trazer a tecnologia para o Brasil.

Quando começou a trabalhar, não demorou para Luiz perceber que havia algo errado. O tempo passou, ele refletiu e acabou descobrindo o que era: estava em uma função para a qual não era qualificado, em um lugar onde ele também estava fora de sintonia com o que a direção estava buscando.

A questão da qualificação estava relacionada com a falta de experiência em gestão, fosse de pessoas ou de projetos. Sua maior equipe até então havia sido Marlene e Rose, na farmácia em Querência do Norte. Em Ariquemes, os ajudantes eventuais realizavam tarefas muito simples. Em contraste, no Itep Luiz passou a comandar duzentos funcionários, divididos em cinco projetos, além de muitas áreas analíticas das quais nunca tinha ouvido falar, como mineralogia, metalurgia e outras. O fato de ter sido escolhido era compreensível, quando se considerava que quem o selecionou tinha perfil acadêmico e era deficiente em termos de gestão e liderança.

As razões para o preenchimento dos cargos ter se dado dessa maneira tinham relação com o segundo problema: a falta de sintonia entre Luiz e o momento pelo qual o Itep passava, este relacionado ao governo Miguel Arraes, iniciado em 1987. O governador tinha um grande objetivo, que era combater a desigualdade social. Nesse ponto, Luiz estava de acordo e tinha muita clareza quanto à solução: aproximar o Itep da indústria, com o objetivo de desenvolver projetos que impulsionassem a economia local. Até viajou para São Paulo e para o Rio de Janeiro, trazendo melhorias para a pesquisa do instituto.

No entanto, a orientação de Arraes para o Itep era oposta. Ao assumir o governo, determinou que o presidente do instituto, Dantas, diminuísse justamente a prestação de serviços para a indústria. A tentativa de aproximação da pesquisa pública com o mercado seria tentada em Pernambuco, mas não no Itep e não naquele momento. Paradoxalmente, o próprio interesse do Itep em alguém como Luiz, que ostentava um doutorado na França, era decorrente do esforço do instituto em reforçar suas credenciais acadêmicas. Por esse motivo, a seleção para o cargo de diretor não tinha sido feita com o objetivo de encontrar alguém com capacidade de gestão, mas tão somente atrair alguém com títulos obtidos no exterior. Por tudo isso, e apesar de o Itep valorizar tanto o passe de Luiz, havia uma divergência filosófica entre ele e o instituto. O gaúcho estava na contramão.

A empolgação do início foi dando lugar à frustração. Sentia que podia fazer mais, mas sua inexperiência não permitia que desse a contribuição de que o instituto e o estado precisavam. Assim como durante os anos de doutorado, não via os resultados de tanto trabalho. Ao mesmo tempo, sua passagem pelos laboratórios franceses tinha alargado sua visão: olhava para as deficiências da pesquisa do Nordeste e enxergava mais do que nunca o que faltava ser feito. Para completar, o salário, que começou com o equivalente a 750 dólares, foi corroído pela inflação, chegando a míseros 250 dólares. Só conseguia comer porque Carmen, que nessa época dava aulas, mandava dinheiro da França.

– O que estou fazendo aqui? – perguntou-se.

Chamou Dantas e anunciou:

– Só estou com o corpo aqui. A alma já tá lá fora.

Nessa época, Carmen estava voltando da França. Tinha defendido a tese em 1990, sob a orientação de Gérard Lefebvre. Seu trabalho se concentrava em selecionar bactérias com maior capacidade de produção de antibióticos. O título: *Seleção de mutantes superprodutores de ácido clavulânico e resistentes a beta-lactâmicos em Streptomyces clavuligerus*.

Antes mesmo de Carmen chegar, seu nome já percorria os corredores do Itep. Ainda como diretor, Luiz deu uma entrevista ao *Diário de Pernambuco*, em que falava sobre o trabalho de sua esposa com ácido clavulânico, que era usado para aumentar a eficácia da penicilina. Assim, enquanto Luiz saía do Itep, Carmen entrava. Ela começou a trabalhar com um contrato temporário, e logo em seguida passou em um concurso público, sendo contratada como "pesquisadora 4".

A tendência ideológica do governo de Arraes, que tinha levado Luiz a Cuba para pesquisar o substrato de cana, fez Carmen percorrer o mesmo trajeto. Ela também foi visitar o país comunista para conhecer suas pesquisas.

O objetivo era estudar melhor o processo de fermentação de bagaço de cana com o intuito de usá-lo na alimentação animal. Conviveu por dois meses com gente do governo, estudantes e pesquisadores e aguentou firme ouvindo um dos famosos discursos intermináveis de Fidel Castro, que chegavam a até sete horas de duração. Ela deu sorte: aquele a que assistiu durou somente três horas.

Carmen ficou surpresa com o contraste: os cubanos levavam uma vida simples, mas com vantagens que os brasileiros só poderiam sonhar. Por exemplo, usavam um único sabão para toda a higiene e limpeza, mas tinham acesso gratuito a médicos e escolas. No Brasil, uma nova Constituição havia acabado de declarar que saúde e educação deveriam ser para todos, mas isso ainda demoraria muitos anos para se tornar realidade, sem falar da qualidade do serviço.

A viagem serviu como uma experiência internacional para Carmen – o que mais tarde seria útil nos empreendimentos do casal Donaduzzi –, mas, como no caso de Luiz, o tal projeto também não foi adiante. Provou-se que o bagaço de cana não podia ser convertido em alimento palatável para animais. No fim, Carmen também perdeu o interesse pelo trabalho. Primeiro, prejudicada pela inflação, tendo seu salário gradualmente corroído. No início da década de 1990, o teto do Itep era de seis salários mínimos, em uma época em que essa faixa salarial oferecia uma capacidade de compra bem menor que a atual.

Além disso, Carmen também se frustrava pela falta de continuidade. Quando os projetos começavam a engrenar, uma nova gestão mudava radicalmente o foco. O fim do governo Arraes, em 1990, e a saída de Dantas da presidência provocaram uma dessas mudanças drásticas de orientação. A frustração foi tanta que Carmen acabou preferindo renunciar à estabilidade de concursada e pedir demissão.

A essa altura, Luiz criou uma empresa de representação e venda de equipamentos para laboratório. Familiarizado com os equipamentos, conseguia falar a mesma língua de vendedores e compradores; vendia principalmente para as universidades e indústrias que faziam algum controle de qualidade internamente com pequenos laboratórios. No início de 1990, estava animado com uma grande venda que estava quase concluída. O cliente era a Nordesclor, uma empresa do grupo Votorantim, que vendia hipoclorito de cálcio, usado em piscinas para manter a qualidade da água.

Estavam comprando equipamentos no valor de 50 mil dólares, destinados a um novo laboratório de qualidade. Só faltava receber o pagamento.

Foi quando veio o confisco do Plano Collor, com o bloqueio do dinheiro da população guardado em contas-correntes, na poupança e em aplicações financeiras. Para Luiz, o efeito lembrou a explosão de uma bomba de nêutrons. O dispositivo nuclear poupa prédios e casas, mas é devastador para as estruturas celulares dos seres vivos. Deixa danos genéticos permanentes e, em última instância, causa o colapso de todo e qualquer sistema vital. Depois que o governo Collor confiscou o dinheiro da população, Luiz olhava as ruas como se toda a vida tivesse se exaurido, como se não fossem pessoas andando, mas zumbis.

A última coisa em que as empresas iriam pensar naquele momento seria investir em controle de qualidade. No caso da Votorantim, os produtos já tinham sido entregues, mas não haviam sido pagos. Enquanto isso, Luiz tinha que pagar os fornecedores em São Paulo e no Rio de Janeiro, que também estavam sentindo os efeitos da "bomba de nêutrons".

Em uma situação semelhante, seria compreensível se Luiz jogasse tudo para o alto e dissesse para seus credores: "Ninguém está pagando nada, eu também não posso pagar". Mas esse era um comportamento inaceitável para ele, postura que ainda teria muita influência nos grandes projetos que ele executaria no futuro.

Então, Luiz decidiu ir até a Rua Madre de Deus, onde ficava o prédio da Votorantim. Subiu os vinte andares até a diretoria e anunciou:

– Se não me pagarem, saio pela janela.

A Votorantim pagou.

Situação resolvida, o casal conseguiu pagar seus próprios credores. Mas não sobrou mais nada. Agora precisavam urgentemente achar algo para poder colocar comida na mesa. Carmen estava em seus últimos meses no Itep, mas o salário – que naquele mês era o equivalente a cerca de 600 dólares – não era suficiente para sustentar os três e ainda pagar o último salário de um funcionário que Luiz tinha contratado.

Carmen saía para o Itep e Luiz ficava em casa, pensando no que fazer. Uma das soluções foi tentar usar as duas Brasílias velhas que tinham para levar turistas para a Ilha de Itamaracá, ao norte do Recife. Era uma maneira de aproveitar o fato de ele falar francês e arranhar o inglês. Mas as Brasílias velhas não animavam os poucos turistas que ainda se aventuravam a gastar dinheiro, e a empreitada morreu tão rápido quanto nasceu.

– Carmen, vamos fazer comida pra vender?

– Comida, não. Eu só sei fazer uns bifes, e ainda muito mal. Faça outra proposta.

A proposta seguinte foi que ela fizesse pão e ele vendesse de porta em porta. Essa ela aceitou, por um curto período. Carmen fazia, Luiz vendia. Não vingou. A partir daí, durante dois meses, todo o trabalho de Luiz consistia em levar o filho Victor à praia de Piedade para brincar. Foi o único momento de sua vida adulta em que seu coração bateu regularmente, sem a taquicardia ansiosa. Enquanto isso, refletia sobre o que fazer com o doutorado. Até então, o único período de estabilidade financeira e profissional do casal tinha sido antes de irem para a França, quando estavam com a farmácia em Querência do Norte. Precisava de algo que unisse aquela estabilidade com o conhecimento que tinham adquirido.

Foi quando um amigo sugeriu que vendessem medicamentos para uma distribuidora de produtos farmacêuticos. Luiz respondeu com a ideia que mudaria tudo em sua vida: "E se a gente fizesse os nossos próprios produtos?".

Capítulo 9

A paixão de Carmen

O homem de 1,92 m se posicionou perto do caixa e ficou observando quem passava. Quando o cliente pagava as compras, ele usava seu tamanho para descobrir o que a pessoa estava comprando. Se alguém achou estranho, ninguém falou nada. O próprio dono da farmácia consentira que Luiz ficasse ali, fazendo aquela pequena pesquisa informal, que tinha um objetivo importante: descobrir quais produtos deveria fabricar.

Depois de algum tempo, concluiu que os chás eram o grande sucesso de vendas nos invernos chuvosos de Pernambuco. No dia seguinte, foi ao mercado São José e comprou chás a granel, grampo, grampeador e saquinhos plásticos. O casal de doutores começaria pelo mais simples possível.

Carmen e Luiz não eram farmacêuticos industriais, e a única experiência que tinham no ramo tinha sido visitar o laboratório de um amigo de faculdade. Da visita, eles só se lembravam de uma salinha manchada de mercurocromo até o teto, no meio de uma sujeira que não podia ser o procedimento correto para produzir algo.

Sem base acadêmica e sem referências, decidiram construir o novo empreendimento partindo do mais simples para o mais complicado. Imprimiram os rótulos e etiquetas no computador que haviam trazido da França, o mesmo que usaram para escrever suas teses. Mas, na hora de empacotar as folhas de chá, Carmen ficou em dúvida:

— Meu amor, até aqui, tudo bem. Mas como vamos saber quanto de folhas vamos colocar por saquinho? Não temos balança.

Luiz pegou um pedaço de ripa e improvisou uma espécie de balança de pratos, a mais simples que existe. De um lado, colocou um frasco com 10 ml de água. Do outro, foi adicionando chá até chegar ao equilíbrio. Pronto: 10 g de chá. Produziam à noite; de dia Carmen ia para o Itep, e Luiz saía para vender e entregar os chás.

Eles sabiam que o chá era somente o início. O próximo passo seria obter detalhes sobre como efetivamente produzir os medicamentos. Infelizmente, na época o Brasil ainda não tinha bibliografia que fornecesse detalhes sobre composição, dosagem e modo de preparo para a produção de medicamentos. Mais tarde, Carmen acabaria contornando essa deficiência brasileira trazendo montanhas de livros do outro lado do mundo, mas isso ainda estava no futuro. Por ora, precisavam de alguma informação, por menor que fosse.

Finalmente, Carmen encontrou na Universidade Federal de Pernambuco uma edição da *Farmacopeia brasileira*, documento que traz as normas de qualidade para a produção de medicamentos. O conteúdo não era dos mais robustos, mas ao menos trazia algumas informações de produtos simples. Carmen copiou três ou quatro e voltou para casa. Compraram insumos na loja D. Rodrigues e estavam prontos para iniciar a produção.

O primeiro produto escolhido foi a pasta d'água, indicada para tratar irritações da pele, como assaduras, queimaduras solares e dermatites. Era fácil de fazer, bastava misturar glicerina e óxido de zinco até ficar homogêneo, colocar num frasquinho, tampar e colar o rótulo. Pronto, os Donaduzzis tinham produzido pasta d'água.

No outro dia, Carmen foi de novo à faculdade e pegou mais fórmulas. Primeiro, apenas relacionadas a produtos para uso externo: mertiolate, mercurocromo, água oxigenada para uso hospitalar e farmacêutico, tintura de iodo, amoníaco, acetona para remover esmalte, álcool. E, mesmo sendo produtos simples, a inexperiência provocou alguns acidentes. Certo dia, Luiz estava com um litro de amônia no porta-malas dianteiro da Brasília e rodou com ele o dia inteiro sob o calor do Recife. Naquela noite, teriam que diluir a substância, um processo normalmente simples: adicionando água, seria possível obter pelo menos dez litros de produto. Só que, como a amônia havia sido aquecida e agitada durante todo o dia dentro da Brasília

– a substância é altamente volátil –, ao abrir o frasco, todo o líquido saiu como se fosse champanhe; na cozinha do casal, na casa alugada no bairro de Piedade, a 50 metros da praia. Eles apenas tiveram tempo de pegar Victor no colo, descer do primeiro andar do imóvel e ficar esperando os gases tóxicos se dissiparem para que pudessem voltar aos aposentos.

Quando entraram, encontraram a gata estirada na cama, os olhos esbugalhados por causa da intoxicação. O produto tinha queimado o pulmão do animal, que precisou de antibióticos, pois tinha contraído pneumonia química. Mais tarde, a gata se recuperou – graças aos cuidados de Carmen.

Atenta à demanda da região pobre, onde as pessoas sofriam com verminoses e alimentação pobre em proteínas, a chamada anemia ferropriva, Carmen copiou a fórmula para fazer xarope de sulfato ferroso. Sabendo que o gosto devia ser muito ruim, porque o sabor de ferro é *impossível* de ser mascarado, ela chamou Victor, que sempre acompanhava suas alquimias:

– Tu sabes que não pode mexer nos produtos. É perigoso, né?

O pequeno assentiu com a cabeça.

– Mas hoje você vai dar uma mãozinha. Quando eu tiver o produto pronto, eu te chamo.

Produto pronto, ela orientou o menino:

– Põe o dedo nesse béquer – disse, referindo-se ao recipiente de laboratório utilizado para armazenar, medir e transferir líquidos. – Lambe um pouquinho e me diz o que achou.

Carmen queria saber qual era a percepção de uma criança. Victor obedeceu e fez uma cara feia, que já adiantava o veredito:

– Mamãe, parece que eu lambi a fechadura da porta.

Nem por isso o xarope deixou de ser produzido. Pelo contrário, foi um sucesso de vendas: eles forneceram para prefeituras e secretarias de saúde pelo Nordeste afora.

Um dia, alguém comentou com eles:

– Por que vocês não vendem para hospitais?

– Qual a diferença?

– Tem que vender em litros.

– E onde podemos conseguir as embalagens?

– Em um distribuidor de garrafas.

Descobriram que as embalagens mais adequadas eram as garrafas de rum da marca Montilla. Depois, quando procuravam a melhor forma de tampá-las, encontraram um fornecedor que tinha uma máquina rudimentar que fazia as tampinhas. Material e equipamento adquiridos, davam início ao processo de esterilização: colocavam água sanitária, lavavam, tiravam o rótulo da bebida, lavavam-na de novo por dentro e por fora e enchiam com o produto. Foi assim que começaram a venda de produtos hospitalares.

Foi também quando começaram os problemas comerciais. Além dos esperados calotes, perderam vendas para concorrentes que conseguiam baixar os preços, por oferecer produtos com mais água do que o desejado. Mesmo assim, eles se recusaram a abrir mão da qualidade; a ética lhes tinha sido inculcada desde cedo pela família, e, mais tarde, os princípios de como ela devia funcionar na ciência tinham sido aprimorados na universidade. As fórmulas continuaram sendo seguidas à risca. Foram períodos difíceis, mas o casal permaneceu no mercado, ao contrário dos concorrentes, que foram perdendo clientes que percebiam a falta de qualidade.

Toda a produção era feita na cozinha comum da casa, sendo que a única diferença era que eles tinham duas geladeiras. Uma para a comida, a outra para produzir água destilada, usada em procedimentos hospitalares e baterias de carro. No entanto, transformar essa segunda geladeira em ferramenta industrial exigiu uma certa improvisação da parte de Luiz. A água era fervida em uma panela de pressão, que era ligada ao congelador da segunda geladeira por meio de um tubo de látex. Quando o vapor de água se tornava líquido, ele caía na bacia de degelo. Nesse processo rudimentar, eles produziam apenas dez litros por dia, um grande trabalho para pouco resultado. Um pouco mais tarde, compraram um deionizador, equipamento que faz água pura para laboratórios, e puderam fabricar cem litros por hora, uma modesta demonstração do tremendo avanço que investir em equipamentos poderia trazer.

Ninguém sabia disso melhor do que Carmen. Quando soube que perto de casa havia uma indústria farmacêutica, ela quis conhecer. Afinal, ela e Luiz só tinham conhecido uma muito rudimentar até então, nunca uma de verdade. Tocou a campainha e um senhor idoso atendeu:

– O senhor me permite entrar para conhecer?

– Claro.

Na casinha de quatro cômodos e um banheiro, o senhor Eberle, como ela sempre o chamou, fazia apenas dois tipos de produto: sulfato ferroso e pomadas. Enquanto o homem explicava, Carmen se encantava com o que via diante de si: uma máquina de compressão específica para fazer comprimidos.

Até aquele ponto, os produtos mais complexos que ela e Luiz conseguiam fazer eram cápsulas, em um processo totalmente artesanal. Primeiro, eles colocavam o princípio ativo em pó em tabuleiros com cinquenta buraquinhos. Depois, nivelavam com uma pazinha e fechavam as cápsulas à mão. Quando o governo do Ceará fez um pedido de 10 mil cápsulas de tetraciclina, o casal levou um mês inteiro para entregá-las, mesmo trabalhando quase que exclusivamente no pedido.

Porém, fazer comprimidos com uma máquina de compressão como a do senhor Eberle era algo muito mais complexo. O pó precisava ser prensado com aglutinantes a fim de ser compactado; em seguida, vinha o desintegrante, para que o comprimido se dissolvesse ao entrar em contato com o local certo no trato digestivo. Também precisava ser aplicado um revestimento. Na época, Carmen tinha procurado por livros especializados sobre essa etapa, mas a inexistência de bibliografia brasileira continuava sendo uma barreira, e os livros internacionais eram tão caros que o acesso a eles era simplesmente proibitivo. Assim, Carmen persistiu com as informações que tinha disponíveis, testando várias formulações, sem resultado.

Quando entrou na fábrica do senhor Eberle e viu a máquina em funcionamento, Carmen não se importou que não fosse o último modelo nem com o estado em que ela estava. A estrutura era simples, com duas rodas; enquanto uma descia, a outra subia, iam se revezando e fazendo mais comprimidos. Ainda assim, ela voltou para a casa-laboratório e contou a todos que tinha visitado uma indústria farmacêutica e visto uma máquina incrível. Nos dias seguintes, sempre que podia, ela aproveitava para dar uma escapada e ir novamente à casa do senhor Eberle. Pedia para entrar, dizendo que queria ver os comprimidos sendo produzidos mais uma vez. Chegou a ponto de pedir que as funcionárias não contassem para Luiz que ela estava deixando de fazer o trabalho na rua para namorar a máquina. Não havia dúvida, ela estava apaixonada.

Carmen não queria casa, carro, cavalo nem viagem. Só queria aquela máquina.

– Um dia desses – dizia ela para as funcionárias – vou escrever para o *Porta da Esperança* – fazendo referência ao famoso programa de auditório do apresentador Silvio Santos, no SBT.

Dizia isso e sorria. Seus olhos brilhavam.

– Vou pedir uma máquina de compressão.

Capítulo 10

Cólera

— Eu comprei hipoclorito, não granadas!

Luiz não entendeu de imediato o que seu cliente estava lhe dizendo ao telefone. Do outro lado da linha estava Sérgio, dono de uma distribuidora do Piauí para onde tinham enviado um carregamento de hipoclorito de sódio semanas antes.

— Gra-na-da. Dessas que explodem, entende? – dizia Sérgio, ainda sem gritar, mas com a voz dois tons acima do que Luiz estava acostumado. – Eu não comprei granadas. Os frascos estão explodindo.

O que tinha começado como algo positivo – para a sociedade e para o empreendimento dos Donaduzzis – tinha se transformado em uma potencial tragédia. Tudo começou no ano anterior, quando uma cepa antiga do vírus da cólera atravessou a tríplice fronteira com Peru e Colômbia e chegou ao Brasil. Era o início de uma das maiores crises da história da saúde brasileira, o surto que ficaria conhecido como a "sétima pandemia da cólera".

As regiões Norte e Nordeste seriam as mais afetadas, incluindo o estado onde os Donaduzzis residiam. A infecção podia provocar somente uma diarreia leve, mas em suas formas mais graves podia causar vômito, dores abdominais e até matar uma pessoa. A situação deixou o casal preocupado. Com um filho pequeno – Victor estava com seis anos –, morar em um dos focos da crise sanitária lhes parecia extremamente perigoso.

Havia tempos em que o casal pensava se não seria melhor que seus filhos – era provável que a prole não parasse no pequeno Victor – crescessem na terra natal, de onde haviam se afastado anos atrás. O surto de cólera tornou-se mais um fator para reforçar a ideia. Era o final de 1991, e eles tinham razão em se preocupar. No ano seguinte, 1992, Pernambuco só perderia para Alagoas em número de casos por 100 mil habitantes. Naquele ano, a preocupação do casal aumentou, pois Carmen descobriu que estava grávida novamente.

A situação era gravíssima. Luiz leu no jornal que a ONU fazia uma previsão catastrófica: se as medidas corretas não fossem tomadas, um terço da população da cidade poderia morrer da doença. O surto era especialmente trágico porque afetava principalmente os mais pobres. A cidade era plana, mas eram os bairros mais humildes que alagavam, onde se misturavam a água da chuva e o esgoto, e a população não tinha informação para se defender.

Foi naquele momento, em que os Donaduzzis pensavam em deixar a região, que o dono de uma farmácia apareceu com uma ideia que mudaria suas vidas: por que não vendiam hipoclorito de sódio? A substância, diluída em água, virava água sanitária e era utilizada para limpeza e desinfecção de superfícies e alimentos. Ou seja, um material totalmente inofensivo e útil no combate à cólera. Naquele momento, ninguém podia imaginar que ajudar a debelar uma doença os levaria a enviar explosivos para um cliente.

Ao contrário, a ideia parecia excelente. Vendendo hipoclorito de sódio, eles poderiam contribuir com a sociedade e ao mesmo tempo expandir os negócios. Após uma breve reflexão, o casal decidiu aceitar a sugestão do farmacêutico. O hipoclorito era diluído em água e estava pronto para uso, simples assim. O verdadeiro desafio era o produto chegar ao cliente final.

Até aquele momento, o casal trabalhava com distribuidores que compravam da CM Donaduzzi – foi o nome escolhido para a pequena indústria sediada no Recife, uma abreviação de Carmen Maria Donaduzzi. Era por meio desses distribuidores que o casal ganhava licitações em hospitais e outros grandes usuários públicos de produtos de manipulação. Porém, atender a crescente demanda provocada pelo surto de cólera significava ir atrás de novos canais de venda. Em vez de fornecer para os distribuidores em embalagens grandes, Carmen e Luiz teriam que envasar a substância em pequenos frascos, para que pudesse ser vendida em farmácias.

No início, foi simples. Eles começaram a oferecer o produto diretamente nas farmácias. Os clientes arregalavam os olhos quando viam Carmen, já grávida de alguns meses, chegar carregando caixas com os pequenos frascos de hipoclorito de sódio. E a demanda só crescia. Com o estoque das farmácias acabando, os donos de distribuidoras e drogarias rapidamente descobriram onde o casal Donaduzzi morava. Filas começaram a se formar à porta deles. Com frequência, as pessoas chegavam a tocar a campainha de madrugada, pedindo por um daqueles vasilhames escuros, que não deixavam a luz entrar para não estragar o produto.

Foram obrigados a ampliar a estrutura da "casa-laboratório". Adquiriram um balde plástico de cem litros com uma torneira embutida e colocaram no sótão da casa. Luiz desceu uma tubulação, que trazia do balde a mistura de água e hipoclorito de sódio. O cano saía na cozinha, onde dez pessoas trabalhavam em uma mesa, enchendo frasquinhos de 100 ml, que em seguida eram envasados, rotulados e encaixotados. Em poucos meses, a mesa da cozinha se desfez, um indicador de como o hipoclorito é corrosivo. As mãos de todos que trabalhavam ali também sofreram, mesmo usando luvas.

Porém, não foi para uma farmácia nem para o consumidor final que chegaram os frascos explosivos. Os distribuidores – clientes tradicionais da CM Donaduzzi – também passaram a adquirir deles o produto envasado. O que era excelente, pois eles participavam de licitações públicas que, quando ganhavam, convertiam-se em grandes vendas. Do Piauí, uma distribuidora chamada Remac ganhou uma dessas licitações e encomendou à CM Donaduzzi um grande carregamento de hipoclorito de sódio. Nesse caso, em vez de se preocupar com a venda, a tarefa era produzir, embalar e entregar.

Dias depois de enviarem a remessa foi que o dono da Remac ligou, fazendo a reclamação enigmática sobre ter recebido "granadas". O enigma perdurou alguns segundos na mente de Luiz, com seu cérebro tentando desvendar o fato de ele ter enviado medicamentos e o cliente ter recebido explosivos.

– O senhor está dizendo que...

– ...os frascos que vocês mandaram incharam. E estão explodindo.

O produto era o mesmo de sempre, o que tornava a situação ainda mais absurda. A essa altura, eles já tinham vendido milhares de frascos, sem nunca ter havido nenhum problema. De repente, em uma fração de segundo, a resposta atravessou o cérebro de Luiz. A única diferença no pedido da Remac tinham sido os recipientes comprados para envasar a substância. O fornecedor não tinha os tradicionais frascos opacos. Então, Luiz comprou frascos transparentes mesmo, encheu-os com o hipoclorito de sódio e mandou entregar.

Quando o carregamento chegou, o cliente recebeu uma lição grátis de química. Ao ser exposta à luz, a substância passa por um processo de decomposição química. Ou seja, as moléculas do hipoclorito de sódio (NaClO) são quebradas, liberando gás cloro (Cl_2) e oxigênio (O_2). O processo expande o volume do líquido, inchando os frascos e chegando a rompê-los, provocando as "explosões". Pior ainda, o gás liberado é tóxico. É por isso que o correto é sempre usar frascos opacos.

Após lembrar-se dos frascos transparentes, a ideia da "decomposição química" fez com que a resposta se tornasse óbvia na cabeça de Luiz. Sem pensar duas vezes, disse:

– Devolve essa porcaria, Sérgio. Vou te entregar produto bom.

Não era uma promessa barata. Comprar tudo de novo, embalar e mandar entregar significava um prejuízo de 16 mil dólares. Mesmo assim, o casal Donaduzzi só enxergava uma opção naquele momento: entregar o produto correto, com qualidade.

As semanas seguintes não foram fáceis. Carmen e Luiz viviam de maneira modesta, sem gastos significativos, com um fluxo de caixa sempre bem apertado. A venda de hipoclorito vinha melhorando a situação, mas não fazia muito tempo que a família tinha deixado de dormir no chão por não ter cama. Ou que tinham se livrado da dieta restrita a arroz, feijão e ovo. Tinha sido uma época em que o pequeno Victor pedira para a mãe:

– Eu queria "fango".

– Não dá, filho – Carmen respondeu. – Se a gente comer frango hoje, ficamos uns dias sem poder comprar ovos.

O registro da dificuldade da família não serve a nenhum tipo de vitimização, mas sim como um testemunho de que mesmo um casal de doutores formados na França pode encontrar dificuldade para ter seu justo valor reconhecido. Por um período, o empreendedorismo dos Donaduzzis tinha melhorado sensivelmente a situação, mas o prejuízo causado pelos frascos explosivos os tinha colocado no caminho da falência. Já tinham dificuldade de comprar insumos, e as dívidas cresciam.

Em 3 de dezembro de 1992, a família cresceu: nasceu Sara. Agora tinham duas crianças – Victor estava com sete anos –, em uma região cada vez mais assolada pela cólera. No ano seguinte ao nascimento de Sara, os números do surto atingiram seu ápice, com 60 mil pessoas contaminadas em todo o Brasil. Em Pernambuco, os números também assustavam, com quase 10 mil casos e 137 óbitos. Entretanto, a situação nos outros estados do Nordeste era pior, com os números aumentando em proporção muito maior. A diferença relativa pode ser considerada uma evidência de que os pernambucanos estavam empenhados na batalha contra a bactéria. E a CM Donaduzzi dava sua contribuição nesse esforço.

Um dia, quando Luiz estava na rua, Carmen atendeu outra ligação de Sérgio, o tal cliente do hipoclorito transformado em granadas:

– Vai ter uma grande licitação e quero entrar com os produtos de vocês.

Apesar do erro explosivo, o distribuidor tinha decidido continuar comprando deles. Afinal, mesmo se algo desse errado, eles tinham mostrado que eram fornecedores dignos de confiança, entregando o produto correto, no fim das contas.

– Sérgio, quem faz os preços é sempre o Luiz.
– Mas é urgente.

Carmen cedeu. Não podiam perder um pedido grande. Se ganhassem a licitação, poderia ser a salvação da empresa. Foi até a mesa de Luiz, pegou as anotações, o preço dos frascos, das tampas, do insumo. Somou tudo. Era o custo. Enquanto fazia o cálculo, torcia para que Luiz chegasse, mas nada de a porta se abrir.

"Bom, se é pra participar, temos que ganhar alguma coisa." O "alguma coisa" em que Carmen pensava se devia ao fato de que era comum a margem de lucro deles ser muito estreita. Luiz fazia o preço apertado, considerando o risco de perder o pedido. Mas naquele momento o aperto era tão grande que Carmen preferiu dobrar a aposta e colocar um bom percentual em cima do valor. Era tudo ou nada. Mandou para o cliente.

Quando Luiz chegou em casa, à noite, ela estava apreensiva e foi logo contando a novidade.

– Meu amor, hoje eu participei de uma licitação.
– E que preço você deu?

Quando viu a margem utilizada, Luiz colocou as mãos na cabeça, como se fosse arrancar os cabelos:

— Pelo amor de Deus, a gente nunca vai ganhar!

Dois dias depois, veio a notícia que mudaria para sempre a história dos Donaduzzis: a licitação era deles.

O impacto daquela vitória seria grande, por causa da maneira como o dinheiro foi usado. Depois de pagar as dívidas, trocaram o carro que tinham, uma Belina, por um modelo mais novo. Uma das consequências desse investimento é que ele permitiu a Luiz fazer uma viagem para o Paraná para visitar a família. E essa visita mudaria definitivamente o destino do casal e, por que não dizer, de grande parte do oeste do estado do Paraná.

Se tivessem hesitado em enviar o produto adequado para a distribuidora quando os frascos explodiram, teriam perdido definitivamente o cliente. Pode-se dizer que eles saíram do aperto financeiro – e puderam usufruir de tudo que ocorreu depois – porque fizeram a coisa certa. Ao mesmo tempo, também se pode dizer que há um efeito benéfico mais amplo quando empresários agem corretamente. Todo o ambiente de negócios se torna mais estável e seguro.

Entretanto, não era porque esperavam, direta ou indiretamente, colher bons frutos que Luiz e Carmen agiam corretamente. A verdade era que eles simplesmente não conseguiam fazer diferente. Nenhum dos dois seria capaz de colocar a cabeça no travesseiro sabendo que tinham prejudicado alguém.

O fato é que os efeitos positivos vieram. Com a Belina, Carmen conseguia carregar muito mais material na hora de fazer as entregas. Bastava baixar os bancos e o veículo se transformava em um transporte capaz de levar um tonel de duzentos litros. Além disso, as contas em dia deram tranquilidade para eles trabalharem.

Finalmente, em 1994, o surto de cólera começou a recuar. Em 1996, a doença foi finalmente considerada sob controle. Entretanto, como o vírus não foi erradicado e surtos continuam ocorrendo em diversas regiões do mundo, a Organização Mundial da Saúde (OMS) considera que a chamada "sétima pandemia de cólera" continua em curso até a data da publicação deste livro. Como exemplo, em um único mês, janeiro de 2025, foram registrados cerca de 35 mil novos casos de cólera e/ou diarreia aquosa aguda em 19 países e territórios.

A vitória sobre a cólera e a melhora da situação financeira não demoveram os Donaduzzis da ideia de voltar para o Sul. Foi nessa época que Luiz foi visitar a irmã no Paraná. E a história ganhou novo rumo.

Capítulo 11
O início do sonho

— Façam a ronda, vejam o que eles oferecem para vocês.

Quem falava era um homem de bigode e óculos, aparentando ter pouco mais de quarenta anos. Chamava-se Albino Corazza Neto, prefeito do município de Toledo. Enquanto falava, olhava diretamente para Carmen, que estava acompanhada do cunhado Arno e do concunhado Celso Prati. Nenhum deles dizia nada, somente escutavam o que o político dizia.

Para ter certeza de que sua promessa seria levada a sério, o prefeito insistiu:

– O que lhes oferecerem, tragam aqui e falem comigo – disse.

O que estava em jogo era o local onde seria instalada a fábrica de medicamentos, porque o casal Donaduzzi estava de mudança. Depois de seis anos na França e cinco no Recife – sem contar o período em Rondônia –, eles estavam voltando para o Sul do Brasil.

Localizada no oeste do Paraná, Toledo fica a menos de 80 quilômetros de Santa Helena, cidade onde Luiz e Carmen viveram sua infância e parte da juventude. Um dos motivos para a mudança era que o estado de Pernambuco – naquele início da década de 1990 – não oferecia nenhum incentivo para um pequeno industrial. Enquanto isso, os Donaduzzis se sentiam acuados pela fiscalização constante e os riscos de levar multa, que a qualquer momento poderiam inviabilizar o negócio financeiramente.

Em contraste, o Paraná iniciou incentivos econômicos importantes na primeira metade da década de 1990, justamente quando a família Donaduzzi estava voltando. Em 1992, no ano anterior ao que eles decidiam em qual cidade se estabelecer, o governo estadual criou o programa "Panela Cheia". Com ele, pequenos agricultores podiam oferecer sua produção futura como garantia de pagamento para financiamento de equipamentos agrícolas, sementes ou insumos. O agricultor conseguia se financiar, mesmo sem ter um patrimônio. A preocupação com o setor se explicava pela importância da agricultura no estado: o Paraná tem o segundo maior PIB agrícola do Brasil, só perde para o Mato Grosso. Os agricultores agradeceram o Panela Cheia, e o programa virou referência nacional.

Empresários que quisessem investir e gerar empregos na cidade também receberiam incentivos. Destes, dois tipos interessaram aos Donaduzzis. Um era chamado "Bom Emprego", programa que dava ao estabelecimento industrial a possibilidade de investir em pesquisa e desenvolvimento deduzindo os gastos dos impostos. A iniciativa interessava muito aos doutores, que estavam ansiosos para criar medicamentos.

Mas foi o outro incentivo que realmente chamou a atenção do casal. Por meio do Banestado, o governo do estado do Paraná emprestava até 50 mil dólares. O valor colocava os sonhos dos Donaduzzis em um novo patamar. No Recife, construir um espaço com 300 m^2 exigia um enorme sacrifício. Mas ali no Paraná, com aquele apoio, eles acreditavam ser capazes de erguer uma planta industrial de 700 m^2, com espaço suficiente para abrigar até cinco máquinas para a produção de medicamentos. Isso fez com que Carmen e Luiz finalmente pudessem voltar para o Paraná. Era ali que eles poderiam construir algo que ultrapassaria as previsões e a imaginação de todos.

Para fazer isso, precisavam de mais gente. E o primeiro passo foi aumentar o número de sócios, pois eles não queriam mais empreender sozinhos. Luiz ligou para a irmã Angela e fez a proposta.

– Querem ser sócios na indústria farmacêutica que vamos montar?

Angela estava casada com Celso Prati, sobrenome que comporia a marca que ficaria tão conhecida: Prati-Donaduzzi.

Em muitos casos, trabalhar com parentes pode não ser uma boa decisão, mas aquele provaria ser um caso diferente. Como a família de Carmen, a de Celso também tinha sido forçada a sair da boa casa que tinham em Santa Helena quando Itaipu começou a ser construída. Compraram um pedaço de terra em Vera Cruz do Oeste, depois de receberem a indenização, e passaram a viver da agricultura, atividade à qual Celso se dedicava até então. Com o convite, a vida do casal Prati estava para mudar completamente. Luiz também chamou mais familiares para entrar na sociedade: o casal Arno Donaduzzi e Elenise Prati Donaduzzi, que era irmã de Celso.

Os Donaduzzis tinham um sonho e agora encontraram parceiros para ajudar a concretizá-lo. Para fazer a divisão entre os novos sócios, levantaram o que tinham até o momento em Pernambuco e chegaram à conclusão de que o valor era de 92 mil dólares. Metade ficaria com Carmen e Luiz e os outros 50% seriam divididos igualmente entre os outros dois casais. Celso tinha uma condição financeira mais estável e pagou os 23 mil em dinheiro. Arno pagou sua parte com um ano de trabalho seu e de Elenise.

Foi assim, na condição de sócios, que Luiz, Carmen, Arno e Celso chegaram à reunião e ouviram o prefeito de Toledo prometer que cobriria qualquer proposta de outros municípios. Agradeceram, disseram que iam pensar e foram embora, continuando a exploração pela região, na busca pelo futuro endereço de seus sonhos.

Na cidade vizinha, foram atendidos pelo secretário de Indústria e Comércio, um asiático que a Carmen pareceu mal-humorado. O homem quase não sorria e ainda consultava o relógio a cada cinco minutos. Mas começou a explicar que poderiam oferecer um terreno em comodato. Ou seja, só teriam a propriedade definitiva depois de cumprir algumas obrigações.

Quando visitaram o terreno, Arno e Celso concluíram que não era o ideal. Sua experiência agrícola os levou a pensar que na época de colheita haveria muita sujeira e poeira no ar naquela área – tornando o local inadequado para estabelecer uma fábrica de medicamentos.

Seguiram procurando, avaliando outros municípios da região, mas em nenhum deles a recepção foi calorosa como em Toledo. Resolveram voltar. Ao menos para conhecer o terreno e ouvir o que o prefeito tanto prometia. O político então organizou uma pequena comitiva – desta vez Luiz não estava, mas Carmen foi ver do que se tratava. O homem os levou até o local, parou e estendeu um braço, apontando para longe:

– É tudo isso aqui.

Carmen arregalou os olhos. O terreno era mesmo grande. Além disso, tinha a vantagem adicional de ser plano e ficar em um lugar que Carmen já havia verificado: não inundaria de jeito nenhum. Imediatamente lembrou-se do terreno que ocupavam em Pernambuco. Tinham comprado com muito esforço e descobriram, em um dia de chuva, que estavam em cima de uma lagoa. As ruas ficaram lamacentas, a água subiu e inundou a casa, inclusive toda a área de trabalho da pequena indústria farmacêutica. Por isso, quando ligou para o marido, a primeira coisa que ela disse sobre o terreno em Toledo foi:

– Pode vir um dilúvio que a água nunca vai chegar ao galpão.

Luiz não precisou de muito mais para ser convencido. Tinham encontrado o que estavam procurando. O sonho dos Donaduzzis tinha ganhado uma cidade. Alguns dias depois, voltaram para entregar os documentos necessários, obtiveram aprovação do empréstimo com o governo e fecharam definitivamente o negócio. Nascia a Fármaco Indústria Farmacêutica Ltda.

Contemplando o terreno, Luiz sonhava construir ali uma grande indústria, o que começou a se transformar em realidade com a chegada de dois gaúchos. Eram Ocírio Dahm e seu filho Paulo, contratados por Luiz para colocar de pé o primeiro prédio da Fármaco.

A construção que os Dahms tinham que levantar era simples. Um lado precisaria ter o pé-direito alto para receber os caminhões; ali seriam descarregadas as entregas de insumos e carregadas as caixas de medicamentos que seriam produzidos. Do outro lado, os Dahms ergueriam um piso intermediário, dividindo a área em dois pavimentos: um térreo e um segundo andar, ambos destinados à fabricação dos medicamentos.

Enquanto o prédio era construído, Carmen voltou para Pernambuco para continuar cuidando da CM Donaduzzi, deixando Luiz em Toledo para supervisionar a obra. A distribuição de tarefas entre os dois sempre tinha sido muito natural, e dividi-las com os novos sócios acabou sendo a parte mais fácil do novo empreendimento. Arno, irmão de Luiz, tinha experiência em lidar com máquinas agrícolas – colheitadeiras, tratores etc. –, então foi encarregado de providenciar as primeiras máquinas da indústria que nascia. Também ficaria responsável pela manutenção, sempre que necessário, montando, desmontando e trocando peças quebradas. O cunhado, Celso Prati, não tinha a mesma familiaridade com máquinas; mesmo na fazenda já pendia para a administração. Mas não entendia nada de finanças, e foi essa a responsabilidade que recebeu na nova empresa: as contas da nova indústria. Também ajudou o fato de ser o sócio que tinha conta no Banco do Brasil e uma casa que podia dar como garantia para conseguirem o primeiro financiamento.

Um traço fundamental do que seria a Prati-Donaduzzi ficou primeiro nas mãos das esposas de Celso e Arno – Angela Prati e Elenise Donaduzzi, respectivamente –, que também passaram a ser sócias e começaram a ajudar na produção e no maquinário. Elas ficaram com a responsabilidade de aprender rapidamente o que era necessário e ensinar aos novos funcionários que fossem chegando. Com o tempo, essa simples passagem de informações se tornaria cada vez mais sofisticada, e a transmissão de conhecimento seria um dos elementos que mais ocupariam os sócios nas décadas seguintes.

Enquanto isso, o casal Donaduzzi dividia suas tarefas em situações completamente opostas. Ela, fazendo o que amava e sabia fazer melhor; ele, da mesma maneira que Celso, enfrentando o desafio de navegar em uma área do saber que pouco conhecia. No caso de Carmen, ela já havia encontrado enorme prazer em trabalhar com pesquisa e produção, desde a faculdade e no laboratório na França. E a fabricação a fascinava, como ficou demonstrado desde o início, com a paixão pela compressora.

O caso de Luiz era bem diferente. Continuou fazendo as vendas e entregas, como tinha sido no Recife, e, com a ajuda de Carmen, simultaneamente organizando a casa que crescia. Mas fazia tudo isso no improviso, sendo forçado a desenvolver habilidades de gestão que ele não tinha estudado. Seria seu grande desafio nos anos seguintes: em alguns aspectos, atingiria um refinamento raro no Brasil; em outros, descobriria limitações que ele nunca conseguiria superar totalmente. Mas, nesse início, sua capacidade de expressão, sua imaginação e seu nível cultural o levavam a ganhar qualquer debate, o que fez sua liderança dentro da nova indústria ser consolidada.

A partir daí, a grande demanda passou a ser selecionar e contratar profissionais qualificados para a indústria que nascia. Precisavam de gente para caminhar com eles. Um dia, Paulo Dahm e o pai estavam trabalhando na construção do primeiro galpão, quando notaram um rapaz se aproximando.

– Com licença, o que vai ser aqui? – perguntou.

– Uma indústria de medicamentos.

– Será que tem trabalho pra minha esposa?

Paulo entregou-lhe uma ficha para preencher, o que o rapaz fez ali mesmo. Já no dia seguinte, Luiz chamou a moça para conversar. Tinha

24 anos e se chamava Beatriz Rosa, a Bia. Também era de Santa Helena, migrante que se estabeleceu naquela área rural do oeste do Paraná. Fora o trabalho no campo, nunca tinha trabalhado em uma empresa. Mesmo assim, foi contratada na hora. Conversando com ela, Luiz concluiu que poderia ser treinada para fazer o trabalho de que precisavam. Foi a primeira funcionária da Fármaco registrada em Toledo. O sonho que eles estavam construindo tinha dado o primeiro passo para o que um dia reuniria milhares de pessoas.

A Fármaco começou a operar em 3 de dezembro de 1993, mesmo dia em que a pequena Sara Donaduzzi completava um ano. Mas o que Bia Rosa viu quando chegou para sua primeira jornada de trabalho foi um galpão ainda pela metade. Em um canto, o pequeno estoque de matérias-primas guardadas em potes, baldes e bacias. Não havia máquinas, os medicamentos eram feitos de forma totalmente artesanal, pelos próprios sócios. Aquela era uma indústria em processo de nascimento.

Bia ouviu que seu trabalho seria o mesmo dos donos, um pouco de tudo: limpar, arrumar e fazer os medicamentos. A Fármaco produzia xarope de iodeto de potássio, salbutamol, sulfato ferroso, mercúrio, mertiolate, entre outros. Outros funcionários chegaram da mesma forma, contratados pelo próprio Luiz, a maioria agricultores ou donas de casa que iam aprendendo o ofício na prática, com os sócios, enquanto trabalhavam. Tudo ali estava em movimento, um processo, uma gestação acontecendo diante dos olhos de todos e que estava para completar a primeira fase. Começara com a ampliação do número de sócios, passando pela definição de Toledo como sede do empreendimento, a construção do galpão e, por fim, a contratação dos primeiros funcionários. Havia uma excitação no ar.

Faltavam as máquinas, como aquela compressora pela qual Carmen havia se apaixonado no Recife. Uma indústria se faz com pessoas, mas também com máquinas. Quando as primeiras finalmente foram entregues, parecia que o futuro estava chegando. Era uma sensação que tomaria Luiz com muito mais força alguns anos depois, mas o fato é que aquele momento no início de 1994 – entre a construção do prédio, a contratação dos primeiros funcionários e a chegada das máquinas – ficou marcado na história como o início do sonho.

Mais tarde, Arno partiu em busca de outras máquinas, usadas, em São Paulo. Foi ao bairro do Brás, onde visitou vários fornecedores, sempre pedindo pelas mais baratas, pois era o que tinham condições de pagar. Arno as recebeu, consertou, adaptou e ajustou. Ao longo dos anos, repetiria muitas vezes esse ritual de viagem-compra-ajuste.

Mas logo com as primeiras máquinas a pequena indústria entrou em uma nova era, diversificando seu leque de produtos. A máquina que inaugurou o galpão de Toledo foi a encapsuladora, com a qual puderam acondicionar a tetraciclina, antibiótico utilizado no tratamento de várias doenças, de acne a pneumonia. O fato de as cápsulas não precisarem mais ser feitas à mão, nos tabuleiros, permitiu um enorme aumento de produtividade. Em seguida, vieram uma drageadora e uma envasadora. No entanto, quando tentaram usar esta última, descobriram que ela podia ser ótima, em razão da capacidade de encher mil frascos por hora, mas que também consumia um tempo enorme na limpeza. Como por enquanto eles só precisavam encher duzentos frascos por lote, decidiram que era mais fácil encher frasco por frasco usando um béquer, recipiente específico para manipular e medir líquidos.

A drageadora também fazia uma sujeira terrível; a funcionária responsável terminava o dia coberta com os produtos utilizados no revestimento dos comprimidos, bem como todo o chão ao redor. Isso porque a máquina era como uma minibetoneira, que ficava girando as drágeas, enquanto os funcionários jogavam manualmente o líquido – finamente particulado – para revesti-las. Se o solvente não estivesse na proporção correta, o líquido do revestimento não evaporava direito e a massa virava uma papa. Como a máquina ainda era muito simples, eles ficavam com um secador de cabelo na "boca da betoneira" para ajudar na secagem dos comprimidos. O sonho agora tinha máquinas, elas eram poderosas, mas também faziam muita sujeira.

No entanto, a máquina que mais fazia a diferença para Carmen era sem dúvida a compressora, a mesma máquina dos sonhos que ela ia visitar na fábrica do senhor Eberle. A Fármaco agora podia fabricar comprimidos. E Carmen nem precisou ir ao Porta da Esperança para realizar seu desejo.

Capítulo 12

Linhas tortas

Como sua felicidade dependia daquilo, o homem colocou toda a sua concentração na tarefa e começou a traçar pequenos riscos no papel. A primeira linha foi perfeita, um traço depois do outro, retos e bem alinhados. Com esforço, também teve sucesso na segunda linha. Porém, logo na terceira os riscos começaram a se tornar irregulares e na quarta já estavam tortos. Depois de algumas linhas, o homem jogou o lápis na mesa. A psicóloga Dinara Geller percebeu que as mãos dele tremiam. Ela agradeceu e disse que alguém entraria em contato.

Depois que ele saiu, a psicóloga examinou longamente o papel. Era um teste palográfico, desenvolvido para examinar aspectos psicológicos de um indivíduo e frequentemente utilizado para avaliar candidatos a vagas de emprego. Dinara já havia usado mais de mil vezes aquele teste e poucas vezes tinha visto algo tão surpreendente.

O teste não tinha uma resposta certa, mas oferecia aos olhos treinados uma boa ideia de conduta e perfil das pessoas: dificuldade no tônus muscular, ou seja, tremores ou fadiga rápida, por exemplo, sugeria agressividade. Riscos perfeitos mostravam pessoas mais rígidas, com dificuldade de se flexibilizar e lidar com frustração, enquanto riscos que não cabiam no papel podiam sugerir um quadro depressivo.

No caso específico daquele senhor, o teste apontava de maneira clara: o candidato não estava bem. De qualquer modo, não podia lhe dizer nada naquele momento. Antes, tinha que fazer a avaliação completa do teste.

A jovem psicóloga voltara de Curitiba para Toledo recentemente; acabou a graduação e retornou para estar junto do pai, paciente oncológico terminal. Quando ele faleceu, ela começou a procurar emprego, enquanto cursava a pós-graduação. Enviou currículo para duas empresas. A Fármaco a chamou primeiro.

Em minutos, fez a entrevista com Luiz e foi contratada, a partir da leitura muito rápida e peculiar que ele fazia dos entrevistados. Até ali, todas as contratações tinham sido feitas pessoalmente por ele e daquela mesma maneira, baseando-se exclusivamente no instinto e na indicação de alguém conhecido. A expectativa era que Dinara introduzisse um processo mais técnico, usando seu conhecimento como psicóloga para selecionar profissionais para a Fármaco.

O teste que ela havia aplicado para aquele candidato era uma das muitas maneiras de selecionar profissionais. Com o teste palográfico, a partir daqueles riscos no papel, era possível detectar problemas que eles poderiam ter no trabalho, em vez de contratar a pessoa e esperar para ver o que podia acontecer. Dinara sabia que era exatamente o caso do teste que tinha acabado de aplicar.

Dias depois, o homem ligou. Estava revoltado porque tinha perdido a vaga na empresa. Queria saber a razão. Ela respondeu que os candidatos tinham direito a uma resposta e pediu que voltasse à clínica para receber uma explicação. Quando o homem chegou, a psicóloga explicou que o teste indicava que ele não estava em um bom momento. Depois de uma pausa, Dinara perguntou:

– Eu posso ajudá-lo? – sua voz era a mais suave possível.

Ele não respondeu. Em vez do olhar firme de quando chegou, exigindo uma explicação, sua cabeça estava caída, o olhar fixo no chão.

Com o mesmo tom suave, a psicóloga continuou.

– O senhor tem tido pensamentos negativos ultimamente, não é? Sem vontade de fazer nada...

Pequena pausa.

– O teste mostra isso. E indica que o senhor pode estar passando por um problema grave.

Ele levantou o rosto e abriu a boca, como se fosse dizer algo, mas desistiu. Depois de alguns instantes, começou a chorar e admitiu que vinha tendo pensamentos suicidas. Dinara conversou com o homem por alguns instantes, explicando que ele não tinha do que se envergonhar. Ao final, antes de se despedir, a psicóloga concluiu que precisava dar uma resposta clara para o que ele tinha vindo perguntar. Aquele homem não tinha condições de assumir uma função que exigisse estabilidade, como operar equipamentos industriais ou dirigir carretas com toneladas de carga.

– O senhor entende por que não foi aceito para a vaga?

– Sim, tudo bem, eu entendo. Obrigado – disse, já se levantando da cadeira e se afastando. Antes de sair, pegou a indicação que ela tinha dado de um profissional que poderia ajudá-lo.

Na Fármaco, as técnicas adotadas por Dinara mostraram-se muito úteis. A contratação passou a ser feita tentando prever o comportamento que o candidato teria ao passar seus dias dentro da fábrica, um local fechado e onde o menor erro pode ter consequências graves na produção de medicamentos importantes para a população. Se o perfil fosse inadequado, trabalhar em uma fábrica de medicamentos podia ser tão delicado quanto dirigir uma carreta com toneladas de carga.

Ao mesmo tempo que implementava as técnicas, ela tentava entender como operava aquela empresa ainda em seus primórdios. Em especial, como funcionava o método de Luiz. Ele tinha um perfil centralizador – o que teria implicações importantes para a maneira como a empresa se desenvolveria –, que se aliava a uma capacidade de olhar muito adiante dos outros. Olhando para dentro da empresa, também era possível perceber que a distribuição de habilidades era irregular: muitas vezes, funcionários com formação estavam desperdiçados em áreas inadequadas ao seu potencial. Além disso, ainda precisavam estruturar a forma como os conhecimentos deviam ser transmitidos e absorvidos pelos funcionários.

Porém, Dinara logo observou que o grande problema da Fármaco era mesmo a baixa oferta de profissionais qualificados na região. Toledo, como a maior parte dos municípios do oeste do Paraná, era uma cidade predominantemente agrícola. O processo migratório do qual as famílias de Luiz e Carmen tinham feito parte ainda era determinante para a economia local, constituída principalmente por propriedades produtoras de milho e soja, além de arroz, feijão e trigo.

O que não havia ali eram grandes indústrias. A única e notável exceção era a Sadia, com trabalhadores de perfil bem diferente daquele que a indústria farmacêutica precisava. O frigorífico catarinense havia chegado a Toledo em 1964, como se acompanhasse o movimento migratório. A Sadia enfrentara certa dificuldade para contratar profissionais qualificados, mas resolvera o problema trazendo-os de seus frigoríficos de outras regiões. De acordo com o historiador Antônio de Pádua Bosi, também oferecera uma série de benefícios para atrair esses profissionais, de assistência médica a convênios diversos com comércios e associações da região. Até financiamento para a compra da casa própria a Sadia ofereceu. Uma dificuldade adicional é que, na época, mais de 70% da população de Toledo morava no campo, não na cidade. Quando a Fármaco foi fundada, na década de 1990, a proporção já havia se invertido, com quase 80% das pessoas residindo na cidade, portanto priorizando o trabalho no comércio ou na indústria.

Mas a comparação era desigual, pois a predominância urbana era uma das poucas vantagens da Fármaco em relação aos primeiros anos da Sadia. No geral, a indústria que nascia tinha pouca margem de manobra. Com exceção da pequena fábrica CM Donaduzzi, no Recife, não havia outros locais de onde eles pudessem remanejar e trazer profissionais experientes, nem a capacidade financeira de uma grande empresa para atrair gente já qualificada. Restava a eles contratar e treinar. Porém, ao mesmo tempo que Dinara tentava filtrar os candidatos para evitar problemas, Luiz fazia pressão para aumentar a velocidade das contratações.

A razão era o famoso "problema bom": a Fármaco crescia. Ainda não na dimensão e na velocidade das duas décadas seguintes, mas já era possível dizer que tinha deixado de ser o pequeno negócio artesanal improvisado em uma cozinha. Ocasionalmente, Luiz conseguia ganhar uma licitação de maior porte e pedia a Dinara que arrumasse cinquenta pessoas para começar em três dias. Essa demanda pontual e desigual começou a afetar o recrutamento.

Dinara tentou resolver o problema contratando uma amiga de faculdade. Não foi suficiente. Mesmo com a ajuda, mais rejeitavam candidatos do que aceitavam, e ela foi forçada a baixar o nível de exigência. "Ao menos consigo reprovar os que têm perfil mais preocupante", pensou. Ou seja, ainda era possível vetar candidatos, como aquele que admitiu ter pensamentos suicidas. Mesmo assim, os problemas começaram a aparecer.

Toledo era uma cidade pequena, o suficiente para uma certa fama envolvendo a Fármaco começar a se espalhar. Um dia, Dinara ouviu o boato: "A empresa é *top*, mas manda muita gente embora". Era verdade. Como a adequação para as tarefas era mais baixa, a rotatividade estava aumentando. Quando conseguia contratar cinquenta funcionários, pouco tempo depois a maioria acabava sendo demitida, em parte por inadequação, em parte porque a demanda na fábrica tinha diminuído. A reputação ruim chegou a fazer as pessoas se recusarem a participar dos processos seletivos.

Aos poucos, Dinara conseguiu aperfeiçoar o uso dos testes, para eliminar os candidatos mais problemáticos rapidamente e com maior precisão. Por outro lado, Luiz ainda interferia na contratação utilizando o *"feeling"*. Na prática, usava seu instinto para avaliar as indicações que vinham de vizinhos e amigos, o que no caso de Luiz significava um misto de avaliação pessoal e preocupação com a situação financeira da pessoa que buscava o trabalho. "Fale com ele", pedia para Dinara, "o homem não tem dinheiro para ir ao mercado". Na época, aumentava a preocupação de Luiz com a comunidade no entorno da empresa, um fator que mais tarde seria importante no projeto que ocuparia todo o seu tempo e sua energia – física e intelectual.

Esse projeto incluiria todos os elementos que Dinara enfrentou: treinamento, rotatividade, situação socioeconômica, nível de escolaridade etc. Mas Luiz só começaria a montar esse grandioso projeto vinte anos depois. A Fármaco – depois Prati-Donaduzzi – teria que crescer, encontrar alternativas para formar profissionais e obter serviços e processos internos de qualidade. Soluções que permitissem colocar a indústria dos Pratis e dos Donaduzzis em condições de enfrentar a concorrência em qualquer lugar do Brasil e do mundo.

Capítulo 13
Ética radical

Algum tempo depois que o galpão em Toledo ficou pronto, Luiz chamou Paulo Dahm, o jovem que havia ajudado na construção. Tinha um convite a fazer: por que não continuar trabalhando com eles? Só que não ali, mas em Pernambuco, onde estava Carmen. Aos 26 anos, o rapaz nunca tinha saído do Paraná. Aceitou a proposta, pois sempre quisera conhecer outros lugares.

Pegou um ônibus e partiu na viagem de 72 horas para seu novo emprego. Ficou deslumbrado com Recife: era a primeira capital que ele visitava na vida. Paulo crescera em Toledo, e a maior cidade que tinha conhecido até aquele dia era Cascavel. Mas a capital pernambucana tinha uma população quase sete vezes maior que a cidade paranaense. Em seguida, foi conhecer as instalações da CM Donaduzzi, que agora estava no bairro de Cajueiro Seco, na região metropolitana, em Jaboatão dos Guararapes. Dessa vez, não ficou impressionado.

O galpão era bem menor que aquele que ele tinha levantado em Toledo e ainda ficava em uma rua estreita e sem asfalto. Paulo havia crescido em uma cidade que, apesar de pequena, era muito limpa e bem-cuidada. Não conseguiu evitar certa estranheza ao perceber que trabalharia em um local que lembrava uma favela, com esgoto a céu aberto.

Carmen o levou para a casa ao lado do galpão, onde ela morava. Era uma habitação pequena, só com três cômodos: um quarto, onde ela dormia, uma sala e uma pequena cozinha; as paredes não tinham reboco e o piso era de cimento batido. Carmen apontou o sofá onde ele ia dormir. O rapaz ficou surpreso, não com o lugar, mas por constatar que a dona da empresa – que ainda por cima todos sabiam que tinha o título de doutora – morava em um lugar tão simples.

– Esse é o Paulo, do Paraná, meu primo que veio trabalhar com a gente – Carmen saiu apresentando aos funcionários o rapaz, que tinha acabado de conhecer. Paulo supôs que o "parentesco" tivesse sido incluído para que não houvesse constrangimento, uma vez que ele moraria com ela na mesma casa. De qualquer modo, o "primo" foi percebendo que a regra dos Donaduzzis era tratar todo mundo da mesma maneira – uma observação que se tornaria comum entre os milhares de funcionários que trabalhariam na Prati-Donaduzzi.

Entretanto, aqueles ainda eram os primórdios, quando a CM Donaduzzi de Recife tinha pouco mais de trinta funcionários e a Fármaco, em Toledo, a metade desse número. Um contexto que Paulo viveria de maneira especial. Sem nunca ter morado em uma cidade tão grande nem ter feito um trabalho diferente de construção, ele virou o faz-tudo da empresa: motorista, comprador, vendedor, cobrador, *office boy*, cozinheiro, e ainda ajudava Carmen na produção, quando não estava em serviço externo. Montou a própria cama, feita de *pinus*, para colocar na sala, onde dormiria. Era onde Paulo ficaria com a esposa e as filhas. Tempos depois, também ajudou a fazer o primeiro bercinho de Sara, usando madeirinha de forro. Foi o primeiro funcionário registrado pelo casal Donaduzzis, ainda antes de Bia, em Toledo. Um ano passou e Luiz e Carmen trocaram: a pesquisadora foi para Toledo e Luiz voltou para o Recife. Mais um ano, e dessa vez foram Arno e Elenise que se mudaram para o Nordeste. Com a chegada do irmão de Luiz, Paulo aproveitou para aprender a lidar com maquinário.

Depois da simplicidade da casa e do tratamento, a segunda surpresa de Paulo foi relativa à forma como os Donaduzzis conduziam seus negócios. Não se tratava somente de ser honestos, mas de ser radicais nessa atitude, como já foi mostrado em casos como o da licitação do Piauí, que quase os levou à falência, ou na crise causada pelo Plano Collor – em que Luiz, mesmo sem ter dinheiro, insistiu em pagar o fornecedor e depois foi até o cliente exigir o pagamento a qualquer custo.

Essa postura radical nunca mudaria e seria um traço que os distinguiria no mercado. Porque é comum empresários falarem em ética e honestidade, mas esses discursos costumam receber pouca atenção ou encontrar ceticismo por parte dos ouvintes. A diferença com os Donaduzzis era que essas histórias de comportamento intransigente e radical passaram a ser testemunhadas por todos os funcionários que trabalharam ao lado deles. Como Paulo, que depois de ser contratado passou a presenciar situações semelhantes, em que cada um dos sócios da empresa se recusava a tomar atalhos. Não davam gratificações em troca de desconto, não mandavam presentinhos para ser bem atendidos, não pagavam nenhum tipo de suborno para obter facilidades.

A insistência em fazer tudo direito cobrava um preço alto. Principalmente porque a Prati vivia um dilema entre investir – uma pressão constante que Luiz fazia – e manter as contas em dia, como todos os sócios faziam questão. O milagre cabia a Celso Prati, que havia assumido as finanças da empresa. Frequentemente, a solução era atrasar o pagamento de fornecedores, mas de forma honesta. Ou seja, como a Fármaco vinha consolidando sua fama de boa pagadora, cabia a Celso convencê-los a lhe dar prazo extra, quando necessário.

Ao mesmo tempo, era comum ele ligar para cobrar um cliente e ouvir: "O dono não está".

Ou:

"Estão em reunião".

Celso, que era conhecido pelo seu temperamento tranquilo, ficava indignado. E prometeu a si mesmo que nunca agiria dessa forma. Assim, se um fornecedor ligava cobrando, largava tudo para atender e renegociar. Se não podiam pagar no momento, marcava um prazo e cumpria.

No Recife, Carmen passava por situações parecidas, cobrando os clientes da região. Um deles, de Fortaleza, negava constantemente o pagamento. Carmen insistiu uma vez, três vezes, nove vezes. Um dia disse:

– Amanhã cedo, quando o senhor abrir a sua loja, eu vou estar na porta.

No dia seguinte, Luiz a levou até a rodoviária. Após onze horas e quase oitocentos quilômetros de viagem, ela chegava a Fortaleza. O homem pagou.

Pouco tempo depois, quando ela estava de volta a Toledo, achou que poderia fazer o mesmo com um cliente de Rondonópolis. Dessa vez eram 1.100 quilômetros, que exigiram dezessete horas de viagem de ônibus.

Chegou à rodoviária, olhou em volta e decidiu que talvez fosse melhor tomar algum tipo de precaução. Em vez de ir até o estabelecimento comercial, resolveu passsar na delegacia. E disse ao delegado:

– Eu vim de Toledo e vou cobrar essa empresa – mostrou os documentos. – Se minha família vier me procurar ou se acontecer alguma coisa, vocês sabem aonde eu fui.

No fim, o delegado concordou em fazer um boletim de ocorrência, que Carmen levou e mostrou para o cliente que se recusava a pagar.

De outra feita, fecharam um acordo com um parceiro, que convenceu os empresários de que eles só teriam que produzir os medicamentos. Ele, o parceiro, ficaria encarregado de vender, entregar e receber. Parecia perfeito – os Donaduzzis poderiam se concentrar na parte que sabiam fazer melhor.

Proposta aceita, produtos entregues, era só esperar o pagamento. Que não veio. Depois de muitas cobranças, Luiz – durante mais uma tentativa de negociação *in loco* – pegou uma garrafa e subiu na mesa. Não no sentido figurado, mas literalmente, em cima da mesa, agitando a garrafa, ameaçando dar com ela na cabeça do devedor.

Diante desse argumento, o homem concordou em pagar, ainda que parceladamente. Carmen teria que passar todos os dias, no fim da tarde, no centro do Recife, para receber as parcelas. Em dinheiro. Para poder trazer a bolada, ia com uma camisa bem larga e uma calça cheia de bolsos, onde escondia o dinheiro e saía andando pela rua.

Entretanto, nem mesmo essas experiências ruins com clientes levaram os Donaduzzis a abrir mão de seus valores éticos. Ao contrário, insistiram ainda mais, o que criou para seus funcionários uma referência clara de como deveriam ser feitas as coisas na empresa. Essa cultura empresarial seria importante no futuro.

Mas nem sempre o impulso de fazer tudo certo seria suficiente. Em meados da década de 1990, a vigilância sanitária ainda estava nos primórdios no Brasil. Na época, empresas como a Fármaco produziam medicamentos muito básicos. E esses produtos eram vendidos sem registro, validade ou lote especificados. Aos poucos, o mercado farmacêutico brasileiro começou a se estruturar – a Agência Nacional de Vigilância Sanitária (Anvisa) foi criada no início de 1999, e os sócios da Fármaco e da CM Donaduzzi foram acompanhando as mudanças e se adaptando, não sem algum esforço, pois era tudo novidade para todos. Anos depois, Carmen faria a ponderação de que não seria possível mais montar uma indústria naquele setor como eles tinham feito nos anos 1990. Com a ampliação e o endurecimento das regras e da fiscalização sanitária, o empreendedor teria que já começar com o laboratório montado e o maquinário testado, para só depois mandar a documentação para a Anvisa e pedir autorização de funcionamento. Isso mostra como os primeiros anos foram diferentes da realidade atual.

Apesar das novidades que surgiam a todo o momento, os Donaduzzis tinham certeza de que estavam fazendo tudo certo. Foi quando um grupo de policiais federais invadiu o pequeno galpão da CM Donaduzzi no Recife. Pareciam estar à caça de monstros ou, no mínimo, perigosos traficantes armados até os dentes. Nem Paulo, nem Carmen, nem nenhum funcionário esperava por aquilo. Todos ficaram assustados. Tinham certeza de que não haviam feito nada de errado e de que eram inocentes, mas a presença daqueles homens dizia o contrário.

Finalmente, descobriram a causa. Uma distribuidora local tinha feito um pedido que parecia inofensivo: cápsulas de 500 mg, sem nada dentro. Vazias. Tratada como um pedido normal, a remessa foi encaixotada e enviada. Sem que soubessem, o cliente usou as cápsulas para fins ilícitos, que eles nem sequer sabiam quais eram.

Não foi difícil para a PF localizá-los, para interrogar os responsáveis pela pequena indústria farmacêutica. Os Donaduzzis eram alvo de uma investigação federal, que buscava determinar "qual é a ligação da indústria Fármaco com esse cliente". Após as explicações, a inocência da CM Donaduzzi foi comprovada. Eles forneceram as cápsulas vazias por ingenuidade. O incidente serviu para que aprendessem que eles tinham responsabilidade sobre o que forneciam. Inclusive cápsulas vazias, que de agora em diante só seriam vendidas para órgãos governamentais e com profissionais na outra ponta assumindo a total responsabilidade.

O ocorrido também serviu para tomarem uma decisão importante. Era a hora de encerrar as operações em Pernambuco. Tinham passado por diversas fases, primeiro com Carmen, depois com Luiz, e agora o braço da empresa estava sob a responsabilidade de Arno e Elenise, todos com o apoio constante de Paulo Dahm. Foi ele quem ficou para trás, encarregado de vender o galpão e o que havia de estrutura no Cajueiro Seco. Era hora de concentrar os esforços no Paraná. Inclusive porque uma grande mudança estava para acontecer, a qual transformaria completamente a Fármaco e todo o mercado farmacêutico brasileiro.

Capítulo 14

Fuga

Só era possível ver o topo da cabeça, que passava com velocidade por entre as mesas. Quando os funcionários da Fármaco se aproximavam, descobriam que se tratava de uma menina de cinco anos com seu patinete. Era Sara Donaduzzi. Depois de um tempo, um supervisor aparecia e a levava para Carmen ou Luiz. Nesse momento, a menina se justificava, dizendo:
– Pai, eu tava andando no *baratório*.

O "baratório" de que Sara falava era a área de produção de medicamentos da Fármaco. Não é que o casal Donaduzzi tivesse trazido a filha para a fábrica. A realidade era que a família toda – Carmen, Luiz, Victor e Sara – morava no terreno onde eles tinham se instalado em Toledo. Na residência, não tinham muito espaço, daí Luiz e Carmen dizerem que moravam em um "puxadinho". Tratava-se somente de um quarto, que eventualmente servia de sala, uma cozinha, um banheiro e um quartinho separado para as crianças.

A situação em que se encontravam tinha sido uma decisão consciente do casal Donaduzzi. Da Fármaco, os sócios preferiam não retirar muito mais do que um salário médio, não muito diferente do que recebia o restante dos funcionários da empresa. E essa renda não era suficiente – na visão de Luiz – para pagar o aluguel de uma casa ou apartamento em um bairro próximo. Quase todos os funcionários moravam em locais distantes da empresa. Entre morar longe e morar no "puxadinho", Luiz preferia economizar o gasto com aluguel e reinvestir todo o lucro que podia no negócio. Os outros sócios concordavam, mas não precisavam usar a fábrica como moradia. Arno e Celso tinham terras, com lugar para morar e sem depender da retirada como sócios.

De qualquer forma, eram anos duros. Quando a família ia para o Mato Grosso do Sul visitar os sogros, a viagem era feita em um Palio sem ar-condicionado, com Victor e Sara sempre muito agitados, sofrendo com o calor. Na época, era comum empresários com faturamento parecido ostentarem carros importados.

Em retrospecto, Luiz mais tarde concluiu que estava fugindo. Não de maneira tranquila, mas uma escapada desesperada, como quem corre da morte. Fugia da pobreza. Os momentos difíceis que tinha vivido com os pais ao chegar ao Paraná tinham ficado gravados para sempre em seu espírito. As dificuldades dos primeiros anos do casamento, como quando o Plano Collor os deixou sem dinheiro nenhum, só tinham acentuado esse pavor de não ter dinheiro para comprar comida. Faria tudo para evitar passar novamente por isso. Morar no "puxadinho" dentro da fábrica era só uma das maneiras com que a obsessão de economizar se manifestaria.

Situações difíceis como essas não são destacadas com o objetivo de dramatizar o passado, mas sim porque elas terão relação com uma característica essencial no perfil de gestão de Luiz e de seus empreendimentos. É o que alguns especialistas no mercado que conhecem bem a operação da empresa de Toledo chamam de "liderança em custos". É a obsessão pelo controle de cada gasto, 24 horas por dia, sete dias por semana, 365 dias por ano.

Em muitos empresários, esse traço de personalidade se manifesta com uma recusa simplista de fazer qualquer gasto fora do normal. Não foi o caso de Luiz. E por duas razões. A primeira é que ele canalizou esse cuidado com o gasto desenvolvendo um olhar exaustivo para cada pequena atividade da empresa. Era comum um departamento chamar sua atenção por apresentar desempenho medíocre e ele passar semanas ou até meses ali. Nesse período, observava e mudava o que achava que podia aumentar a eficiência ou reduzir o custo. Muitas vezes, chamava o funcionário e perguntava algo como:

– Se a gente reunir tudo isso aqui e colocar em ordem alfabética, vai facilitar muito o seu trabalho?

Se a resposta era um sim convicto, então ele fazia a mudança.

Depois de um tempo, ele passava para o departamento seguinte. Foi assim que esse desespero de Luiz invadiu cada vírgula do orçamento da

Fármaco e passou a fazer parte da cultura da empresa, mesmo muitos anos depois de ele ter deixado a direção do grupo industrial.

Foi dessa forma que Luiz criou um foco no que o norte-americano Michael Porter chama de uma das três estratégias genéricas possíveis. Para o famoso teórico, seriam elas custo, diferenciação e enfoque. Das três, a primeira que se fortaleceu na empresa de Toledo foi o custo – que, mais adiante, faria da empresa farmacêutica do oeste do Paraná a melhor gestão de custos do setor.

O mais curioso é que esse traço de personalidade convivia com um ímpeto diametralmente oposto: investir. Depois da atenção ao detalhe de cada processo, a disposição de gastar quando necessário foi a segunda razão que fez com que a preocupação com gastos não transformasse Luiz em um mero avarento. Quando julgava necessário, não media despesa para obter a qualidade ou o desempenho almejado. O impulso era tão intenso que tinha que ser contido pelos sócios.

– A gente precisa de um HPLC, Celso.

Era um cromatógrafo, o mesmo equipamento que ele e Carmen tinham visto pela primeira vez na França. E, quase sempre, Celso era o sócio que tinha de ser convencido com mais veemência, pois era o "homem do dinheiro".

Era ele quem mais lutava para manter as finanças em dia, perseguindo o eterno objetivo de conquistar para a Fármaco a fama de boa pagadora. Principalmente porque, naquele início, era difícil conseguir crédito. A tática de Celso para superar essa barreira era construir uma boa imagem na praça, sempre fazendo os pagamentos em dia, para mostrar a clientes, fornecedores e bancos quanto o pequeno empreendimento era confiável.

A estratégia de empresa idônea era amplamente apoiada pelos outros sócios, que também tinham ojeriza à ideia de serem vistos como maus pagadores. Aos poucos, aquela indústria nascente conseguiria construir uma boa reputação. Como com o Banco do Brasil, por exemplo, que até passaria a avisar antes quando um título estava para ir a cartório e – a pedido de Celso – aceitar segurar um ou dois dias a mais.

Uma vantagem que se mostraria essencial, especialmente porque as contas ficaram anos na corda bamba. Em parte, em decorrência da insistência de Luiz em investir, tendo ou não a previsão de um fluxo de caixa folgado. Repetidamente, o fazendeiro (Celso) tentava convencer o farmacêutico (Luiz) a não fazer determinados investimentos. No caso do HPLC, a urgência de adquirir o equipamento entrava em conflito com o alto custo: US$ 36 mil.

Não foi à toa que Celso e os outros sócios ficaram reticentes quanto ao pedido. Entretanto, a pequena máquina poderia fazer a empresa dar um salto importante. Com ela, poderiam avaliar o grau de pureza dos ingredientes de um medicamento, otimizar as formulações ou estabilizar as composições, impedindo degradações ou alterações. Era um instrumento fundamental para aperfeiçoar o controle de qualidade dos medicamentos. Na época, a concorrência chegava a contar com vários HPLCs. A Fármaco não tinha nenhum. Nesse caso, a balança pendeu para o farmacêutico. Luiz conseguiu seu cromatógrafo. No futuro, a Prati-Donaduzzi chegaria a ter mais de uma centena de HPLCs.

O caso desse instrumento era apenas um exemplo rudimentar de como a formação de Luiz o empurrava para ir além. Em parte, isso se devia à ânsia que ele tinha por aprender. Aquele impulso que tinha começado na Escola Agrícola ainda não tinha cessado. De maneira mais abstrata, cada livro que ele lia e conhecimento que adquiria o faziam ter uma visão mais ampla das possibilidades que o mundo oferecia. Dessa forma, a modéstia material que ele se impunha, vivendo em um puxadinho de madeira abaixo das possibilidades de sua renda, não se traduzia em falta de visão ou ambição. Ao contrário, o horizonte de Luiz era cada vez mais vasto.

Não que ele fosse o único sócio da Fármaco a valorizar o conhecimento. Os outros sócios também foram estudar. E a junção desse movimento com a aquisição de equipamentos criou uma pressão no caixa da empresa. A solução para esse problema mudaria para sempre a história e a vida de todos no oeste do Paraná.

Capítulo 15

Saco maluco

— Você puxa ela pelas mãos e eu vou por trás e empurro.

A pessoa que Luiz se propunha a empurrar era Carmen. Ela se recusava a aceitar um convite, mas o marido não queria deixar isso acontecer.

A história começara no interesse que os sócios da Fármaco tinham pelo conhecimento. Celso, por exemplo, foi estudar Economia, pois queria entender melhor o cenário conturbado que viviam em meados da década de 1990. Afinal, os fornecedores da Fármaco tarifavam seus preços em dólar e a flutuação do câmbio era um entrave constante ao controle das finanças. Em 1998, o fator que mais complicava a vida dos brasileiros – incluindo aí os empresários – era a inflação. Com a crise econômica daquele ano, o governo federal soltou o câmbio e o dólar passou de R$ 1,20 para R$ 1,80, fazendo com que a corda bamba diária em que Celso andava na contabilidade se tornasse ainda mais instável.

Mas não foi só o fazendeiro que decidiu estudar. Sua esposa e irmã de Luiz, Angela Donaduzzi, ingressou na faculdade de Filosofia. O irmão Arno Donaduzzi não terminou os estudos, mas seu amor pelas máquinas agrícolas criou nele um desejo de se aprofundar no funcionamento das ferramentas utilizadas na fábrica. Acabou sendo o responsável pela criação das áreas de engenharia e manutenção e por setores como obras, transporte e embalagens. E a esposa, Elenise Maria Prati Donaduzzi, sócia e cunhada de Luiz, cursou Farmácia.

De todos, Carmen foi quem mais perseguiu os estudos, o que não foi nenhuma surpresa para ninguém. Ela havia adorado o período na França, e seu fascínio por máquinas e novidades ficou evidente desde o tempo em que namorava as máquinas em Recife. Por isso, enquanto Luiz estudava de maneira autodidata, obcecado por livros, a farmacêutica optou por um caminho mais tradicional. Seguiu carreira acadêmica simultaneamente ao trabalho na fábrica, o que acabou exigindo que ela dedicasse uma parte do tempo a atividades fora da empresa.

Apesar da paixão declarada por estudar, a transição não foi óbvia. Quando o diretor de uma universidade apareceu com um convite, a primeira reação de Carmen foi recusar. A proposta era dar aulas em uma instituição que tinha acabado de ser reconhecida como universidade e aberto um *campus* em Toledo, em 1995. Era a Universidade Paranaense, a Unipar. Sem dúvida, contratar Carmen era um ótimo negócio para eles, que ganhariam uma professora com um título de doutora obtido na França, algo difícil de conseguir no interior. Ela também já tinha alguma experiência, pois havia ajudado os professores e corrigia relatórios enquanto estava em Nancy. Sem contar que em Toledo ela organizava aulas práticas no meio da fábrica, uma iniciativa que teria grandes repercussões mais adiante na história dos Donaduzzis.

Na Fármaco, as inovações ficavam por conta de Carmen. Desde antes das primeiras máquinas chegarem, foi ela quem descobriu como fazer os medicamentos artesanalmente. Num plástico grande, colocava os pós, fechava e ia chacoalhando. Carmen chamou o processo de "saco maluco". Para separar as quantidades certas a serem colocadas no saco, usava somente uma bacia, uma balança e uma colher. Depois da chacoalhada, a mistura ia para a bacia e era misturada a álcool ou água, dependendo do produto, até formar uma massa homogênea. Essa massa passava por uma peneira e os grânulos eram colocados para secar. Esse processo foi objeto do primeiro ritual educativo da empresa, quando Carmen começou a demonstrá-lo aos funcionários novos, mostrando a textura certa e a melhor forma de amassar o medicamento.

Quando Dinara começou a contratar mais funcionários e novas máquinas foram sendo trazidas por Arno, o número de procedimentos novos a serem aprendidos e aulas a serem ministradas começou a se multiplicar. Investir nas aquisições era mérito da insistência de Luiz, do amor de Carmen pelas máquinas, da descoberta de bons fornecedores por Arno e da capacidade de Celso de fazer milagres com o caixa da Fármaco. Só não sobrava dinheiro para contratar técnicos para irem à fábrica ensinar a operá-las.

Essa situação permaneceria mesmo quando passaram a importar as máquinas, nos anos 2000. Alguns fornecedores cobravam a mais para enviar o técnico ao Brasil, o que representava desafios aos funcionários na hora de usar os novos equipamentos, complicados de mexer, cheios de botões e configurações. Por isso, principalmente nos primeiros anos, a função de inovar em produtos e educar funcionários era de total responsabilidade de Carmen e dos outros sócios. Ainda levaria mais tempo para ela recrutar os primeiros "multiplicadores". Quando o diretor da Unipar apareceu fazendo o convite para ela ser professora universitária, Luiz achou que fazia todo o sentido.

– Universidade, não. Não vou, nunca dei aula em universidade – Carmen respondeu.

Foi quando Luiz propôs ao diretor:

– Vamos fazer o seguinte: você puxa ela pelas mãos e eu vou por trás e empurro.

Carmen começou a dar aulas em 1997. Lecionava durante o dia, depois corria para a Fármaco, onde era diretora de pesquisa, além de ensinar os funcionários. Só conseguia preparar as aulas de madrugada, quando aproveitava a tranquilidade da noite para estudar.

Além de ter que encontrar tempo, também enfrentou as dificuldades naturais de um curso que estava em seus primórdios. No primeiro dia, a sala que deveria usar estava fechada a prego, mas Carmen improvisou. Tinha ido ali dar aula, não ia voltar para casa. Pediu um martelo e abriu a porta à força. Entrou, seguida pelos alunos.

Havia poucos materiais, apenas algumas lupas, lâminas e lamínulas, não muito mais que isso. Nos meses e anos seguintes, muitas vezes Carmen foi aos depósitos da Fármaco para pegar materiais emprestados. Também usou sua experiência, ensinando os alunos a fazer cremes, xampus, xaropes e remédios em gotas. E a criatividade, como quando levou os alunos ao pequeno lago próximo da universidade para coletar água. Muitos nunca tinham usado um microscópio, uma atividade que alunos de países como Estados Unidos e França vivenciam já no ensino fundamental, uma das razões pelas quais nesses países estimula-se o espírito científico desde muito cedo. Mas Carmen constatou que não era tarde. Seus alunos se debruçaram no equipamento e ficaram entre alegres e espantados ao observar os protozoários se movendo na lâmina. Carmen também ficou satisfeita por poder rever parte do conteúdo de seu mestrado em Microbiologia, em conteúdos práticos e teóricos.

Durante três anos, deu aulas de Biologia no primeiro prédio da faculdade, para a primeira turma de Farmácia. Nunca faltou um dia. O magro salário de professora acabou sendo fundamental para honrar o pagamento dos funcionários da Fármaco. Mais tarde, com a evolução dos cursos na Unipar, passou a ministrar aulas de Tecnologia Farmacêutica, aproveitando a experiência que tinha angariado na Fármaco. Chegou a participar do colegiado da universidade, selecionando professores para cursos novos. Todas essas experiências seriam úteis mais tarde.

A experiência de lecionar teve múltiplos efeitos para Carmen. Ela era obrigada a estudar bastante para planejar as aulas. Fazia questão de chegar bem-preparada. Se alguém perguntava algo diferente, dizia que não sabia e na aula seguinte voltava com a informação completa.

De um modo ou de outro, ser professora forçou-a a estudar mais do que nunca. "É instigante", dizia. Inclusive porque, enquanto preparava ou estudava para tirar dúvidas, era comum ela olhar em volta na empresa e se pegar refletindo: "O que mais do que a gente faz aqui no dia a dia eu posso levar para eles?". Acima de tudo, dar aula lhe fazia bem. Principalmente por testemunhar o brilho nos olhos dos alunos quando aprendiam. "É maravilhoso", pensava.

Carmen só parou de dar aulas quando Luiz ficou doente. Mas essa é uma história para outro capítulo. O essencial é que o amor que os sócios da Fármaco nutriam por conhecimento produzia uma necessidade de investir, de crescer, de produzir com mais qualidade e ambição. Por outro lado, quando estabeleciam um padrão de qualidade, eram exigentes. Isso criou um problema difícil de solucionar, pois não era fácil encontrar alternativas na região, na década de 1990. A resposta seria fazer diferente do que o mundo inteiro estava fazendo naquela época.

Capítulo 16

Piloto na contramão

Luiz chamou de "filhinho", mas não tinha nada a ver com o menino Victor, que havia nascido na França. Era uma Kombi. O veículo foi entregue para Paulo Dahm, o mesmo que tinha erguido o primeiro prédio da Fármaco em Toledo com o pai e depois ido para Recife. O faz-tudo passou a dirigir, levando e trazendo entregas. Primeiro, para o Nordeste. Depois, para o Brasil todo. O "filhinho" ia contra tudo que se falava sobre gestão na década de 1990.

Para entender a insistência de Luiz em um modelo que todos tinham decretado como falido, é preciso voltar alguns passos atrás. Primeiro, é preciso entender que, na hora de entregar medicamentos, a Fármaco sempre tinha problemas. O caminhão contratado não chegava na hora para carregar ou atrasava para levar o pedido ao cliente, e havia casos de veículos em más condições, com as implicações que isso poderia trazer. Não era possível confiar nas entregas daquele jeito.

O problema não se restringia ao transporte. A gráfica que fazia as embalagens dos medicamentos entregava o material com acabamento ruim. Quando precisavam de uma embalagem para um produto novo, a resposta levava semanas, às vezes meses, incluindo o vaivém de aprovações. Em suma, muito retrabalho.

O ímpeto de Luiz diante desses problemas era sempre o mesmo: centralizar a supervisão dos processos, ou seja, ele mesmo concentrar sua atenção na área com problemas, até que tudo corresse como devia. A atenção ao detalhe e aos custos já lhe tinham dado a fama de centralizador e de pessoa difícil de satisfazer, o que trazia resultados, mas muitas vezes gerava conflitos. Nessas horas, o caráter apaziguador de Celso Prati fazia a diferença; ele ouvia e intermediava, até que a situação fosse resolvida. Já Arno e Angela entravam mais em conflito. Era comum Arno acabar cedendo e selando a questão com um abraço fraterno no irmão.

Diante disso, a solução para os problemas com os fornecedores era evidente: fazer tudo internamente. Se a transportadora e a gráfica estavam falhando, o jeito era criar departamentos dentro da Fármaco que executassem aquelas tarefas. Com sua supervisão, pensava Luiz, tudo daria certo.

A saída ia na contramão da direção em que o mercado caminhava nos anos 1990. Tudo começou com a moda do *downsizing*, que decretava que "o pequeno é lindo", do inglês "Small is beautiful". De acordo com esse preceito, os papas da gestão ditavam que empresa boa era empresa ágil, pequena e focada. E, para ser assim, era fundamental definir com clareza qual atividade era o coração da empresa. Foi assim que naquela década tornou-se onipresente o mantra de que se devia terceirizar o que não fosse o *core* do negócio. Ao fazer isso, em tese, haveria um ganho quase imediato, pois era possível concentrar esforços, energia e investimentos no que realmente interessava. Enquanto isso, deixava-se ao fornecedor a responsabilidade de entregar o melhor serviço pelo menor preço possível.

Ali mesmo em Toledo era possível conferir a chegada do tsunâmi da terceirização. A cidade testemunhou a empresa mais importante da região, a Sadia, mudar radicalmente sua maneira de administrar. Antes, eles fabricavam até os ninhos das aves que abatiam; com a moda da terceirização, passou a ser permitido fabricar apenas o que fosse indispensável e tudo devia ser comprado de fornecedores.

Luiz não pensava da mesma maneira. Apesar de concordar com a ideia geral, ele apostava em exceções. Por exemplo, entregar o produto em boas condições e no prazo certo era fundamental, e ali parecia ser difícil terceirizar a responsabilidade. As transportadoras da região eram especializadas no transporte de carnes, e ninguém conseguia distribuir para todo o Brasil, como eles precisavam àquela altura. A conclusão de Luiz foi que seriam obrigados a fazer eles mesmos.

Porém, a forma como ele abordou o problema teve inspiração de sua vivência como cientista. Na prática, isso significou adotar uma postura de cautela extrema. No laboratório, um pesquisador primeiro faz um experimento usando uma pequena quantidade. Em seguida, repete o processo com quantidades maiores, até que ele seja aperfeiçoado. Somente depois disso o procedimento é transferido para a fábrica, para que grandes lotes sejam produzidos.

No caso do transporte, isso significou comprar uma Kombi, aquela que ele apelidou de "Filhinho", dirigida por Paulo Dahm. Depois que eles compreenderam os processos, como montar uma rota otimizada, lentamente começaram a aumentar o setor de transporte. A empresa foi comprando caminhões cada vez maiores e, anos mais tarde, teria uma frota.

Estava estabelecido o procedimento de "pilotos", forma pela qual Luiz faria tudo dali em diante, observando e analisando atentamente cada detalhe de pequenas iniciativas. Se começava a fazer algo diferente, fazia um experimento pequeno, na forma de "piloto". Se desse certo, aumentava a escala e avançava. Senão, fazia o ajuste e começava do princípio, com outro piloto. Descrito dessa maneira parece simples, mas Luiz aplicava ao método toda a sua poderosa capacidade de ficar atento aos detalhes.

Além da inspiração científica, é possível dizer que esses projetos cautelosos também tinham relação com o medo – característico de Luiz – de perder dinheiro (e nisso os sócios concordavam, Celso em especial).

O mesmo foi feito depois com as embalagens dos medicamentos. Para o sucesso do negócio, ter a embalagem adequada no tempo necessário era tão crucial quanto o transporte. E era muito difícil ter esse tipo de comprometimento de um fornecedor a centenas de quilômetros dali. E conseguir boas embalagens no oeste do Paraná, região de base agrícola que nunca tinha ouvido falar de indústria farmacêutica, era praticamente impossível.

Tentaram um fornecedor que atendia uma grande empresa de outro setor com fábrica na região. Quando os atrasos nas entregas começaram, Luiz concluiu que o problema estava no fato de que os donos do negócio não se envolviam na gestão. Ainda insistiram um pouco, sendo que Carmen chegou a ir em um sábado à tarde até a gráfica para ajudá-los a finalizar os pedidos da Fármaco. Ela colocou a mão na massa e ajudou a "desencanoar" o papel mais barato que o fornecedor tinha comprado. "Desencanoar" significa deixar plano o papel que foi enrolado para transporte.

Quando voltou, ela comentou com Luiz o que tinha visto do processo na gráfica. Como de hábito, Carmen prestou especial atenção ao maquinário. Foi quando ele respondeu: "Peraí, se eles conseguem fazer as embalagens com essa maquininha, será que a gente não consegue fazer também?". E pediu a Arno que desenvolvesse a ideia. O irmão foi a São Paulo comprar as máquinas e, a partir daí, os sócios passaram a aprender também as artes gráficas e a produzir embalagens e bulas dentro da empresa, nos padrões de qualidade e entrega ultraexigentes de Luiz.

Em vez de cobrar dos fornecedores, ele optou por assumir todos os processos e controlar os custos. Se precisasse transportar, compraria os caminhões e faria ele mesmo o transporte. Se precisasse de embalagens, não poderia esperar que um terceiro o atendesse com a qualidade e a velocidade desejadas.

Com o departamento gráfico, Luiz ganhou a capacidade de dizer:
– Amanhã preciso de um lote dessa caixinha.

E o departamento parava tudo que estivesse fazendo para atender a demanda urgente. Com o tempo, o setor evoluiria para ser uma empresa independente, o que traria seus próprios desafios. Mas isso seria no futuro. De imediato, o importante é que a Fármaco tinha encontrado seu modelo para obter qualidade e velocidade no nível que Luiz acreditava ser necessário.

Assim, fica evidente que a engenharia do maquinário também teve a administração feita internamente. Arno supervisionava a compra e a adaptação de cada ferramenta e máquina, cuidando de purificadores de água, de ar, dos compressores, tudo feito e adaptado em casa. Com a equipe, aprendia e fazia, errava e ajustava. O departamento também ficou a cargo das diversas expansões de plantas que aconteceriam dali em diante.

Nos anos seguintes, a empresa ainda seria responsável pela alimentação dos funcionários, pela lavanderia e até pela vigilância, tudo feito em casa, para tentar sanar o problema da falta de qualificação de funcionários e das empresas fornecedoras. Assim, com o crescimento do número de empresas e de funcionários, os Donaduzzis iam aumentando a família e seguindo o perfil centralizador e perfeccionista de Luiz.

Esse conjunto de características seria responsável pelo surgimento de um caminho único na gestão da empresa farmacêutica que surgia no oeste do Paraná. De um lado, um rígido controle de custos associado a uma constante atenção ao detalhe no processo. Do outro, um desejo de alcançar novos horizontes, impulsionado por sócios que valorizavam o estudo e a obtenção de conhecimento. Em ambos os casos Luiz se destacava, com seu desejo constante e profundo de fugir da pobreza e seu intenso amor pelos livros e pelo saber.

    O modelo tinha suas desvantagens. Entre elas, a excessiva concentração das decisões em Luiz. Essa questão teria que ser resolvida em algum momento no futuro. Por ora, compensava. A Fármaco tinha um desempenho bem acima da média do setor e mesmo em comparação com outros segmentos. Essa afirmação seria colocada à prova nos anos seguintes, quando uma nova legislação mudaria para sempre a história do setor farmacêutico. E a vida dos Donaduzzis.

Capítulo 17
O pior crime

Os quinhentos funcionários daquela empresa ficaram surpresos quando foram informados de que não poderiam trabalhar naquele dia. O Ministério da Saúde tinha interditado a fábrica. O burburinho aumentou diante da porta, em que a turma ali parada se mostrava um pouco perplexa com a reação do poder público, que tratava o lugar no qual trabalhavam como cena de crime. E não se tratava de uma indústria qualquer, pois a fábrica de Santo Amaro, em São Paulo, era a segunda maior do mundo do grupo alemão Schering, perdendo somente para seu complexo principal, no país de origem. Tratava-se de uma das dez grandes corporações farmacêuticas do mundo. E aquela ação agressiva por parte do poder público era somente o início do tsunâmi que tomaria por completo o segmento no Brasil. Com consequências profundas e permanentes para a Fármaco e o casal Donaduzzi.

Era 1998, um ano em que o assunto mais comentado seria justamente o setor de medicamentos. Tudo começou com o famoso caso dos anticoncepcionais falsos, fabricados pela Schering, que funcionou como um estopim, fazendo com que vários outros casos surgissem, provocando uma revolta generalizada na sociedade brasileira e a criação de uma nova estrutura legal para o setor farmacêutico.

A história que deu início a tudo: centenas de mulheres engravidaram porque, em vez do medicamento normalmente vendido pela farmacêutica alemã, elas descobriram que estavam tomando comprimidos de farinha. Em junho de 1998, o Ministério da Saúde determinou a retirada da marca do mercado, o Microvlar, produto mais vendido da empresa no Brasil. Logo depois, interditaria a fábrica de Santo Amaro.

A opinião pública não se satisfez com um único escândalo. Um caso após o outro, fraudes e falsificações foram ocupando as páginas dos jornais e os noticiários televisivos. Uma empresa foi autuada por vender um anti-inflamatório falso para problemas cardiovasculares, o Celebra. Outra ficou famosa por vender falsificações do Androcur, utilizado no tratamento contra o câncer de próstata: um único acusado teria falsificado 1,3 milhão de comprimidos. E os casos se multiplicaram em todo o país.

No meio desse turbilhão, os sócios da Fármaco estavam preocupados. Não porque tivessem feito algo errado; Carmen jamais deixaria um medicamento falsificado chegar perto de seu laboratório. Luiz provavelmente teria preferido falir a se envolver em uma fraude. Da mesma forma, nenhum dos outros sócios aceitaria nada parecido.

Porém, o setor farmacêutico tinha muitas fragilidades na época. Uma delas era a demora para registrar um medicamento, em parte pela extrema desorganização do ambiente regulatório. Ainda não existia a Agência Nacional de Vigilância Sanitária (Anvisa), nem boa parte das regras e procedimentos que mais tarde organizariam o setor farmacêutico. As ações de controle de doenças, por exemplo, eram feitas pela Fundação Nacional de Saúde (Funasa), criada em 1991. Evidentemente, o caos era uma das principais razões pelas quais os crimes de fraude e falsificação eram cometidos. Além disso, a falta de regras também criava um ambiente de incerteza, que acabaria por prejudicar mesmo uma empresa que tentava fazer tudo corretamente, como a Fármaco.

Entre os sócios, a via-crúcis do registro de produtos ficava a cargo de Carmen. Era ela que durante meses preparava a documentação dos produtos, da análise de cada um deles até os mínimos detalhes. Tudo pronto, enchia um táxi com caixas repletas de papéis e as levava até a rodoviária, enfiava-as no bagageiro do ônibus e rumava para Brasília. Depois de um dia e uma noite viajando, chegava à cidade de manhãzinha, deixava as coisas no hotel e começava a enfrentar a burocracia do setor público. Em geral, ficava no mínimo três dias na capital. Voltava de lá com um papel, contendo o número do protocolo do registro, e a espera começava.

Em 1996, conseguiram registrar seu primeiro produto na Anvisa, a amoxicilina, um derivado semissintético da penicilina desenvolvido na Inglaterra na década de 1960. Ou seja, um antibiótico usado para tratar infecções bacterianas, como otite, faringite, sinusite e infecção urinária. Na época, a Fármaco contava com cerca de cem funcionários, ainda concentrados em um só barracão. Mas um único produto era pouco, mesmo para uma empresa tão pequena. Ainda faltavam dois anos para o terremoto que sacudiria o mercado de medicamentos.

Apesar dessa primeira vitória da Fármaco, 1996 não foi um ano fácil para a indústria farmacêutica brasileira. Havia sido aprovada a Lei das Patentes, que estabeleceu que um produto só poderia ser fabricado no país pela empresa detentora da patente. E, apesar do prazo de até dez anos para que as empresas se adaptassem, o governo federal determinou que a lei deveria ser aplicada imediatamente. Como consequência, diversas fábricas do setor fecharam.

Toda essa situação, com lei nova e dificuldades gerais, não esmoreceu o ânimo dos Donaduzzis. Carmen continuou indo a Brasília para enfrentar a falta de estrutura governamental e de servidores públicos qualificados que entendessem o que ela estava dizendo. Isso mudaria muito nos anos seguintes, mas naquele momento a única opção era o método de tentativa e erro – tanto para ela quanto para quem a atendia.

Em 1997, mais um pequeno avanço da Fármaco, quando conseguiram registrar seis produtos. A vitória era somente aparente, pois levaria vários anos para que muitos outros produtos recebessem os registros. Carmen retornou muitas vezes para tentar entender a razão de tanta demora, até porque ela sabia que havia registros da concorrência que saíam muito mais rápido do que os dela. Com o tempo e com a criação da Anvisa e a profissionalização do funcionalismo, essa diferença seria eliminada. Mas ainda faltava um ano para a devastação começar.

Enquanto isso, a demora nos registros criou um impasse. Naquele ritmo, a empresa dos Donaduzzis não tinha muito futuro. E manter a empresa com tão poucos produtos registrados não era interessante, pois eram muito baratos e tinham margem de lucro estreita. E havia uma incerteza reinante no mercado. As autoridades sanitárias faziam vista grossa, permitindo que empresas menores vendessem alguns medicamentos enquanto os registros não saíam. A Fármaco também fazia isso, pois era a prática corrente do mercado, mas Luiz e Carmen se sentiam incomodados. Decidiram por uma solução temporária para o problema, isolando os produtos sem registro longe da empresa.

O local escolhido foi a Fundetec. Alguns anos antes, a prefeitura da cidade vizinha de Cascavel criara um parque tecnológico, a que deu o nome de Fundação para o Desenvolvimento Científico e Tecnológico. A iniciativa teve resultados modestos, como costuma acontecer com projetos semelhantes no Brasil, mas Luiz achou interessante a proposta de tentar estimular a inovação no oeste do Paraná. Mais tarde, o tema viria a se tornar o cerne do legado dos Donaduzzis.

Foi assim que eles criaram um laboratório dentro da Fundetec. Mesmo que fosse prática comum a venda irregular, e ainda que os produtos tivessem excelente qualidade, Luiz não podia correr o risco que uma mudança repentina no poder público representava para a Fármaco. De qualquer modo, ele acreditava que os registros logo sairiam e que a situação seria regularizada também no segundo laboratório.

Porém, a mudança repentina veio. Chegou o ano de 1998 e com ele o tal escândalo dos comprimidos de farinha, que funcionou como um estopim para o cataclismo de proporções continentais que sacudiu o mercado farmacêutico brasileiro. As notícias sobre falsificações estimularam novas denúncias envolvendo outros fármacos, que por sua vez geraram novas matérias no noticiário. Aos olhos do consumidor, aquele crime tinha potencial para ser um dos mais cruéis existentes. Uma cena possível: uma criança com câncer toma um medicamento, mas ele não tem efeito porque é falsificado. A mãe compra um produto para curar seu filho que, na realidade, não o está ajudando. Tudo por causa de uma cartela de comprimidos que não custava mais do que R$ 3,00 nas farmácias.

A ideia enchia de fúria a sociedade. Com a imprensa denunciando e a opinião pública revoltada, o sistema político decidiu reagir de maneira mais permanente. A resposta veio de todos os níveis e esferas, de Tribunais de Contas fiscalizando gastos públicos com medicamentos a delegacias instaurando inquéritos sobre as falsificações.

As transformações que essas reações provocaram só teriam influência na Fármaco depois. De imediato, o susto para seus sócios foi outro. Os escândalos mudaram o cenário, que passou de total permissividade para absoluta rigidez.

A fiscalização não foi somente sobre quem falsificava remédios, mas também passou a ser dura em relação aos produtos sem registro.

Foi quando o telefone tocou na mesa de Luiz. Era a notícia de que a vigilância sanitária tinha visitado o laboratório de Cascavel. Como acontecera com a Schering, seu pequeno laboratório também foi fechado. Com direito a noticiário na imprensa local, visita das autoridades e o boato de que ali existia um "laboratório clandestino".

No fim, não houve nenhuma consequência, principalmente porque ninguém tinha feito nada de errado. Os produtos eram produzidos corretamente e com qualidade. Nada parecido com as cápsulas com farinha e outras falsificações que tinham inundado o noticiário nacional. Apesar disso, mesmo sem nenhuma repercussão e com os registros prestes a sair, os sócios decidiram fechar permanentemente o laboratório.

Com tudo isso acontecendo, ninguém condenaria o empresário que decidisse abandonar a atividade farmacêutica. Afinal, era praticamente impossível enfrentar tudo e todos ao mesmo tempo: setor caótico, concorrência feroz de multinacionais, sociedade civil revoltada com as falsificações e poder público punindo empresas, fosse qual fosse a gravidade da irregularidade.

Em vez disso, Luiz tomou uma dessas decisões que valeriam a ele a alcunha de "doido". Em vez de colocar o pé no freio, resolveu acelerar. Como acreditava que os registros iam sair em breve, ele e os sócios resolveram que a Fármaco precisaria de mais espaço, de qualquer forma. Foi assim que Luiz negociou com a prefeitura de Toledo um segundo auxílio, para a construção de dois galpões adicionais. Era a primeira expansão, feita antes mesmo da operação começar ou ter produtos para armazenar.

No entanto, as coisas não aconteceriam exatamente como Luiz imaginava. Até aquele momento, empresas como a dele enfrentavam uma enorme dificuldade para crescer e competir com as multinacionais. Estas tinham produtos com marcas fortes, protegidos por patentes e que tinham a preferência dos médicos. Era praticamente impossível competir de igual para igual, fosse em volume, receita bruta ou rentabilidade.

Na disputa, empresas como a Fármaco vendiam os chamados similares, ou seja, cópias dos produtos originais que tinham patente vencida, mas sem estudos de equivalência que garantissem sua eficácia. Sem essa garantia, um médico raramente deixava de receitar o remédio original da multinacional (antes conhecido como "ético", hoje chamado de "referência").

Entretanto, esse modelo não foi capaz de impedir a crise no setor em 1998, com os casos de fraudes de medicamentos surgindo um após o outro. A reação do poder público, com investigações policiais e cobranças dos Tribunais de Contas, também não resolveria os problemas. O que realmente transformaria o setor seria a implementação de algumas medidas que havia anos vinham sendo discutidas.

Uma delas foi a criação da Anvisa. E a outra seria uma nova lei, que teria um impacto direto na vida dos cidadãos brasileiros: a Lei dos Genéricos. O assunto não era novo. Nos Estados Unidos, a discussão tinha começado na década de 1960, com um modelo regulatório mais forte tendo finalmente entrado em vigor em 1984. No Brasil, o Congresso Nacional vinha discutindo uma legislação desde 1991, antes mesmo dos Donaduzzis voltarem para o sul do país.

Durante toda a década de 1990, era comum encontrar na imprensa matérias sobre os preços altos dos medicamentos. Em 1993, o decreto nº 793 do governo federal obrigou os laboratórios a colocar em destaque nas embalagens dos medicamentos o nome do princípio ativo do produto. Ou seja, se o cidadão quisesse, poderia optar pelo medicamento mais barato.

As empresas da área reagiram, obtendo liminares judiciais que as desobrigavam de obedecer ao decreto. Ao mesmo tempo, a ausência de uma garantia de equivalência terapêutica fez com que os laboratórios passassem a vender fármacos com a mesma fórmula como se fossem medicamentos diferentes, com pequenas alterações. Em resumo, o setor era confuso, caro, sem regras e pouco fiscalizado, estimulando a fabricação criminosa, que movimentava até 1 bilhão de reais por ano. De acordo com estimativas divulgadas na primeira metade da década de 1990 pela Organização Mundial da Saúde (OMS), entre 15% e 20% dos medicamentos comercializados no Brasil eram falsos ou ilegais, vendidos em feiras, bancas de ambulantes e até mesmo nas farmácias.

A luta final contra a fraude e os preços altos acabaria sendo travada no Congresso Nacional. Ali, começaram a ser discutidas legislações que endurecessem as punições contra os crimes envolvendo a saúde pública, defendendo que fossem caracterizados como crimes hediondos, inafiançáveis e com penas de até trinta anos de prisão. Em seguida, uma

Comissão Parlamentar de Inquérito (CPI) foi criada para discutir a redução de preços. Debates complexos abordaram itens, como fabricação, controle de qualidade, testes, prescrição e dispensação, enquanto o poder público era acusado de demorar demais para oferecer uma solução adequada para a falta de acesso da população aos medicamentos.

Entre as propostas que mais desagradaram os adversários da legislação estava a imposição de que os genéricos deveriam ser mais baratos.

– Isso não vai dar certo – diziam empresários.

Durante o debate, começou a se consolidar a ideia de que a lei devia estabelecer um percentual específico: o genérico precisaria ser 35% mais barato do que o medicamento de referência. A reação foi imediata, e os gritos de que "não vai dar certo" cresceram. O principal argumento era de que a qualidade dos medicamentos seria ruim. Após tantos escândalos envolvendo falsificações e fraudes, surgiu o argumento de que o genérico poderia facilitar a venda de medicamentos sem qualidade.

Em meio a esse debate, uma palavra nova surgiu para os deputados federais, que acabou sendo incluída na lei: bioequivalência.

Após muita discussão, a redação do trecho que trazia a palavra ficou assim:

"Bioequivalência – consiste na demonstração de equivalência farmacêutica entre produtos apresentados sob a mesma forma farmacêutica, contendo idêntica composição qualitativa e quantitativa de princípio(s) ativo(s) [...]".

Ou seja, os medicamentos genéricos seriam exaustivamente testados para garantir que teriam a mesma eficácia clínica e a mesma segurança dos originais.

Algumas empresas resolveram mais uma vez reagir, tentando defender sua margem de lucro. Carimbos com os dizeres "Não substituir por genéricos" foram distribuídos para médicos e lojistas, o que seria somente o começo de uma gigantesca orquestração de marketing. Páginas inteiras de publicidade foram compradas nos grandes jornais e revistas, em que os genéricos foram acusados de não ser confiáveis. O mesmo discurso foi repetido pelos apresentadores de programas de auditório em todas as redes de TV. Da boca de celebridades como Faustão, Raul Gil, Leão Lobo, Milton Neves, Ratinho e outros, o espectador ouvia que não devia confiar nos genéricos.

Enquanto isso, os laboratórios pagavam os funcionários das farmácias para convencer os clientes a comprar os produtos mais caros, com o argumento de que eram de melhor qualidade. Em vez de comprar o anti-inflamatório diclofenaco a R$ 5,28, insistiam que era melhor levar o mesmo produto por R$ 10,01 (preços cobrados na época). Da mesma maneira, se o cliente chegava querendo comprar omeprazol, disponível por R$ 14,25, saía da loja tendo pago R$ 33,24. Era a prática conhecida como "empurroterapia".

Poucas coisas deixavam Luiz mais irritado do que enganar o consumidor dessa maneira. Recusava-se terminantemente a agir assim. Para ele, era a mesma coisa que roubar o cliente. Ele não tinha estudado tanto para ganhar dinheiro de maneira duvidosa. Uma legislação melhor tratando de medicamentos genéricos poderia ajudar a corrigir o problema. Entretanto, os sócios da Fármaco sabiam que estavam em uma luta desigual. Ali mesmo, no Paraná, o dirigente de uma associação de classe das empresas atacou a ideia, dizendo que os médicos não saberiam indicar os genéricos. "Isso é coisa de país socialista, não vai passar no Congresso Nacional", afirmou.

Na prática, o que ocorria era uma queda de braço entre a sociedade civil e uma parte das indústrias, aquela que lutava para ceder os lucros que tinha com os produtos mais caros. Afinal, o mercado brasileiro era o quinto maior do mundo, movimentando na época R$ 12 bilhões ao ano. Era fácil entender a razão das empresas lutarem contra o avanço do genérico, que era dominado pelos laboratórios internacionais. Das 470 empresas operando no Brasil, 70 eram multinacionais, que ficavam com 87% do mercado. O restante ficava com as 400 nacionais, entre elas a Fármaco, dos Donaduzzis e dos Pratis.

Antes de insistir nos genéricos, alternativas foram tentadas pelo poder público, como a isenção do Imposto sobre Circulação de Mercadorias e Serviços (ICMS) para duzentos medicamentos, facilitar a importação de insumos e a distribuição gratuita de remédios para aposentados. Apesar disso, o problema dos altos preços dos medicamentos persistia. No ano anterior, em 1998, eles haviam subido 20% acima da inflação.

Quando um decreto finalmente regulamentou a nova legislação, começou a correria. No ano seguinte, em 2000, mais de 150 genéricos seriam registrados, sendo que mais da metade foi cancelada. Isso porque muitos produtos simplesmente não passavam pelo rigor da nova agência, a Anvisa. Cerca de 6 mil medicamentos genéricos seriam registrados nos vinte anos seguintes.

O rigor terminaria por convencer o consumidor, que se acostumou a comprar genéricos. Os preços caíram. E não só os 35% impostos pela regulamentação; o mercado se ajustou tão bem à nova legislação que os medicamentos genéricos acabaram ficando em média 60% mais baratos do que os de referência. E a disputa entre as empresas também se transformou, com os laboratórios nacionais liderando a produção dos medicamentos genéricos. Em suma, o mercado estava mudando.

A Fármaco também. E não só porque os medicamentos genéricos impulsionavam seu faturamento. No início de 2003, os sócios se reuniram para decidir sobre uma nova identidade para a empresa – havia aparecido gente querendo cobrar *royalties* deles porque usavam o nome Fármaco. A resposta de Luiz, Celso, Arno, Carmen e os outros foi imediata. "Não vamos pagar *royalties* pra ninguém."

Evidentemente, muitos moradores antigos nunca deixariam de usar a denominação original para se referir à empresa, mas aquela que ficaria para a história apareceria em abril de 2003. A partir dali, seria composta pelos dois sobrenomes das famílias fundadoras, Donaduzzi e Prati. Ou Prati e Donaduzzi? Como o nome da família de Celso era mais curto e fácil de ser escrito, a segunda versão ganhou. Embaixo da placa onde se lia "Fármaco", Luiz mandou escrever, ainda em tamanho menor: "Prati-Donaduzzi". Dali em diante, tudo iria acontecer muito rápido.

Capítulo 18

Três meses de vida

Todos os quase duzentos funcionários da Prati-Donaduzzi foram reunidos naquele dia para ouvir uma notícia grave. Luiz estava doente e faria todos os tratamentos, que o afastariam da empresa pelo menos duas vezes por semana. Os sócios acharam que os funcionários certamente estranhariam as ausências se não fossem informados do que estava acontecendo. Evidentemente, Luiz quis admitir o que realmente temia: estava convencido de que não teria muito tempo de vida. Mas não tinha desistido, lutaria de qualquer modo.

Foi assim que a empresa inteira foi reunida para ouvir sobre aquela doença muito séria. Na época, o nome "linfoma não Hodgkin" não era conhecido, tampouco havia o costume de pesquisar doenças na internet. Então o câncer específico não foi mencionado. O que os sócios pediram aos funcionários foi que compreendessem a gravidade da situação e ajudassem naquele momento difícil que os Donaduzzis tinham começado a viver algumas semanas antes. Foi o dia em que Luiz apertou a barriga e achou que tinha um nódulo. Não tinha dor, febre, estava tudo normal, mas ele tinha certeza de que havia algo ali.

O exame mostrou que ele estava certo: tratava-se de um nódulo, e não era pequeno. Pelo menos quinze centímetros. Na primeira consulta, o médico quis operar. Preferiram buscar uma segunda opinião, dessa vez com o oncologista Johnny Camargo, do Instituto de Oncologia do Paraná – IOP. Ele confirmou o diagnóstico.

– Quando faremos a cirurgia? – Luiz perguntou.

– Não, não – respondeu o médico. – Nesse caso a gente não faz cirurgia, só trata com medicamentos.

Assim, começaram o tratamento pela via tradicional da quimioterapia e por meio de uma novidade na época, os anticorpos monoclonais, proteínas circulantes no sangue que ajudam a reconhecer e a combater organismos invasores.

A essa altura, com tantas consultas e exames, era natural haver rumores. Afinal, Luiz era uma presença constante e atuante em todos os departamentos da empresa. E, de repente, ele e Carmen sumiram. Seria impossível esconder a situação por muito tempo. Enquanto não fizessem isso, os rumores iam crescer, com potencial para prejudicar até mesmo a credibilidade da empresa na praça. Na época, a Prati-Donaduzzi tinha diversos empréstimos e dependia de sua credibilidade junto aos bancos. Por isso, optaram pela transparência total.

Primeiro explicaram o que estava acontecendo para os sócios. Aí fizeram a proposta: reunir todo o pessoal, dar-lhes a notícia e dizer que podiam ficar tranquilos. E que esperavam receber colaboração, já que Luiz se ausentaria de vez em quando, por isso precisaria da força dos funcionários. Foi quando Carmen decidiu deixar as aulas na universidade. Além do apoio a Luiz e às crianças em casa, sua presença na empresa se tornava mais importante do que nunca.

Do ponto de vista de Luiz, a colaboração de todos seria essencial: apesar dos tratamentos promissores, ele estava convicto de que o fim estava próximo. Estava certo de que o menino que tinha trabalhado na lavoura, descoberto os livros, montado uma farmácia no interior e se tornado doutor na França tinha um prazo de validade mais curto – acabara de completar 48 anos – e que esse tempo estava prestes a terminar. Um temor razoável, pois o linfoma não Hodgkin é uma doença fatal. Realmente é capaz de matar, mesmo não estando entre os cânceres mais letais, como o de pulmão ou o de cólon. Por outro lado, está entre os mais incidentes, o que contribuiu para sua crescente fama.

Mesmo com os avanços das últimas décadas envolvendo o linfoma não Hodgkin, o prognóstico continua enchendo as pessoas de terror. Nos dias de hoje, as chances de cura ficam entre 60% e 70%, de acordo com a Associação Brasileira de Linfoma e Leucemia (Abrale). Ou seja, ainda há uma chance muito alta de que o paciente perca a batalha. Na época em que Luiz ficou doente, as perspectivas eram bem piores. Por isso, quando Carmen tentava tranquilizá-lo, ele achava que a esposa estava escondendo algo.

Sua convicção de que estava prestes a partir era tão forte que, um dia, ele se aproximou de alguns funcionários e disse:

– Vocês podem ficar tranquilos. Se eu partir, vou me sentar ali – apontou para uma escada – e vou dar força para vocês para que isso aqui continue.

Ele não estava brincando.

Se esta fosse a história de outra pessoa, o protagonista poderia escrever que parecia que tinha levado um soco no estômago ou que sentia seu mundo naufragando. Mas esses clichês não descrevem o que aconteceu com Luiz, nem as semanas e meses seguintes ao recebimento do diagnóstico.

Os tratamentos tinham que ser feitos em Curitiba, e Carmen não poderia ir com ele todas as vezes. Então, sozinho, Luiz preferiu não ir dirigindo. Pegou um ônibus no fim do dia, viajou a noite inteira e chegou à capital paranaense de manhã bem cedo.

Terminada a sessão de quimioterapia, o segundo tratamento – anticorpos monoclonais – só seria feito dois dias depois. Como não suportaria ficar na cidade sem fazer nada, voltou para Toledo para trabalhar. Assim começou a rotina de encarar a estrada duas vezes por semana, sempre sozinho, mesmo com as dores e a falta de energia provocada pelo tratamento. Entre as viagens, trabalhava como se nada estivesse acontecendo. O cansaço não o impedia de ir para a fábrica todos os dias em que estava em Toledo, sem faltar.

Enquanto ele viajava para se tratar, Carmen ficava na retaguarda, angustiada. Precisava trabalhar. Em seu íntimo, tinha a sensação de que deveria estar ao lado dele, para o caso de acontecer alguma coisa. "Isso é besteira", pensava. "Quem vai poder fazer alguma coisa é o médico, o enfermeiro…"

Mesmo assim, ligava três, às vezes até quatro vezes durante o dia de tratamento, perguntando para as enfermeiras se tudo estava correndo bem. Elas respondiam:

– Ah, ele está bem. Está trabalhando.

De fato, Luiz tinha levado o "livro de moléculas", como eles chamavam o catálogo que lista moléculas ou princípios ativos de medicamentos que uma empresa farmacêutica pode considerar para investimento.

Aparentemente, Luiz não estava disposto a gastar seus dias, que considerava os últimos, com medo da morte. Afinal, como disse o filósofo estoico romano Sêneca, "esperando o amanhã, perdemos o hoje". Durante a quimioterapia, Luiz folheava o tal livro, selecionando as moléculas que acreditava que valia a pena produzir na empresa como um medicamento genérico.

Carmen concluiu que o marido estava usando o trabalho como uma forma de fuga, uma maneira que tinha encontrado para lidar com a doença fatal. Quanto a ela, fazia o máximo para se mostrar forte. Consolava a irmã de Luiz, Angela, que chorava, também convencida de que Luiz não sobreviveria. Entretanto, Carmen às vezes pegava o carro e saía dirigindo, sem dizer nada a ninguém, para poder chorar sozinha. Ela também temia o pior.

Após três meses de tratamento, o pior não aconteceu. Nem nos meses seguintes. Seu prazo de validade não tinha vencido, sua história não tinha terminado. Envolvido com uma empresa que ascendia com o crescimento dos genéricos, Luiz não se deu conta. A certeza da vitória contra o câncer demoraria a chegar; ele ainda teria que fazer exames durante vários anos, periodicamente, a fim de verificar se a doença não tinha retornado.

Essa experiência deixaria marcas. Além do trabalho, Luiz canalizou a angústia gerada pela certeza da morte para outro aspecto prático: o que aconteceria depois que ele se fosse. Tudo foi decidido – mesmo que fosse precoce, considerando que Luiz tinha pouco mais de cinquenta anos e não tinha mais nenhum problema de saúde. Mas quando um deles – não só ele, qualquer dos sócios – partisse, não haveria dúvida nenhuma. O que era propriedade de quem, quem devia receber qual pagamento, tudo descrito em detalhes. A preocupação com o futuro seria fundamental para mais uma fase da vida dos Donaduzzis. Uma fase que prometia colocar o nome deles de maneira definitiva na história da ciência e da educação brasileira.

Capítulo 19

Bebedouro

Uma a uma, as pessoas foram sendo engolidas pela pequena sala. Depois de quinze ou vinte minutos, eram colocadas para fora, a maioria ostentando um sorriso no rosto. Apesar do que via, o jovem Claudinei duvidava que teria o mesmo resultado. Afinal, ninguém queria lhe dar emprego desde que tinha chegado à região. Sentia-se rejeitado até pelo Exército: tinha sido dispensado do serviço militar por ser filho único e, portanto, arrimo de família. O medo de uma nova rejeição fez um frio se espalhar pelo estômago quando viu a porta se abrir novamente.

– Claudinei – chamou uma voz, que o rapaz percebeu vir de dentro da sala.

Após breve hesitação, como se esperasse ouvir seu nome completo ou algum outro complemento, decidiu entrar. Dentro, uma mesa sem gaveta, somente com um papel em cima e um copo de água. Atrás dela, um homem tão alto que mesmo sentado era quase do tamanho de Claudinei. Aparentava ter pouco mais de cinquenta anos. Ninguém o avisou de que aquele era o dono da empresa.

Três anos tinham se passado desde que Luiz descobrira o câncer. Aos poucos, a ideia de que ia morrer foi desaparecendo da mente dele, apagada pelo cotidiano de trabalho e pelas preocupações rotineiras. O câncer foi vencido sem grande alvoroço ou comemoração, talvez pelo fato de ser uma doença que sempre pode voltar. Naquele ano de 2004, Luiz havia feito os exames para se certificar de que não tinha ocorrido uma recidiva da doença. Não tinha, ele estava bem, mesmo sem ter deixado de trabalhar. Inclusive porque nesse mesmo período a Prati havia crescido como nunca. Cerca de duzentas pessoas o tinham ouvido anunciar a grave notícia da doença; no ano seguinte, o número de funcionários havia dobrado. E os quase quatrocentos de 2002 dobraram novamente no ano seguinte. Finalmente, em 2004, quando Claudinei testemunhou a longa fila que esperava para falar com Luiz, o número chegaria a mais de mil funcionários.

O empresário pediu ao rapaz que falasse um pouco sobre si. Tímido, Claudinei explicou que era "do sítio", de família "bem simples".

– Onde você morava antes de vir para a cidade?
– Novo Sobradinho.
– O que você fazia?
– Operava trator, colheitadeira, o maquinário do campo.

Claudinei fez uma pausa e completou dizendo que não gostava do campo. Queria trabalhar na cidade.

Menos pela rejeição ao campo do que pela franqueza, a resposta pareceu agradar a Luiz.

– Pode começar amanhã às 5h30?

O rapaz morava no bairro Jardim Porto Alegre, do outro lado da cidade. Viria de bicicleta e, para chegar no horário, teria que acordar todos os dias às 4h.

– Amanhã às 5 horas eu estou aqui.

No dia seguinte, ao chegar ao endereço, notou a placa na frente do prédio. Ela tinha sido atualizada no ano anterior: agora, no lugar de "Fármaco", lia-se "Prati-Donaduzzi".

Indicaram o setor de embalagens, onde Claudinei começou sua primeira tarefa na empresa: dobrar bulas. No meio da tarde, Luiz passou:

– E aí, filho, tá gostando?
– É tranquilo, né?

No intervalo, sentiu sede.

– Onde vou tomar água nessa empresa?

Apesar dos mil funcionários, só havia um bebedouro na empresa inteira. E ficava no outro barracão.

No meio do caminho, Claudinei viu uma placa:

"Água purificada".

Lembrou-se do sítio, onde tiravam a água do poço e usavam um purificador.

"Água boa, não preciso andar tanto."

Puxou a mangueira, como costumava fazer na fonte que tinha no sítio, e tomou. Claudinei só voltaria ao serviço duas horas depois, após ter passado mal no banheiro. Quando retornou, estava mais branco que o jaleco. Descobriu que a "água purificada" não era para consumo, mas um insumo utilizado na produção industrial. Para isso, passava por um processo que removia não só impurezas e contaminantes, mas também todos os sais minerais do líquido. Ele sentiu como se o líquido tivesse passado por seu organismo retirando todos os sais minerais de seu corpo.

Felizmente, o engano não deixou sequelas e o jovem foi para casa sem precisar de cuidados médicos. Mas o pensamento que ficou em sua mente foi: "Logo no primeiro dia, uma trombada". Seguido por: "Nossa, precisava ter um treinamento, né?". Foi a primeira vez que teve vontade de se tornar professor. Claudinei guardaria aquele desejo por muito tempo.

Nos anos seguintes, sua vida foi agitada. Concluiu a faculdade e foi ganhando experiência dentro da Prati. Saiu do setor de embalagens e migrou para o Sólidos, nome dado ao setor que produz medicamentos, como comprimidos, cápsulas, drágeas, supositórios e outras formas farmacêuticas sólidas. Entretanto, para que o sonho de ser professor se concretizasse, a Prati teria que olhar para fora das fronteiras brasileiras. Luiz e Carmen teriam que voltar a viajar.

Capítulo 20
Checklist

— Será que a gente volta daqui?

Cátia não conseguiu evitar a dúvida, no caminho para a primeira fábrica que visitaria na Índia. O carro chacoalhava e fazia tempo que ela só via mato. Ao lado da moça, Carmen olhava curiosa para tudo ao seu redor, notando que a miséria se distribuía de maneira diferente na Índia. No Brasil, pobreza e riqueza são mantidas a distância, enquanto ali havia favelas bem ao lado de hotéis de luxo e das fábricas que elas deveriam visitar.

Era setembro de 2006, e a jovem Cátia estava havia quatro anos na empresa, seu primeiro emprego. Apesar de ter relativamente pouca experiência, Carmen e Luiz apostaram na funcionária para cumprir uma função essencial na importação de insumos farmacêuticos: auditar os fornecedores. Quando ela argumentou que não falava inglês, Luiz respondeu: "Vou te colocar no curso, você estuda e vai pra Índia". Ela fez o que ele disse e agora estava ali, do outro lado do mundo. Mas a paisagem que ela via pela janela do táxi não lhe dava muita convicção de que a viagem valeria a pena.

A primeira importação da Índia feita pela Prati-Donaduzzi tinha ocorrido anos antes, em 2000, pouco depois de a empresa começar a surfar na onda dos genéricos. Até o momento, o caixa e a inexperiência só tinham permitido a eles comprar princípios ativos e ingredientes no Brasil, quase sempre de fornecedores de São Paulo. A mudança teve enorme impacto nos custos da empresa. Até então, os insumos eram adquiridos no mercado local, a um preço bem mais alto do que aquele no exterior. Por exemplo, Luiz pagava 120 dólares por uma barrica de 25 quilos de amoxicilina. Na primeira vez que foi para a Índia, encontrou a mesma quantidade por 20 dólares. Valia a pena, mesmo considerando que tinha que comprar uma quantidade mínima maior, pelo menos uma tonelada.

Mesmo sem falar inglês – limitação que o incomodaria durante anos –, Luiz viajou para a Índia e voltou com um carregamento de sulfadiazina de prata, antimicrobiano usado em queimaduras e feridas. No entanto, o preço baixíssimo impressionou tanto Luiz que ele acabou trazendo muito mais do que o necessário, a ponto de não saberem mais o que fazer com tanta sulfadiazina de prata. Carmen fazia a contagem regressiva para que o contrato finalmente acabasse. A lição foi cara, nas contas e na logística, mas serviu para que dali em diante eles comprassem com mais cuidado. Ainda assim, o processo se manteve simples. Anotaram em um caderno os fornecedores de cada princípio ativo e ligavam do Brasil para a Índia para perguntar se tinha e, em caso positivo, faziam um pedido.

Foi essa mudança no cenário que levou Cátia, aos 27 anos, a fazer sua primeira viagem internacional, sacolejando nas estradas indianas junto com Carmen. Tinham feito contato com um novo fornecedor e estavam ali para verificar a adequação das instalações e da produção, de acordo com os novos padrões, que se modernizavam.

A jovem farmacêutica era natural de Toledo, viveu os primeiros anos em Minas Gerais e voltou para o Paraná, quando o pai, bancário, foi transferido para Cascavel. Fez um ano de engenharia química em Toledo, mas se apaixonou por farmácia e se mudou para Umuarama para começar do zero. Depois, outra mudança: foi para Curitiba fazer especialização em indústria. Na hora de cumprir o estágio obrigatório, a mãe lembrou-se da Prati-Donaduzzi, aquela "empresinha" que ela tinha visitado alguns anos antes. Não poderia imaginar que poucos anos depois sairia do país, acompanhada da dona da empresa, para vistoriar fábricas estrangeiras.

Quando chegaram à primeira fábrica, na cidade litorânea de Mumbai, Cátia percebeu de cara que a empresa tinha se preparado para a visita da maneira que foi possível: o local fora pintado e lavado de alto a baixo. Mas as máquinas estavam paradas. Cátia não podia nem começar a usar o *checklist*, concebido para avaliar o processo produtivo. Não havia o que examinar. Nem valia a pena tirar o papel da bolsa: a empresa não poderia fornecer para a Prati-Donaduzzi.

O *checklist* que Cátia trazia tinha os requisitos necessários para que uma empresa fornecesse para a Prati. Montar aquele processo tinha sido a primeira tarefa importante que recebera na empresa, um tema que nunca tinha visto, pois ninguém falara daquilo na faculdade. Óbvio, pois a própria Anvisa ainda não tinha estabelecido os procedimentos. Isso ocorreria em breve, pois a legislação avançava rápido – ainda uma consequência da crise que havia acontecido em 1998 –, quase na mesma velocidade do crescimento da Prati.

Portanto, Luiz e Carmen não agiam movidos por uma exigência legal, pois esta ainda não existia. Eram eles mesmos que queriam saber a condição do fornecedor antes de importar. Como não havia modelo disponível, Cátia foi encarregada de estudar a legislação existente para importação de medicamentos (e não para insumos farmacêuticos) e lhes apresentar um modelo para discutirem. A partir dali, começou a surgir o embrião do que seria o processo de auditoria e o Departamento de Garantia da Qualidade, onde Cátia pôde crescer, aprender e observar Luiz dando estrutura e formatação para uma área totalmente nova. Em quatro anos, passou para supervisora e depois para gerente. Em 2005, um ano antes de irem para a Índia, Cátia havia feito sua primeira viagem de avião: fora para Brasília com Carmen para tratar com a Anvisa.

Era esse protocolo criado por ela mesma que agora estava sendo usado para avaliar os fornecedores indianos. Antes de ir, Cátia traduziu-o para o inglês e o enviou para os fornecedores que seriam visitados, a fim de que eles pudessem se preparar. Aparentemente, os donos da primeira fábrica não tinham compreendido o *checklist* de Cátia, e elas saíram de lá decepcionadas.

Em outra tentativa de colocar em uso o procedimento, nesse caso para o antibiótico eritromicina, o candidato a fornecedor respondeu com evasivas. Levou-as para o *lobby* de um hotel, onde tomaram café e água, conversaram, mas nada de conhecer as instalações. Terminada a conversa, Carmen cochichou para Cátia:

– Por que será que esse cara não nos levou para a fábrica? Muito esquisito.

Como tinham o endereço, resolveram pegar um táxi e ir procurar a tal fábrica. A noite chegou e elas ainda estavam procurando pelo endereço indicado. Conforme iam passando por lugares mais ermos, iam perguntando, e as pessoas diziam não saber de fábrica nenhuma. Cátia começou a temer um assalto ou mesmo um sequestro. Finalmente, encontraram: era uma casinha, não havia fábrica nenhuma.

Nessas ocasiões, era difícil acreditar que tantos medicamentos podiam ser produzidos na Índia. O país já era um ator relevante no setor, na época, a caminho de se tornar o que é hoje: uma potência, que fornece 40% dos genéricos consumidos nos Estados Unidos. Além disso, 80% dos ingredientes também vêm da Índia e da China, mostrando que nenhuma empresa do setor podia deixar de fazer o caminho trilhado por Cátia e Carmen. Era fundamental procurar aqueles fornecedores.

As visitas continuaram. As duas tinham uma agenda cheia e pretendiam visitar mais de vinte empresas. Em uma delas, a falta de refeitório não impediu os anfitriões de cumprir o que consideravam seu dever: insistiram em levá-las para almoçar. Elas aceitaram, pois não queriam ofendê-los. No restaurante, Cátia olhou o cardápio, sem entender nada. Quando disse ao garçom o que queria, este balançou a cabeça de lado, como um bonequinho de mola. Cátia pensou que ele não tivesse entendido e repetiu o pedido algumas vezes, até que Carmen avisou baixinho: "Ele já entendeu, é que eles fazem que sim dizendo que não".

Quando saíram para jantar sozinhas, enfrentaram a dificuldade de atravessar as ruas, com tantos carros, "tuk-tuks" (uma espécie de triciclo motorizado que leva duas pessoas e o motorista), pessoas e bicicletas, vindos de todos os lados. Um guarda notou o apuro das duas e parou o trânsito para que elas pudessem passar. No restaurante, não entendiam nada do que estava escrito no menu. Depois de um tempo estudando o papel, já com bastante fome e sem conseguir se comunicar com o garçom, que não falava inglês, Carmen sugeriu:

– Olha, acho que podemos pedir esse aqui. Acho que vai ser bom, vamos lá.

As semanas seguintes seguiram um roteiro similar, com as empresas convidando para almoçar de dia e elas se virando sozinhas durante a noite, experimentando a cada dia novos pratos, tão diferentes e condimentados. Foi assim na cidade tecnológica de Hyderabad, ao sul, na industrial

Ahmedabad, na portuária Visakhapatnam e em Mumbai (que muita gente ainda chama pelo nome antigo, Bombaim).

Em uma das vezes, uma barata apareceu justo na mesa a que iam se sentar. E tinham sido levadas ao restaurante por um fornecedor. "Isso acontece", disseram a ele. Trocaram de mesa e comeram ali mesmo. Mas decidiram que, sempre que possível, seria melhor se alimentar no hotel.

Mais visitas. Em uma das fábricas, viram uma centrífuga – totalmente aberta – operada por um menino que não devia ter mais de treze anos. A empresa fornecia hidróxido de alumínio, que eles compravam em forma de pasta espessa, transportada dessa forma para reduzir o custo. A substância era obtida por meio de uma reação química, para em seguida passar pela centrífuga, com o objetivo de reduzir a quantidade de água e chegar à pasta desejada. Como se não bastasse a pouca idade, a criança não só não usava equipamento de proteção individual (EPI), como também estava sem camisa, vestindo apenas um calção. Com uma pá, o menino removia o hidróxido de alumínio da centrífuga. Carmen ainda teve o sangue frio de agradecer a visita, acrescentando que "iam dar uma pensada".

Embora houvesse visitas como essas, em que Cátia nem sequer precisava do *checklist*, havia outras em que era necessário estar mais atento. Como uma fábrica de amoxicilina que tinham encontrado em um anuário telefônico local. Chegando ao endereço, foram recebidas por dois homens vestidos com bota, camisa e proteção para a cabeça. "Ok para EPI", anotou Cátia. Mas o piso era de chão batido. Elas sabiam que, depois que os processos químicos eram realizados, o produto normalmente passa por lavagens que podem ser com solventes ou com água, e depois eles são drenados com centrífugas. E o que viram foram as centrífugas espalhadas pelo chão batido no galpão sem telhado. De repente, Cátia percebeu que eles tinham pintado o chão batido com cal para disfarçar a falta de acabamento para a visita.

"Hummm", Cátia pensou, enquanto cortava mentalmente a empresa da lista de potenciais fornecedores. A qualidade do fornecedor refletiria diretamente na qualidade do produto acabado da Prati, o que seria cobrado deles mais cedo ou mais tarde – e os Donaduzzis sabiam disso, mesmo antes que essa prática de auditoria de fornecedor de insumo farmacêutico fosse regulada pela Anvisa. Embora encontrassem casos absurdos, Cátia acabou convencida de que algumas empresas locais tinham condições de ser boas fornecedoras. Perto do fim da viagem, já havia quase vinte fornecedores aprovados. Sete tinham sido desclassificados.

Com o tempo, o processo desenvolvido por Cátia, Carmen e outros foi aperfeiçoado, sempre à frente da legislação. A área que a jovem ajudou a criar se tornou o Departamento de Garantia da Qualidade, envolvendo vários setores, como Engenharia, Controle de Qualidade, áreas produtivas, Pesquisa e Desenvolvimento. Essas áreas são chamadas pela agência regulatória durante a inspeção, fazem o acompanhamento e respondem a questionamentos. O departamento também é o principal ponto de contato com os processos na Anvisa.

A produção de insumos indianos não beneficiou somente as empresas, mas transformou por completo o mercado de medicamentos global. De acordo com Emi MacLean, ex-diretora da ONG Médicos Sem Fronteiras, essa possibilidade de produzir medicamento genérico e fornecer insumos a uma fração do custo de drogas patenteadas "salvou milhões de vidas no mundo inteiro, nos países em desenvolvimento".

Mas nem só de fábricas seria a viagem da dupla de brasileiras. Nos fins de semana, Carmen fazia a caçada a livrarias, nas quais ela esperava comprar livros especializados que não se encontravam no Brasil. Com esse objetivo, tinha trazido duas malas vazias, esperando retornar com elas abarrotadas de livros. Era por isso que Cátia via Carmen todos os dias lavando suas roupas no banheiro dos hotéis. "Só trouxe essas blusinhas aqui, que são fáceis de lavar porque são fininhas", um dia ela explicou.

A primeira busca não serviu para dar confiança a Cátia: ao chegarem ao endereço, encontraram um beco estreito, escuro e nada convidativo, especialmente para duas mulheres que não tinham como se comunicar direito. Na Índia, pouco mais de 10% da população realmente falava inglês; com o restante, só era possível se comunicar se a pessoa dominasse idiomas como híndi, bengali, urdu, télugo, entre outros. Ali em Mumbai, por exemplo, o idioma do estado era o marati.

Tranquilizava um pouco o fato de terem percebido que o indiano não era um povo briguento ou violento: não presenciaram brigas nem no trânsito, que era muito pior do que no Brasil, e onde pessoas, carros, bicicletas e tuk-tuks transitavam sem muita sinalização. Além disso, Carmen não seria abalada por um beco escuro. Infelizmente, o risco não compensou, pois não encontraram nada que valesse a pena ocupar espaço na mala.

Em outro sábado, não foi o beco escuro, mas as condições do bairro que assustaram. Ainda estavam em Mumbai, dessa vez na parte antiga da cidade, na famosa Princess Street. Anos depois, o bairro seria limpo e revitalizado, e a rua inclusive foi arborizada. Mas o cenário era bem diferente nessa época. Ao chegarem ao endereço da livraria, olharam para cima e viram que teriam que subir escadas que pareciam não ter sido terminadas. As paredes estavam no reboco e fios estavam à mostra. O lugar parecia abandonado. Mas, já que estavam lá, resolveram subir a escadaria com cuidado, que mais parecia uma ruína. Quando alcançaram o topo da escada, encontraram sapatos na frente da porta: o lugar não estava abandonado.

Carmen e Cátia tiraram os próprios calçados e bateram à porta. Foram recebidas pelo dono, que ofereceu água – em uma garrafa lacrada – e café. Cátia notou como o ambiente era diferente dentro da livraria. Bonita e arrumada, oferecia uma quantidade imensa de livros especializados, em inglês. Quando Carmen explicou o que procurava, foram levadas para outra sala, onde o homem usou uma escadinha para subir num forro – onde só ele cabia – e dali foi tirando livros. Eram farmacopeias (aqueles livros com formulações que eles nem sempre seguiam à risca, mas serviam como um suporte importante, com os métodos analíticos que são atualizados anualmente) norte-americanas, britânicas e alemãs e vários livros sobre qualidade e pesquisa. Nada daquilo existia no Brasil, nada daquilo era sequer traduzido para o português, e Carmen passou a se sentir como uma criança numa loja de brinquedos.

Foi nessas visitas que ela conseguiu completar as duas malas que havia levado. Nas outras viagens, sempre fazia visitas como essas, questionando sobre as novidades, encomendando volumes e coleções. Mais tarde, ela chegou a comprar 40 mil dólares em livros; foi forçada a alugar parte de um contêiner para poder transportar os exemplares por navio – duas malas eram muito pouco para carregar o conhecimento que ela procurava.

Aquelas viagens – e as outras que se seguiram – teriam um impacto enorme na história da Prati. Do efeito do preço dos insumos na competitividade da empresa ao conhecimento que os livros trariam para Carmen e os outros funcionários. No caso dos insumos, não ficariam somente na Índia, mas nos anos seguintes também comprariam da China, do México e de países da Europa. Por outro lado, os livros também teriam um papel importante no desenvolvimento da Prati, ajudando aquele jovem funcionário mencionado no capítulo anterior que sonhava em ser professor. Principalmente com o advento de uma terceira influência das viagens: a importação de máquinas. A chegada delas levaria os funcionários da Prati a enfrentar um dos maiores desafios desde a criação da empresa.

Capítulo 21
A míni-Prati

"**M**áquinas científicas" foram as palavras que vieram à mente do jovem. A reação era de Claudinei Saibert, que teve despertado o desejo de ser professor no primeiro dia de trabalho na Prati-Donaduzzi. Ele deu alguns passos e se aproximou para observar melhor os equipamentos que tinham acabado de chegar. Desde que entrara na Prati, e depois na faculdade, seu sonho passara a envolver física, química, mecânica. E, para ele, aquelas máquinas eram ciência em forma de equipamentos. "Eu estou no curso certo, no emprego certo."

Desde que fora admitido na empresa, Claudinei se acostumara com as visitas de Luiz, que passava, cumprimentando-o e perguntando se tudo ia bem. O fundador mantinha o hábito de verificar como os setores estavam, o que frequentemente fazia os funcionários endireitarem a postura quando ele entrava, pois tinha fama de ser bravo. Na realidade, era a obsessão pelo detalhe que não o abandonava. Foi em uma dessas visitas, somente quatro meses depois de o jovem ter sido contratado, que Luiz o convidou para trabalhar na área de Sólidos.

Não podia haver melhor presente para Claudinei. Até ali, ele trabalhara dobrando bulas, um bom trabalho, especialmente para um jovem que tinha sido rejeitado tantas vezes quando chegara à região. Entretanto, aqueles poucos meses na Prati já tinham lhe mostrado que seu futuro não estava no departamento de embalagens.

Mesmo assim, ele hesitou. Na época, tinha passado no vestibular da Universidade Tecnológica Federal do Paraná – UTFPR, em Medianeira, cidade a 100 quilômetros de Toledo. Estava feliz estudando no curso de Tecnologia e Eletromecânica. Só que ele ia à noite, um período que não teria mais livre se mudasse para a área de sólidos.

"E agora, como fica o curso?", pensou, quando recebeu o convite. Já tinha mudado o horário uma vez. Quando se matriculou, disseram que não seria possível uma segunda transferência. Foi conversar com o gerente.

– Só conversando com o dono da empresa.

Quando explicou a Luiz, este coçou a cabeça. Desde suas fugas para a biblioteca, o estudo era o que havia de mais importante para ele. Não tinha como impedir um rapaz como aquele, vindo do campo, de estudar.

– Vamos começar bem cedo, de manhã? Você chega umas seis horas na Prati e fica até as três. O que acha?

Evidentemente, Claudinei aceitou na hora.

No departamento de sólidos, passou a ser operador e manutentor de máquinas. Era o ano de 2004. As máquinas que Claudinei encontrou – compressoras, revestidoras e outras – eram as que Arno tinha comprado em São Paulo. Mas, depois das diversas viagens para seleção de fornecedores de insumos farmacêuticos, os sócios descobriram que os indianos, que são artesãos por excelência, também fabricavam um bom maquinário.

De início, o próprio Arno foi escalado para ser o companheiro de mais uma viagem de Carmen ao país asiático.

Ele não falava nada de inglês, mas Carmen já havia aprendido – adquirindo no processo um sotaque indiano, que sempre divertia a filha, Sara.

Com o crescimento da Prati e das importações, a quantidade de máquinas começou a aumentar na fábrica. Foi o que fez Claudinei exclamar um dia, após uma entrega chegar do exterior: "Olha quanta máquina!". Parte disso se devia ao crescimento da empresa, a outra parte ao fato de Luiz tentar conviver com a dualidade em seu espírito: conciliar o desejo de investir para chegar ao futuro com a necessidade – para ele urgente – de economizar e manter-se longe da miséria.

Na prática, isso significava seguir observando de maneira obsessiva cada gasto e cada melhoria nos processos, ao mesmo tempo que apostava conseguir transformar a Prati em uma indústria média até o final da década.

Os funcionários testemunhavam o resultado da ambição de Luiz com a chegada de compressoras modernas, de encapsuladoras inovadoras e de equipamentos sofisticados, como o leito fluidizado e outras máquinas, muitas delas aportando pela primeira vez no Sul do Brasil.

No financeiro, media-se o crescimento da Prati pelo faturamento. Na área de pesquisa, pelo número de produtos que a empresa adicionava ao portfólio. E, o mais comum, pelo número de funcionários, que, como sabemos, muitas vezes dobrava de um ano para o outro. Mas Claudinei enxergava uma métrica bem diferente: a quantidade e a velocidade com que novas máquinas chegavam à empresa. Mês sim e outro também, um novo e caríssimo equipamento – custando dezenas de milhares ou até centenas de milhares de reais – chegava a Toledo.

Um mês era uma revestidora automática, que os funcionários achavam que lembrava uma tangerina – e assim a apelidaram. Vieram vários modelos, como a inglesa Manish e a indiana Neocota. Foram tantas que a equipe da Prati até desenvolveu uma revestidora do zero, "made in Prati", com cada engenheiro e mecânico contribuindo com uma ideia. E a torrente de máquinas continuou: compressoras, encapsuladoras, misturadores, calibradores rotativos, uma lista que não acabava mais. Muitas vinham da Índia, porque, embora fossem desenvolvidas em outros países – por exemplo, na Alemanha –, os indianos eram os líderes na manufatura.

A cada máquina que chegava, o entusiasmo de Claudinei aumentava. A ponto de, às vezes, esquecer-se de ir para casa. Em parte, porque se tratava de um ambiente totalmente fechado, onde não entrava sol, em razão da completa ausência de aberturas ou janelas, o que fazia com que ele perdesse completamente a noção do tempo.

Enquanto isso, Luiz não estava menos entusiasmado. Seu ímpeto de investir parecia nunca diminuir, movido por uma ambição: Luiz acreditava que, ao menos em alguns aspectos, poderia ultrapassar mesmo as grandes concorrentes. Por exemplo, dizia frases como "quero passar dos cinco cromatógrafos". Ele tinha ouvido falar que algumas multinacionais chegavam a ter cinco equipamentos como os que ele tinha conhecido na França, e achava que não só podia alcançar esse número como ir além dele. Como a Prati ainda era uma empresa relativamente pequena, do interior do Paraná, muita gente duvidava que aquela meta fosse factível. Com exceção de Carmen, que acreditava e apoiava o marido.

Uma das dificuldades é que não bastava ter dinheiro para comprar as máquinas. Quando elas chegavam, havia o desafio adicional de treinar os funcionários. No caso de Claudinei, ele corria para observar e aprender a usar cada uma que chegava. Como a de "leito fluidizado", um equipamento que imediatamente o encantou. Era uma caixa por onde passava um fluxo de ar que fazia com que as partículas flutuassem. Lembrava um espetáculo de magia.

O leito tinha várias utilidades, em diversas áreas. Em uma farmacêutica como a Prati, era usado no processo de revestimento de comprimidos. O ar fazia com que o líquido usado para o revestimento se distribuísse de maneira uniforme nos comprimidos. Outro uso era com grânulos, em que partículas do líquido aglutinante recobriam-nos igualmente. A visão daquelas substâncias se movendo no ar fascinou Claudinei, que ficou intrigado para saber como a mágica daquela ciência funcionava. E, mais do que operar, ele queria aprender para poder ensinar os outros. Se fosse capaz de ensinar, pensava, saberia cada vez mais.

O entusiasmo foi tanto que, um dia, entrou às 7h30 e, quando o relógio bateu 17h30, hora em que deveria encerrar o expediente, ele, absorto, ficou trabalhando.

No dia seguinte, no fim da tarde, alguém se aproximou e achou que ele parecia cansado.

– Que horas você entrou?

Ele respondeu.

– Mas de que dia?

Ele tinha mesmo se esquecido de ir para casa. Quando enfim saiu, tinha completado 48 horas sem ver a luz do sol. "Tá tão interessante esse negócio aí", dizia para as pessoas, como que se desculpando por perder a noção do tempo.

Certa vez, uma peça de uma máquina estragou. "A gente força demais as máquinas na hora de comprimir", concluiu. A ideia não lhe saiu da cabeça durante alguns dias, até que teve o *insight*: "Seria interessante medir o efeito disso". Carmen o autorizou a levar a peça para a faculdade, pois na Prati não havia o equipamento de medição necessário. Foi assim que Claudinei começou a fazer todos os trabalhos relacionados à realidade que ele vivia. Por necessidade, fez sua própria integração entre a faculdade e a empresa.

Os funcionários também se acostumaram com Carmen circulando o tempo todo na empresa, sempre acompanhando e os incentivando a estudar.

Até que Claudinei criou coragem e lhe falou sobre treinamento. Ao que ela respondeu: "Você fica aqui, aprende bem e um dia você vai ensinar".

"Um dia", pensou Claudinei, fascinado com a possibilidade de ele ser professor ser levada a sério por outra pessoa. E justamente pela dona da empresa. De qualquer forma, a resposta de Carmen tinha um sentido prático. A época de os sócios ensinarem tinha que ficar para trás, a Prati precisava formar seus futuros professores e devia fazer isso em um ritmo que acompanhasse a complexidade, a velocidade e a quantidade das máquinas que chegavam.

Ao mesmo tempo, não era tarefa fácil contratar professores que ensinassem sobre a operação e o funcionamento das máquinas industriais. Em geral, era necessário pagar caro para que um profissional se deslocasse de São Paulo ou mesmo do exterior para passar alguns dias em Toledo treinando os funcionários. Ao fim do período eles iam embora, deixando para trás muitas dúvidas não esclarecidas. Às vezes por falta de tempo, às vezes porque o próprio profissional enviado simplesmente não sabia responder à questão. Essa necessidade nunca atendida seria um dos motores das iniciativas educacionais da Prati nos anos seguintes.

Para tentar se preparar, Claudinei começou a ler a *Farmacopeia* no tempo livre, sem nenhuma solicitação da faculdade nem da Prati. Era um esforço grande, pois o rapaz não gostava de ler, não tinha desenvolvido sua concentração desde pequeno, como Luiz. Mas aquele material específico ele queria ler, pois ali parecia estar a chave para decifrar o mundo da ciência. O segundo passo foi enfrentar os manuais das máquinas, que ofereciam a dificuldade adicional de estar em inglês, que ele não dominava. Foi uma surpresa. Mesmo com a constante necessidade de consultar o dicionário, Claudinei descobriu que a leitura daquelas especificações técnicas o fascinava; ali estava definitivamente a chave para desvendar os segredos das "máquinas científicas". Não parou mais – a ponto de Carmen dizer que ele podia até levar os livros com ele. Claudinei agarrou os calhamaços e correu com eles para casa. No dia seguinte, voltou com o problema resolvido.

Um dia, chegou uma encapsuladora nova.

– E o indiano para montar?

– Não veio.

O equipamento tinha o tamanho de uma mesa. Embora o indiano não tivesse vindo junto, o fabricante enviou um manual extremamente detalhado. Depois de alguns dias estudando o calhamaço, Claudinei resolveu que também precisaria levá-lo para casa, e, a partir daí, aonde ele ia, o manual ia junto. Depois de um mês, a encapsuladora estava montada e funcionando.

A prática se perpetuou, pois ele sentiu que aquele era o caminho. "Um dia", pensava, a cada livro e manual que lia, achando que seu sonho estava chegando mais perto. Ele já ensinava informalmente os colegas de fábrica, mas ainda não era professor.

Afinal, o dia chegou. Em 2006, dezoito pessoas se reuniram para ouvir Claudinei, o rapaz que tinha sido rejeitado porque diziam que não tinha capacidade nem para trabalhos simples. Ele começara dobrando bulas na Prati e agora, aos 24 anos, era professor. Mesmo sem ter concluído a faculdade. Já devia ter se formado, mas pegou algumas dependências por falta ou porque, quando conseguia ir para a faculdade, dormia na aula. Ele gostava da faculdade, mas toda a sua energia e dedicação iam para a Prati.

De início, as aulas aconteciam ali mesmo na produção, o que facilitava na hora de mostrar o funcionamento das máquinas. Alguns meses depois, conseguiram uma salinha, no mesmo prédio onde Claudinei trabalhava, perto de onde antes Luiz e Carmen tinham seu puxadinho. A família já não estava mais ali, mas essa é uma outra história.

Enquanto realizava seu sonho e ensinava os alunos, os olhos do jovem professor brilhavam, e ele se estendia em histórias saborosas, como quando um relojoeiro do século XIX tinha inventado por acaso a compressão de substâncias enquanto procurava uma forma de comprimir pólvora. Não satisfeito em ensinar ciência, ele às vezes se aventurava pela história.

Da pequena sala, as aulas se estenderam para um prédio, que seria o embrião do projeto educacional que um dia se tornaria o maior de todos os sonhos de Luiz. Ciente de que era preciso expandir, ele conseguiu o prédio e para lá levou as máquinas mais antigas, as compradas em São Paulo e as primeiras compradas na Índia, que a essa altura já haviam sido aposentadas e guardadas em um galpão. Depois de serem reformadas, recondicionadas e reinstaladas, elas ajudaram a criar uma espécie de míni-Prati, simulando desde os processos produtivos até o controle de qualidade.

Àquela altura, fazia um pouco mais de cinco anos que Claudinei trabalhava na Prati, e parecia que as aulas tinham invadido todos os espaços. Havia aula na produção, na salinha, no prédio novo.

Mais do que um prédio reformado, uma transformação profunda estava ocorrendo na Prati. Luiz percebeu que a melhor ação possível que poderia fazer pela empresa e pelos seus funcionários seria investir em educação. Ou seja, ampliar o que eles estavam fazendo desde que os sócios haviam começado a ensinar os funcionários, desde que Carmen reuniu o primeiro grupo e começou a explicar como uma máquina funcionava. Eles precisavam expandir o que tinham feito com Claudinei e transformar essas ações em um esforço estruturado, organizado, que teria que ir muito além de um prédio. Foi assim que eles criaram a Universidade Corporativa Prati-Donaduzzi, a Uniprati.

Muito mais do que o edifício, o movimento determinante na criação dessa estrutura de ensino foi colocar ali os melhores profissionais que trabalhavam na empresa para ensinar. Claudinei e outros excelentes manutentores de máquinas, alguns dos melhores farmacêuticos do chão de fábrica e diversos funcionários selecionados e convidados de áreas como Controle de Qualidade e Pesquisa e Desenvolvimento. Na Uniprati, ensinavam fluxo, processo produtivo, transição de escala, qualidade e outras atividades industriais.

É nesse ponto que entra na história o paranaense Diones Wolfart, natural de Medianeira, município vizinho da terra onde o casal Donaduzzi cresceu. Na época, a fábrica não era mais a empresa média impulsionada pelas ambições de investimento de Luiz. A Prati-Donaduzzi já figurava entre aquelas de grande porte, que faturam mais de 500 milhões de reais por ano, com 2.500 funcionários, sendo que mais de 70% deles tinham sido formados internamente ou na Uniprati – principalmente os mais especializados. Uma parte ainda era contratada dos grandes centros, onde havia outros laboratórios e mais oferta de mão de obra qualificada.

Diones vinha da área de processos, tendo sido convocado para comandar a gestão de pessoas da Prati. Foi de lá que ele começou a organizar e expandir a Uniprati. Padronizou o que já era feito por Carmen, Luiz, Claudinei e tantos outros funcionários: transformou imperfeições em oportunidades para educar. Ou seja, dali em diante, quando uma não conformidade ocorria, um treinamento padronizado era acionado automaticamente para corrigir o problema.

A necessidade da empresa se tornou a premissa fundamental, a partir da qual se estruturou todo o esforço educacional da Prati. Sobre essa base, foram adicionadas outras disciplinas comuns, como cursos de Excel básico a avançado, inglês e qualificação para funcionários que não tinham feito o ensino médio, para que pudessem ingressar nessa etapa. Também havia cursos básicos a partir dos procedimentos exigidos pela Anvisa, desde preparação de amostra até o que a pessoa deveria fazer para poder entrar na fábrica.

O risco era tentar reinventar a roda, quer dizer, perder tempo e energia com problemas que profissionais da área já tinham resolvido havia tempo. Para evitar isso, Diones optou por fazer uma parceria com o Senai. Foi assim que surgiu um curso inédito no Brasil, para formar operadores de máquinas para a indústria farmacêutica. O objetivo era preparar os alunos para o manuseio de equipamentos de análise de laboratório. Com uma iniciativa, resolviam de uma só vez duas necessidades da Prati: participar do programa Jovem Aprendiz e direcionar os profissionais especificamente para o negócio da indústria farmacêutica. O aluno podia chegar sem nenhum conhecimento, tendo sido frentista, balconista ou empacotador de supermercado, e ali aprender a operar aquelas máquinas caríssimas e complexas.

Pouco tempo depois do curso ser lançado, Claudinei teve um problema sério de saúde, e o médico avisou: "ou você para ou você morre". Fascinado pelas "máquinas científicas", ele continuava seguindo um ritmo forte demais e muito pouco saudável. Carmen percebeu que algo ia mal e o chamou para conversar. Ele admitiu que estava pensando em se demitir. Acabou saindo da Prati, sim, para se transferir em tempo integral para a estrutura educacional montada pela empresa, que na época estava sendo ampliada. E ele foi uma aquisição importante, pois até hoje há no Brasil poucos professores especializados em equipamentos farmacêuticos como Claudinei.

Nem ele, nem Diones, nem mesmo Luiz sabiam, mas naquele momento já estavam lançadas as bases para o futuro projeto de educação, que teria um enorme impacto na indústria do Paraná e do Brasil.

Capítulo 22

Post-it amarelo

— O que você faria aqui?
A pergunta fazia parte de uma entrevista de emprego incomum. O questionamento vinha de Luiz, direcionado ao médico Raul Dias. Em vez de estarem sentados em uma sala, entrevistado e entrevistador caminhavam pelas dependências da fábrica da Prati-Donaduzzi.

O médico olhou em volta, tentando usar sua experiência para dar uma boa resposta ao empresário. Era o ano de 2006 e fazia oito anos desde que ele tinha se formado na Universidade Federal do Paraná, quando decidiu se especializar em medicina do trabalho. Estava trabalhando no Serviço Social da Indústria, o Sesi, quando Luiz o chamou.

A cena que ambos presenciavam era de uma empresa que passava por um crescimento prodigioso, especialmente graças aos genéricos. Uma das consequências era que a estrutura disponível deixara de ser adequada. O que tinha acolhido 380 funcionários em 2002 ou os mais de mil funcionários em 2004 não era suficiente para os mais de 2 mil que circulavam na empresa naquele momento.

– Falta um bebedouro aqui – apontou Raul.

O "aqui" a que Raul se referia era um prédio novo, mais uma evidência do crescimento da Prati. O que ele apontava era o mesmo problema que Claudinei sofrera anos antes, quando tomou "água purificada". A empresa continuava crescendo mais rápido do que a oferta de bebedouros. Era um problema aparentemente banal, mas que continuaria ocorrendo se não houvesse alguém encarregado especificamente de olhar para essas necessidades.

– O ideal é que fique mais perto do trabalhador, às vezes ele nem tem tempo para ir tomar água.

E completou:

– É importante se hidratar, é importante para a saúde.

A entrevista terminou pouco depois. No dia seguinte, Luiz mandou chamar o médico. Estava contratado. Na mesma semana, um novo bebedouro foi colocado no prédio onde tinham feito a entrevista.

Raul era catarinense por nascimento, criado pelos tios após ter perdido os pais, na adolescência. Saiu de casa para fazer faculdade na Federal do Paraná e acabou indo morar em Toledo para trabalhar no Sesi, que na época prestava serviços para a Prati. Como de hábito, Luiz queria implantar o serviço e chamou Raul para conversar.

O que o médico encontrou foi uma empresa familiar – com todas as suas vantagens e desvantagens. Os especialistas afirmam que empresas lideradas por famílias são vulneráveis a conflitos internos, misturam interesses pessoais nas decisões, utilizam práticas de gestão menos eficazes e enfrentam dificuldades na hora de passar o bastão de um CEO para outro. Em contraponto, ponderam esses mesmos especialistas, tais empresas costumam ter uma cultura organizacional e um senso de comprometimento mais fortes do que a média. Também são mais ágeis, capazes de se adaptar – ou até mesmo levar vantagens – em crises. Por fim, são mais propensas a focar o longo prazo, justamente em decorrência desse comprometimento.

Evidentemente, essas afirmações são genéricas e nenhuma empresa é igual à outra. Mesmo assim, qualquer um que acompanhasse a Prati naqueles anos constataria que os clichês sobre empresas familiares estavam ao menos parcialmente corretos, para o bem e para o mal. Em breve, Luiz e os outros sócios seriam forçados a enfrentar diversas daquelas limitações.

Para Raul, o que ficou da primeira impressão era um empresário que entendia rapidamente a orientação dada. O caso do bebedouro seria somente o primeiro indício disso. Vários outros viriam, invariavelmente com consequências importantes para os funcionários.

Pouco tempo depois de ser contratado, alertaram Raul de que um acidente havia acontecido. Um jovem que trabalhava no departamento de

TI subiu no telhado durante o intervalo do trabalho e caiu. Chamaram a ambulância e ele foi levado para o hospital. Raul foi avisado para ir até lá e, quando chegou, encontrou o rapaz no corredor, em um pronto-socorro lotado. Como o estado dele era preocupante, tinham conseguido que fosse atendido por um ortopedista, que constatou que tinha fraturas no punho, na costela e em ossos da face, entre outros lugares.

Sendo um caso de "osso quebrado", a conclusão costumava ser que não devia ser nada grave. Em tese, ele devia ser internado para ficar em observação, mas isso ainda não tinha ocorrido porque simplesmente não havia vaga disponível. Como também não podia ir para casa, ele ficou no corredor, em um limbo entre a falta de vaga e a impossibilidade de receber alta. Raul olhou o rapaz, que parecia estar em estado de choque. "Isso é bem mais grave do que eles acham", pensou.

Ficou no caminho de uma enfermeira e disse:

– Esse rapaz tem que ser atendido agora – implorou. – Tem que ir pro centro cirúrgico imediatamente.

Ao examinarem o rapaz com mais atenção, constataram que o baço tinha se rompido na queda. Sem a intervenção de Raul, a espera por uma vaga o teria matado. Quando ficou sabendo, Luiz não teve dúvida: "Daqui para a frente você é o gerente de saúde ocupacional", disse ao médico, confirmando o clichê sobre decisões rápidas em empresas familiares.

No fim, o rapaz foi atendido por uma equipe cirúrgica em Curitiba e lá ficou internado. Durante dez dias, Raul acompanhou o caso de perto, pois Luiz pediu que o visitasse todos os dias. A ideia de que o rapaz poderia ter morrido o apavorava. Seria um dos muitos indícios da relação que Luiz tinha com seus funcionários, uma característica que teria efeitos fundamentais para a história da Prati e o legado da família Donaduzzi.

Aos poucos, Raul foi aprendendo como a empresa funcionava. E como o próprio Luiz pensava. Quando o fundador comprava uma ideia, a reação era muito rápida. Se vinha de um especialista, não discutia, a não ser que tivesse estudado muito o assunto e tivesse condições técnicas de fazê-lo. Se era o correto para o funcionário, Luiz ouvia o que o médico tinha a dizer. Anotava a recomendação em um Post-it amarelo, que guardava consigo até que a questão fosse resolvida.

Era a reação perfeita para o jovem médico, que antes de entrar na Prati muitas vezes imaginou estar na área errada. Afinal, Raul tinha horror a burocracia, a decisões lentas, a ações necessárias que não são nunca tomadas. E saúde ocupacional era "90% burocracia", como o próprio médico definia. Talvez ele tivesse encontrado o lugar ideal, com um empresário que tomava decisões rápidas.

Infelizmente, raramente as situações são tão simples como se deseja. O próprio crescimento da empresa criou um problema. A arrancada, que Luiz vislumbrava como oportunidade, exigia contratar muita gente. Que se somava a um problema antigo, que Dinara já havia enfrentado antes mesmo da explosão dos genéricos: a dificuldade em contratar na região, ainda mais agora, quando era necessário acompanhar a demanda. A esses fatores se adicionava a necessidade de, simultaneamente, expandir a capacidade de acolher uma equipe maior. Era preciso garantir o bem-estar dos funcionários, com infraestrutura adequada, um aspecto que agora Raul vinha reforçar. E instalações como mais um bebedouro seria um dos menores problemas que Luiz teria que enfrentar.

Muitos empresários passam por esse problema sem se preocupar muito. No limite, oferecem a infraestrutura que a lei exige. Mas não dar boas condições de trabalho era algo que incomodava profundamente Luiz.

Mais uma vez, ocorreria uma situação em que uma força irresistível encontrava uma barreira intransponível: a decisão de Luiz de fazer um desembolso considerado indispensável contra os recursos financeiros limitados da Prati – questão que o próprio fundador considerava essencial, em sua obsessão por reduzir custos e fugir da pobreza. Nesse caso, em uma área que é um dos maiores dilemas na gestão financeira, tanto no setor público como no privado: o atendimento de saúde. No mundo inteiro, as contas explodiram nessa área, e por diversos fatores: do envelhecimento da população ao custo crescente das novas tecnologias, do aumento do preço dos serviços médicos à multiplicação em número e variedade das doenças crônicas, a começar por diabetes e hipertensão.

Luiz se preocupava, pois o atendimento do SUS tinha falhas, e o caso do rapaz que caiu do telhado e quase morreu com o atendimento no pronto-socorro era só um exemplo disso. Um exame, por exemplo, pode demorar vários meses para ser feito. Foi assim que ele e Raul começaram a montar o que chamaram de "planinho". Para isso, os sócios criaram uma associação para os funcionários, a Sociedade Esportiva e Recreativa Prati-Donaduzzi (conhecida como Serprati). Por meio dela, contrataram médicos para atender os funcionários. O problema, mais uma vez, era fazer isso em uma empresa que dobrava de tamanho a cada ano.

Todo empresário conhece bem o dilema que decorre de um crescimento acelerado. Por mais que muitos chamem de "bom problema" – bem pior do que quando a empresa diminui em vez de crescer –, o fato é que o gestor precisa bancar os custos, que sempre crescem antes da receita. Não é trivial fazer isso com o básico, salários e infraestrutura. Bem mais complicado é quando se quer incluir coisas como plano de saúde, que muitos concorrentes com tamanho similar desprezam.

Na época, uma consulta médica custava R$ 80,00, um valor que multiplicado por vários funcionários todos os meses podia afetar a competitividade da Prati. Para tentar minimizar o problema, Luiz destinou a receita obtida com a venda dos recicláveis da empresa – pouca, mas significativa, por se tratar de uma indústria farmacêutica – para custear a saúde dos funcionários.

Eles também contribuíram, mas Luiz insistiu que essa divisão fosse proporcional à capacidade de cada um. Era a forma de garantir que ninguém ficaria sem atendimento por falta de dinheiro. No chão de fábrica, quem ganhava até um certo valor só contribuía com 10%. O restante era pago pela empresa e com o dinheiro dos recicláveis.

Com essas condições, evidentemente, a conta não fechava. Em vez de deixar alguém sem consulta ou exame, Luiz completava todos os meses o que faltava. Não sem questionamento, pois a obsessão por cortar custos não o abandonava. O que fazia com que ele constantemente perguntasse a Raul se não seria melhor montar logo um plano de saúde completo. Era mais uma vez a saída clássica de Luiz: se não era possível contratar o serviço, então a solução era oferecê-lo internamente.

Outra razão para investir em um plano próprio era que o "planinho" só estava dando conta das necessidades mais simples, livrando os funcionários de pegar fila de exames e consultas corriqueiras. Entretanto, quando um funcionário precisava de cirurgia ou internação, tinha que ser encaminhado para o SUS. E, em alguns casos, o serviço público não atendia. Quando atendia, todo o acompanhamento médico tinha que ser feito do princípio, porque o "planinho" era somente um auxílio social. Apenas um plano de verdade daria ao funcionário toda a cobertura médica necessária.

Raul sempre ponderava que seria difícil criar um plano próprio, por várias razões. Por exemplo, um plano convencional precisa seguir regras da Agência Nacional de Saúde Suplementar (ANS), que tinha sido criada poucos anos antes, em 1998. Outra questão seria o preço.

– Quanto você quer gastar? – perguntou o médico.

Luiz deu um número.

Raul sabia que não era suficiente.

– Posso conversar com uma operadora de saúde?

– Por quê?

– Eu tenho algumas ideias. Talvez dê certo.

Mesmo sabendo que qualquer empresa do setor cobraria mais do que a Prati tinha disponível, o médico tinha uma ideia que classificou de "esdrúxula". Ligou para uma operadora de saúde e confirmou que o preço realmente estava acima do valor que Luiz tinha mencionado. Foi então que Raul fez a pergunta-chave.

– Qual é o maior gasto de vocês?

Do outro lado da linha, o homem respondeu que o maior gasto do plano estava em consultas e exames – justamente o que a Prati já cobria com o "planinho".

– E se a gente excluísse isso? Vocês poderiam montar para a gente um plano hospitalar?

Na época, a empresa do plano de saúde não oferecia nada similar. Nem Raul tinha ouvido falar de nada parecido disponível no mercado. Mas a operadora aceitou e, dali por diante, os funcionários passaram a ter cobertura de cirurgia, emergências, internação e até UTI.

Não era perfeito, mas era raro uma empresa do porte da Prati oferecer uma cobertura como aquela aos funcionários. Em breve, eles teriam que mudar novamente de modelo. Mas aí a empresa já teria dado mais um salto no tamanho, e uma nova fase estava chegando para a Prati. Uma etapa totalmente inédita para todos, quando a empresa poderia ter que finalmente abrir mão da liderança de Luiz.

Capítulo 23
Prioridades

Desde o primeiro contato, o entusiasmo do pesquisador ficou evidente, da excitação na voz aos olhos levemente arregalados. Estava certo de que a Prati-Donaduzzi aceitaria de imediato o que ele estava oferecendo, tinha ouvido coisas boas no mercado a respeito dos dois doutores que tinham fundado a empresa. Resumo do que ele considerava um trunfo: com apenas 20 mil reais, ele havia desenvolvido um anti-inflamatório, bem parecido com o diclofenaco.

Luiz não hesitou, foi firme na negativa.

– Professor, o gasto com pesquisa foi baixo – concordou o empresário. – Mas eu ainda teria que gastar uns 100 milhões no projeto.

O homem ensaiou um argumento, mas Luiz continuou.

– E, mesmo com esse gasto, o projeto ainda teria 95% de chance de dar errado.

As estimativas tinham relação com os longos e custosos procedimentos necessários para testar, desenvolver e aprovar legalmente o produto até a comercialização. O pesquisador já parecia meio resignado, quase convencido, mas Luiz ainda arrematou:

– A Prati ainda teria que vender o produto por menos de um centavo, que é o preço de venda do diclofenaco para o governo.

Com o homem totalmente vencido, Luiz explicou, com calma, que a conta na indústria era diferente da que os pesquisadores faziam nas universidades. O investimento de 100 milhões teria que retornar, no máximo, em três anos. Caso contrário, a operação não se sustentaria, inviabilizando todo o negócio. Ele mesmo – desde quando era criança, na biblioteca, ao doutorado na França –, que tinha sonhado em ser pesquisador, acabou forçado a aprender a realidade dos custos da ciência.

O pragmatismo não aniquilou a ambição de Luiz. Ele tinha chegado longe, queria mais. O "longe" que havia alcançado era uma indústria de faturamento de 500 milhões de reais, que em 2012 tinha produzido o número astronômico de dez bilhões de pílulas por ano. Para manter o ritmo, decidira investir 100 milhões de reais em uma nova unidade industrial, que prometia inaugurar no segundo semestre de 2014 e que deveria aumentar a produção em vários bilhões de pílulas ao ano.

No entanto, esse belo quadro escondia diversas limitações. Primeiro, ainda estava longe das líderes do setor no Brasil, que já faturavam vários bilhões por ano, com capacidade muito superior de investimento e pesquisa. Segundo, os genéricos que tinham impulsionado a Prati só a levariam até um certo ponto. A marca era praticamente desconhecida dos consumidores finais e mesmo das grandes redes de farmácias. Vendia bem medicamentos de preço baixo, principalmente por meio das conhecidas licitações governamentais que ele e Carmen tinham começado a explorar ainda em Pernambuco. Entre os grandes sucessos de vendas estavam os genéricos omeprazol e paracetamol.

Para sair dessa armadilha confortável, Luiz tinha definido a resposta: "Vamos investir em remédios de maior valor agregado", dizia. Era por isso que ele estava conversando com pesquisadores, como aquele que tinha desenvolvido um similar do diclofenaco. E a lógica dos custos que ele havia apresentado não era a única dificuldade que a Prati enfrentava para investir em inovação. Entre os vários problemas, estava o fato de o Brasil ter sido castigado durante anos com a inflação alta, um cenário em que é virtualmente impossível fazer o planejamento que a pesquisa exige, com dez, vinte ou até trinta anos de antecedência. Por essa e por outras razões, a cultura de investir em ciência e inovação não se consolidou por completo no Brasil.

Ao longo dos anos, esse cenário desestimulou a esmagadora maioria dos empreendedores brasileiros. Carmen e Luiz eram diferentes. Suas prioridades na vida eram diferentes. Não só como empresários, mas como pessoas. Não sonhavam com propriedades, carros, viagens, não tinham desejos consumistas. É fato que não moravam mais no puxadinho, onde ficaram quase quatro anos. Quando finalmente saíram de dentro da fábrica, não compraram uma casa grande e confortável, como qualquer empresário faria. Alugaram uma casa popular, não muito longe da Prati. Levaria alguns anos até que finalmente comprassem um terreno e construíssem uma casa confortável – e desse lugar nunca mais saíram.

Em vez de pensar em aumentar o patrimônio pessoal, preferiam investir na Prati. Prioridades. Faziam isso seguindo seus valores, aquilo que consideravam importante na vida. Então, se ganhavam dinheiro, era para gerar algo de valor. Como quando Luiz foi para Rondônia porque queria ganhar dinheiro para voltar e montar um laboratório de biotecnologia. Naquele tempo, ainda não tinha chegado lá, mas sabia que um dia conseguiria.

Investir em pesquisa não era para ele uma simples decisão empresarial. Era um ato de amor à ciência, um movimento de um homem idealista, que acredita firmemente que a inovação pode produzir um mundo melhor. Um impulso que tinha ligação com a essência do que era. Desde que entrara na biblioteca, ainda criança, nunca mais parou de amar os livros, e raras coisas na vida o faziam mais feliz do que comprar, ler e falar sobre o que estava lendo. Prioridades.

Era apaixonado por ciência e só não seguira na carreira de pesquisador porque seu perfil não era adequado ao ritmo do serrote, como ele dizia, o tempo da pesquisa, que podia levar anos indo para a frente e para trás, às vezes sem nunca produzir resultados concretos. Sua mente rodava em uma velocidade alta demais para acompanhar o serrote. Como empreendedor, tinha unido o melhor dos dois mundos; podia pensar, idealizar, semear e depois deixar gente competente cuidando do projeto, enquanto já chegava a hora de colher o resultado de outros, que tinha plantado anos antes.

De seu lado, Carmen seguia apaixonada pelas máquinas e pelas pesquisas em laboratório, fosse na França, dando aula para alunos ou funcionários, fosse acompanhando as pesquisas na Prati, onde nunca deixou de participar semanalmente das discussões sobre novos projetos e produtos. Ambos enxergavam o dinheiro como uma forma de ampliar o conhecimento no mundo. Prioridades.

Esse amor à ciência e o intenso desejo por inovar muitas vezes levaram Luiz a um aprendizado duro e caro. Foram anos até que pudesse finalmente chegar ao nível de conhecimento demonstrado pela história do similar de diclofenaco, quando rejeitou a pesquisa, pois sabia os custos que teria pela frente. Antes disso, seu idealismo científico teve que ser temperado pela realidade. Anos depois, o filho, Victor, ainda guardaria como ensinamentos episódios que demonstrariam bem esse aprendizado. É ele que recorda a ocasião em que o pai decidiu investir em um projeto envolvendo microproteínas, proteína em pó compactada em partículas minúsculas. A ideia era nobre e perspicaz: pacientes entubados necessitam de proteínas, e Luiz imaginou que esse pó compactado poderia ser o meio ideal, com diversas vantagens: transporte facilitado, possibilidade de ser dissolvido em água, maior absorção pelo corpo e outros benefícios. Convencido, começou a investir na ideia. Gastou, gastou, gastou, esquecendo-se de combinar com os potenciais compradores. Ou seja, não verificou se havia uma demanda pelo produto. Quando finalmente se deram conta de que não haveria interesse, o projeto foi abandonado.

Casos como esse serviram como lição, forçando Luiz a conciliar o avanço da ciência com o mercado e as necessidades dos pacientes com os custos da empresa. Com o tempo, Luiz se tornou mais cauteloso, inclusive porque não era somente o seu dinheiro que era investido, mas também o dos sócios.

O impulso de pesquisa e inovação também se manifestava em Carmen. Parte da inovação da Prati veio do amor dela pelas máquinas, que a seguiu mundo afora. Depois da Índia, o segundo país estrangeiro visitado quando auditavam fornecedores foi a China. Acompanhada por algum funcionário, ela marcava encontros com empresários em um hotel, apresentava-lhes a Prati e os fornecedores, por sua vez, apresentavam materiais e informações do que vendiam.

Em uma das idas a Pequim, participando de uma feira do setor farmacêutico que aconteceu em 2013, Carmen virou-se para o gerente de pesquisa que tinha ido com ela e disse: "Esse troço aqui não tá com nada". Haviam reservado a semana toda para o evento, mas tinham visto tudo e ainda faltavam três dias. Ela estava decepcionada, não tinha encontrado muitas novidades, processos novos para aprender ou temas em que estivesse interessada. Mas não iam perder a viagem. Abandonaram a feira e foram para o quarto do hotel, onde o gerente de pesquisa, o gaúcho Liberato Brum Junior, abriu o computador e começou a pesquisar na internet.

Na época, Carmen estava especialmente fascinada com as chamadas cápsulas moles, para pequenas dosagens de líquidos ou semissólidos, e foi exatamente o que Liberato começou a procurar. Tinha visto uma máquina que produzia aquelas cápsulas em uma feira no Brasil e ambos estavam convictos de que poderiam achar um fornecedor ali na China. Enquanto o gerente teclava, era possível ver da janela o famoso Estádio Nacional de Pequim, também chamado de "Ninho de Pássaro", por causa das características estruturas expostas de ferro e aço que se entrelaçam, semelhantes às de um ninho. Cinco anos antes, aquele local tinha sido a principal praça esportiva dos Jogos Olímpicos de Pequim.

"Achei duas empresas!", exclamou Liberato. No dia seguinte, ligaram para a primeira empresa e marcaram uma visita. Equipamento conferido, pediram para falar com clientes dessa empresa. Conseguiram, mas eles ficavam em Xangai, a mais de 1.200 quilômetros de onde estavam. Carmen não se intimidou; pegaram um avião e foram até lá. Depois, pegaram um trem – que atravessava velozmente a neve, uma bela imagem que ficou gravada na mente de ambos – e foram ver outro fornecedor, na cidade de Hangzhou. No total, conseguiram encontrar quatro fabricantes da máquina que fazia cápsulas moles.

Carmen adorava essa agitação, essa busca, a descoberta do novo. E observar o funcionamento de novas máquinas era sempre um deleite. Naquele caso, ficou fascinada ao ver como o aparelho formava dois filmes de gelatina, para receber no meio o medicamento, como se fosse um recheio.

À noite, não se conteve e ligou para Luiz.

– Eu tô louca pra comprar a máquina de cápsulas moles. Custa 50 mil dólares.

Victor estava perto, junto de Luiz, e entrou na conversa:

– Mãe, pelo amor de Deus, não se meta nesse negócio – disse, contando que fornecedores tinham explicado a ele como a produção de cápsulas moles era complexa. Victor não era um leigo. Além da vida inteira acompanhando o crescimento da Prati, tinha seguido o caminho da ciência, como os pais, e estava prestes a se formar em Química.

– Meu filho, eu vi o processo e não é tão difícil assim.

Durante algum tempo, mãe e filho insistiram em suas posições, até que Carmen pediu para falar com Luiz. O alerta do filho tinha mostrado que havia um risco considerável e que os sócios poderiam ter objeções parecidas. Quando o marido atendeu o telefone, ela já tinha preparado um discurso.

– Meu amor, vamos chamar os sócios com a seguinte proposta: se a gente não conseguir fazer as cápsulas moles, você e eu devolvemos para a empresa o dinheiro gasto com o equipamento.

Se não houvesse risco para os sócios, então não teriam como se opor. Foi assim que Carmen convenceu Luiz e os outros a comprarem a máquina que tanto queria. Os chineses enviaram o maquinário para Toledo, e o técnico veio junto para colocá-lo em funcionamento e ensinar a fazer as cápsulas. E os funcionários da Prati aprenderam e fizeram. Assim, a Prati ganhou mais uma linha de produtos que rapidamente pagou o investimento, e o casal Donaduzzi não precisou devolver o valor pago pela máquina. Depois de vários anos na produção, hoje ela é usada para fazer protótipos para testes.

Só que a história não terminou aí. Algum tempo depois da aquisição do equipamento, um funcionário da Prati foi a um encontro em Brasília, promovido pela Agência Brasileira de Promoção de Exportações e Investimentos (Apex). Encontrou um grupo de norte-americanos que procuravam parcerias com indústrias brasileiras. A conversa ia sem muito interesse, até que o funcionário mencionou que produziam cápsulas moles.

Da conversa saiu a primeira exportação da Prati para os Estados Unidos, que só foi possível graças ao maquinário importado da China: os nutracêuticos, um tipo de produto inteiramente novo na empresa. Dentro das cápsulas moles eram colocadas substâncias naturais usadas para suprir necessidades do organismo, como ômega-3, licopeno, vitaminas, óleo de fígado de bacalhau, extrato de abacate, entre vários outros. Em 2018, a Prati começou a produzir e exportar para os novos parceiros, que vinham do estado norte-americano do Texas, da cidade de San Antonio.

Aqueles produtos não eram produzidos no Brasil porque não havia autorização da Anvisa. Mas conseguiram-na por meio do homólogo norte-americano, a Food and Drug Administration (FDA), que visitou as instalações da Prati para certificar e autorizar a entrada dos produtos nos Estados Unidos. A insistência de Carmen – com a ajuda de Liberato – teve como consequência nove produtos produzidos especificamente para o mercado norte-americano, após obterem lá a certificação da National Sanitation Foundation (NSF).

Enquanto a história das cápsulas moles acontecia, a Prati passava por uma transformação mais ampla e profunda. E o gaúcho Liberato, que acompanhara Carmen em Pequim, fazia parte desse processo. Não era a primeira vez que ele trabalhava na Prati. Ficou durante dois anos na Biocinese, uma subsidiária de pesquisa que Luiz havia criado. Saiu, empreendeu com a esposa e fez doutorado enquanto trabalhava em outro laboratório, quando recebeu o convite para voltar e liderar a área de pesquisa e desenvolvimento. Encontrou uma empresa diferente, bem maior, e com os sócios imbuídos dessa disposição de aumentar a aposta em inovação.

O trabalho de Liberato já era complexo antes mesmo de as novas pesquisas começarem. Produzir genéricos exige uma estrutura grande, cara e extremamente sofisticada. Além disso, tinham que ficar atentos aos medicamentos com patente prestes a vencer e se adiantar na pesquisa, deixando tudo pronto para produzir e registrar quando chegasse a hora. E se ocupavam também em melhorar produtos já existentes. No caso do bromidrato de galantamina, utilizado no tratamento da doença de Alzheimer, por exemplo, o produto vendido no Brasil era importado e custava oito reais a cápsula. A Prati desenvolveu a plataforma no Brasil e conseguiu a redução do preço para três reais a cápsula. Luiz e Carmen tinham orgulho de exercer uma função econômica e social na indústria brasileira, com benefícios incontestáveis para os consumidores.

Esse aspecto ficaria evidente em um dos principais projetos de inovação que Liberato lideraria na empresa. Começou em 2015, ano seguinte ao da viagem referente às cápsulas moles, quando um caso surpreendente chamou a atenção de Luiz e Carmen: um grupo de mães de autistas tinha se unido para pressionar a Anvisa a liberar medicamentos à base de *Cannabis sativa*, a popular maconha.

Quando foram investigar a história, descobriram que não era um movimento isolado. Um ano antes, por exemplo, uma família do interior paulista havia obtido na justiça o direito de receber o medicamento para seu filho de sete anos. O menino sofria de uma doença que provocava entre trinta e quarenta convulsões por dia. A violência dos espasmos não só tornava a vida da criança um sofrimento sem fim, como também impedia seu desenvolvimento físico e mental. A família tentou todo tipo de medicamento, especialmente anticonvulsivos, que tinham pesados efeitos colaterais. "O fígado dele está se desmanchando", dizia a mãe, em desespero. Após ser medicado com o óleo à base de *Cannabis*, o número de convulsões caiu imediatamente de quarenta para quatro por dia. Depois de algum tempo, as convulsões simplesmente desapareceram. O menino, que não tinha conseguido sequer desenvolver normalmente a fala, passou a levar uma vida normal. Os Donaduzzis descobririam que esse nível de sucesso era comum em casos semelhantes.

O tema imediatamente interessou ao casal, e Luiz anotou em um Post-it amarelo para lembrar-se de mencionar o assunto na empresa. Sabia que se tratava de um projeto arriscado, a começar pela reação da sociedade, que poderia associar negativamente a Prati à planta. Na época, a simples menção de "marijuana" e "maconha" era suficiente para causar horror e rejeição na esmagadora maioria dos lares brasileiros. Nenhuma farma – termo pelo qual costumam chamar as empresas do ramo farmacêutico no mercado – no mundo tinha conseguido ultrapassar essa barreira e ter uma pesquisa aprovada pelos órgãos de vigilância. Luiz queria ser o primeiro. Em vez de preconceito, viu oportunidade na falta de uma pesquisa séria que ainda envolvia a *Cannabis*. Era o comportamento que se esperava de um cientista.

Pediu a Liberato que pesquisasse a literatura médica disponível, e o gerente descobriu que a farma mais adiantada era a britânica GW Pharmaceuticals, que no ano anterior tinha conseguido fechar um acordo com o estado norte--americano de Nova York para fazer testes em crianças que sofriam convulsões, como o menino do interior paulista. No entanto, mesmo os britânicos ainda estavam muito longe de conseguir a aprovação de um medicamento.

Pesquisando mais, o gaúcho topou com o nome do búlgaro Raphael Mechoulam, primeiro pesquisador a estudar a fundo as principais substâncias da *Cannabis*. Depois de sofrer perseguição durante vários anos por nazistas e comunistas, a família judaica de Mechoulam emigrou para Israel, em 1949. Foi lá que, décadas depois, ele revelou a estrutura química do canabidiol (CBD) e descobriu um de seus componentes mais famosos, o tetraidrocanabinol (THC).

De repente, Liberato descobriu que não precisaria viajar o mundo para encontrar os pesquisadores que precisava. Isso porque a liderança nas pesquisas da área não estava nos Estados Unidos, em Israel, na Alemanha, nem em qualquer outro país desenvolvido. Quem tinha mais publicações (7,7% dos trabalhos em nível mundial) era um grupo de estudos da

Faculdade de Medicina de Ribeirão Preto da Universidade de São Paulo, liderado por quatro médicos brasileiros: José Alexandre Crippa, Francisco Guimarães, Jaime Hallak e Antonio Zuardi. Este último havia escrito um artigo sobre canabidiol já em 1982. Qualquer estudioso do tema no mundo forçosamente se depararia com esses quatro nomes nos artigos científicos sobre a *Cannabis*.

Liberato entrou em contato com eles, sabendo que algumas barreiras teriam que ser superadas. Histórias como a do diclofenaco desenvolvido com 20 mil reais não eram exceções e mostravam como universidade e empresa falavam idiomas bem distintos – e essa falta de sintonia não se restringia à maneira como cada uma enxergava a questão dos custos. Havia uma desconfiança mútua, e a Universidade de São Paulo (USP) – incluindo o *campus* de Ribeirão Preto – não fugia a essa regra.

Quando Liberato os abordou, os pesquisadores foram diretos. Para a parceria ocorrer, a Prati teria que construir um prédio para a USP de Ribeirão Preto, que abrigaria o centro de estudos de canabinoides. A essa altura, os sócios na Prati já estavam convencidos de que o projeto era promissor, bem distantes do preconceito que ainda hoje domina o imaginário popular. Luiz aceitou e pagou três milhões e meio de reais para montar o laboratório de canabinoides e outros derivados da maconha – e quando saísse o produto ainda pagariam *royalties*.

Acordo fechado, o prédio na USP foi construído e doado para a faculdade, tornando-se um dos primeiros centros de canabinoides em nível mundial. Ainda conseguiram uma linha de crédito no BNDES entre 3 e 4 milhões de reais, que saiu para a universidade, e não para a empresa. E a Prati aceitou de muito bom grado: "Claro que queremos, ainda mais com a USP. Esse é o tipo de colaboração que avança", foi a avaliação de Carmen.

E ela seria muito necessária, pois, mesmo partindo do que os pesquisadores da USP tinham feito, havia um longo caminho a percorrer. Primeiro, precisavam adaptar o que já tinha sido realizado, especialmente porque o ambiente acadêmico tem mais liberdade que a indústria em quesitos como controle de qualidade. Por exemplo, seguiriam processos orientados pelo chamado *quality by design*, em que durante o experimento vão-se registrando todas as ocorrências, para que se tenha um histórico do produto. É um dos muitos procedimentos que não são seguidos pela pesquisa brasileira, que só vai se voltar para o processo depois que atingiu o resultado desejado.

A Prati também tinha que alinhar o processo com a legislação e as regras da Anvisa, e, a partir de 2015, as reuniões com o órgão começaram a se multiplicar. Até que se conseguisse o registro provisório, em 2020, foram mais de quarenta reuniões lideradas por Liberato. Fizeram os estudos pré-clínicos em animais de fases um, dois e três, até finalmente passar para os estudos clínicos, feitos com humanos.

Nesses anos, a Prati teve que descobrir como trabalhar em parceria com os pesquisadores da USP de Ribeirão Preto. Apesar de o produto básico existir, havia uma infinidade de detalhes a serem definidos. Da posologia à composição adequada, de como o corpo humano absorveria o medicamento ao veículo utilizado, que poderia ajudar a otimizar a absorção (em medicamentos, o veículo é a substância ou meio usado para transportar o princípio ativo). Cada detalhe ou decisão tomada por eles constituía um desafio diferente, que ainda os ocuparia durante anos de pesquisa.

Uma a uma, as respostas foram sendo descobertas. Depois de os estudos pré-clínicos confirmarem a segurança, era preciso saber, por exemplo, como o medicamento seria absorvido e eliminado pelo corpo e qual a melhor forma de fazer isso. Na fase 1, feita com voluntários, definiram como seria a posologia da formulação: idealmente, duas vezes por dia, após a refeição, pois os estudos mostraram que o canabidiol tinha uma absorção aumentada em cinco vezes junto com a alimentação.

Sempre em parceria com a USP de Ribeirão Preto, chegaram à conclusão de que o melhor veículo para fazer o medicamento seria um óleo de milho com grau farmacêutico – o que quer dizer que não se trata do óleo de cozinha, mas de um óleo com parâmetros de produção, feito especificamente para isso. Esse veículo também deveria garantir a melhor absorção do produto.

A matéria-prima que deveriam adquirir era um pozinho que vem com o CBD isolado, separado dos outros componentes da planta. Mas não seria possível usar diretamente esse canabidiol em pó, pois assim ele tem baixa absorção pelo organismo. Ele ainda teria de passar por vários processos nos laboratórios da Prati-Donaduzzi.

Antes, teriam que selecionar o fornecedor, que teria de cumprir as exigências de um *checklist* bem parecido com aquele que Cátia e Carmen haviam levado para a Índia – a essa altura, a lista já estava bem mais longa. Liberato mapeou o mundo e fez várias viagens buscando fornecedores; passou pelos Estados Unidos e pela Europa, sem encontrar um fornecedor adequado. Quando encontrou um, na Europa, a Prati-Donaduzzi teve que desenhar um procedimento com a Anvisa, pois não havia nada semelhante previsto pelo órgão público.

Depois da fase 1 dos estudos clínicos, já com o produto mais bem desenvolvido, foi a hora das fases 2 e 3. Foi o segundo estudo farmacêutico feito em nível mundial para *Cannabis* medicinal, organizado por um laboratório privado. O primeiro estudo foi desenvolvido, pouco antes da Prati, pela britânica GW Pharmaceuticals, que anos antes tinha fechado o acordo para fazer os testes em Nova York.

No caso da Prati, a pesquisa foi conduzida apenas com pacientes epiléticos – a uniformidade produz resultados clínicos mais sólidos. Os selecionados eram fármaco-resistentes ou tinham epilepsia refratária – o que quer dizer que se medicavam com até quatro fármacos antiepiléticos, drogas pesadas como clonazepam, valproato, lamotrigina, fenitoína e outros. Todos muito fortes e com diversos efeitos colaterais. Mesmo assim, esses pacientes não conseguiam controlar suas crises. Começaram a tomar o óleo da Prati, e os resultados iniciais confirmaram o que a imprensa havia noticiado, como o caso daquela criança do interior paulista, que sofria até quarenta convulsões ao dia. Nessa situação e em outras semelhantes, a *Cannabis* chegava a suprimir os ataques.

Tudo parecia ir bem. Mais ainda quando, em 2020, a Prati recebeu o registro provisório para a comercialização do primeiro medicamento à base de *Cannabis* do Brasil. Ainda tinham que seguir com os estudos clínicos, que naquele momento estavam bem no meio da fase 3. Foi quando veio a pandemia.

Os sócios se viram diante de um impasse. Se interrompessem temporariamente o estudo, até que a crise sanitária acabasse, perderiam os dois anos já investidos. Além disso, naquele momento não tinham ideia de quantas semanas ou meses levaria para o mundo voltar ao normal. Havia também o fato de os pacientes frequentemente terem problemas respiratórios, inclusive alguns cadeirantes, todos eles fazendo parte do grupo de alto risco se contraíssem covid. Ao mesmo tempo, ficar sem a

Cannabis implicava o retorno das convulsões para os pacientes que faziam parte do estudo clínico.

Tomaram a decisão de continuar. Para isso, a equipe de Liberato precisou desenvolver rapidamente um novo sistema e se adaptar a ele. Em vez de os pacientes irem buscar os medicamentos, estes tinham que ser entregues; as coletas de sangue precisavam ser feitas em domicílio e as consultas deveriam ser conduzidas por videochamada. Tudo mediante aprovação prévia da Anvisa. Foi como uma operação de guerra: a montagem de logística para procedimentos que antes não existiam em meio a uma crise mundial de saúde era primordial para que os anos de estudo não fossem perdidos, o que os forçaria a voltar à estaca zero.

A pandemia só seria considerada oficialmente terminada pela Organização Mundial da Saúde (OMS) em 2023, mas no fim de 2022 a Prati-Donaduzzi concluía a fase 3 do estudo clínico. Depois disso, continuou usando o registro provisório, enquanto aguardava o definitivo. Nesse ínterim, colhia os resultados obtidos com os pacientes, não muito diferentes dos que a equipe já tinha verificado nos estudos: pacientes que não conseguiam falar, falaram. Pacientes que não conseguiam escrever ou ler, aprenderam. Uma médica de São Paulo relatou que a mãe de um paciente reclamou que começou a crescer barba no filho. E pior, dizia a mãe:

– Não sei o que está acontecendo, agora ele está me respondendo.

– Bem-vinda – respondeu a médica. – Seu filho agora está na adolescência.

Em seguida, a mãe ouviu a explicação de que o estado anterior do filho se devia aos quatro fármacos que ele tomava, que o deixavam dopado. Com o canabidiol, as doses dos remédios foram reduzidas e o corpo da criança começou a se desenvolver normalmente. Ela tinha começado a viver. Quando compreendeu a extensão do impacto que o medicamento tinha feito na vida do filho, a mulher começou a chorar.

Os pesquisadores ficaram animados com a percepção de que o medicamento realmente melhorava a qualidade de vida dos pacientes e de suas famílias. Liberato deu dezenas de palestras pelo Brasil a respeito do canabidiol, passando por Porto Alegre, São Paulo, Curitiba, Natal, Recife, Salvador, Belo Horizonte e Rio de Janeiro.

Mesmo com registro provisório, a Prati pôde criar uma equipe de 150 propagandistas para visitar médicos prescritores, o que gerou retornos tangíveis (financeiros) e intangíveis (de marca). Apesar de a pesquisa incluir apenas pacientes epiléticos, os médicos têm liberdade para prescrever canabidiol para outras indicações, mesmo sem serem descritas na bula da Prati-Donaduzzi (justamente porque não foram feitas pesquisas para essas outras aplicações). Isso porque o canabidiol é largamente prescrito por médicos para transtorno do espectro autista, Parkinson, Alzheimer, dor e ansiedade para os pacientes de todas as enfermidades descritas. Para essas aplicações, a Prati-Donaduzzi também tem a intenção de realizar pesquisas a fim de determinar a eficácia. Dessa forma, podem também definir as melhores formas de dosagem e formulação para cada indicação específica.

A *Cannabis* não foi o único projeto inovador conduzido pela Prati-Donaduzzi. No momento da produção desta obra, eram dez projetos de inovação, com um custo médio de cinco a dez vezes maior que o de inovação incremental (de genéricos). E a inovação pode se manifestar de diferentes maneiras, como a plataforma tecnológica desenvolvida para a fabricação do omeprazol, seguindo um modelo utilizado nos Estados Unidos. Foi desenvolvido um comprimido mastigável de liberação prolongada, que também permite um acesso melhor à população. Apesar de ser um medicamento conhecido, a mudança de apresentação exigiu um novo registro na Anvisa, que foi publicado no Diário Oficial da União em abril de 2024. Em setembro, o produto se tornou medicamento de referência da Anvisa (status conferido àqueles considerados parâmetro de eficácia terapêutica, segurança e qualidade para o registro de genéricos e similares). Outros projetos tinham registros esperados para os anos seguintes.

Enquanto os anos se passavam na busca pelo valor agregado, outra metamorfose ocorria na empresa. Ela modificaria para sempre a trajetória e a história empresarial de Luiz, enquanto ele mesmo teria que enfrentar suas maiores limitações. Naqueles anos de tantas mudanças, a Prati deixou de ter um Donaduzzi como CEO.

Capítulo 24

O sucessor impossível

— Você tem omeprazol?

Quem pedia era o novo diretor de marketing da Prati-Donaduzzi, Eder Fernando Maffissoni, que tinha aproveitado uma viagem ao Nordeste para testar a percepção da Prati na região. A tática era simples: entrar em uma farmácia, pedir o medicamento pelo nome da molécula e observar qual marca o atendente da loja oferecia. Como eram genéricos, a escolha do produto dependia da capacidade de estar presente na mente da população – ou, no caso de algumas empresas, da disposição de pagar os lojistas para empurrar seu produto, o que Luiz sempre tinha se recusado a fazer.

Na época, 85% do faturamento vinha de vendas para o setor público. As vendas no varejo eram residuais. Por isso, Eder nunca ouvia um balconista de farmácia oferecer um produto da Prati-Donaduzzi. Era nesse momento que ele perguntava especificamente pela marca.

Invariavelmente, a resposta que recebia era:

– *Para* o quê?

Ele repetia: "Prati..."

E às vezes ouvia:

– *Pra* quem?

Os atendentes nunca tinham ouvido o nome da farmacêutica. Quando finalmente encontrava alguém que já tinha ouvido falar, a resposta também não era agradável de se ouvir.

– Não, não tem não, moço. Isso é um laboratoriozinho lá do Sul.

A essa altura, em 2010, quem dizia isso estava errado. A Prati-Donaduzzi já era uma empresa relevante, desconhecida do balconista somente porque seu foco eram as vendas no atacado, principalmente para o setor público. Eder tinha planos de mudar aquele cenário e por isso começou a visitar as lojas, tentando avaliar a força da marca dentro das farmácias. Depois de algum tempo, chegou a uma firme conclusão: o conhecimento da marca era fraco. E esse era um diagnóstico mortal, uma barreira para uma farma que quisesse vender no varejo.

Eder conhecia bem a máxima indiscutível do setor, a de que quem vende genérico é o balconista. Quando alguém chega procurando dipirona, por exemplo, frequentemente recebe um genérico. Não raro vem a pergunta: "Mas esse laboratório é bom?". Nesse momento crucial da venda, a palavra do balconista é o que vale. Então, a Prati precisava tornar o laboratório conhecido para esse público.

Em vez de interpretar a situação como um problema, Eder vislumbrou ali uma oportunidade, um espaço para crescimento, embora ainda não soubesse exatamente como explorá-lo. De volta a Toledo, começou a procurar uma solução que ele considerava essencial para sua estratégia de aumentar a participação da Prati-Donaduzzi no segmento de farmácias. Era o primeiro semestre de 2010.

Mas, para entender quem era Eder e como o perfil dele teria um impacto definitivo na história da Prati, é necessário voltar no tempo. O paranaense tinha chegado à empresa quase uma década antes, por meio de uma indicação incomum de Dinara, a psicóloga, que insistia para Luiz evitar contratar por meio de indicação de conhecidos. No dia em que saiu da empresa, Dinara disse a Luiz que gostaria de indicar o próprio marido.

– Por que não disse antes? – perguntou o empresário.

Depois de explicar seus motivos éticos para não indicar alguém próximo enquanto estava no cargo, a psicóloga explicou as razões pelas quais considerava Eder ideal para trabalhar na Prati. Dois dias depois, às 7 da manhã, o marido já estava trabalhando na empresa.

Quando Eder encontrou Luiz, o empresário lhe perguntou o que sabia fazer. "Mexo um pouco com informática e de tudo um pouco. Pau pra toda obra."

Como a maior parte dos funcionários da Prati, Eder Fernando Maffissoni tinha nascido na região. Era da cidade de Palotina, a cinquenta e poucos quilômetros de Toledo. E, assim como os Donaduzzis, tinha migrado quando criança, indo morar no Mato Grosso do Sul. Precoce, ainda menino estudou informática. E isso nos anos 1980, quando os computadores estavam chegando e os poucos que se ocupavam da novidade eram chamados de *nerds*. Com 12 anos, Eder já tinha um *software* seu rodando em uma empresa da cidade, depois de montar ele mesmo seu primeiro computador. Adolescente, de volta a Palotina, montou uma escola de informática e ganhou uma licitação municipal para capacitar pessoas desempregadas. Chegou a ter presença em três cidades e mais de mil alunos. E conheceu o fracasso, quando deixou de ter licitações e a escola quebrou. Essa experiência teria reflexos na história da Prati.

Quando Dinara o indicou para conversar com Luiz, vários anos tinham se passado desde a escola de informática. Eder se formou em Direito, trabalhou na marmoraria do pai e cuidou das finanças de uma empresa média da região. Por isso, começou na Prati como analista de custos, o que o forçou a lidar com a maneira peculiar que Luiz tinha de tratar o orçamento da empresa. O fundador havia desenvolvido uma metodologia de custo própria, que não seguia a literatura contábil e tinha uma lógica especial. Eder testemunhou isso em primeira mão, trabalhando na mesma sala com Luiz, vendo a gerente de produção pedir:

– Dr. Luiz, precisa comprar paracetamol.

Luiz pegava algumas folhas de A4 usadas que chamava de agenda, onde fazia um risco do lado impresso para inutilizá-lo e usava o verso. E marcava: "Comprar um barrilete de paracetamol", fazendo referência ao recipiente usado para armazenagem de líquidos em indústrias. Pouco depois, revisava no papel o que tinha de fazer.

– Ah, eu tinha que comprar paracetamol.

E ligava para o fornecedor, em geral de São Paulo, momento em que Eder ouvia um diálogo rápido e conciso, que consistia basicamente em "Tem? Quanto? Ok, pode mandar".

Era o jeito peculiar de Luiz administrar, que evidentemente dava resultado – a julgar pelo desempenho da Prati. E provocou a admiração de muita gente – do médico Raul Dias e do próprio Eder. A falta de experiência na gestão de empresas médias não deixava de ser uma vantagem, pois tornava o modelo propício para a inovação, decorrência do fato de Luiz não ter dogmas quanto a processos. Porém, as deficiências daquela maneira de proceder, sem estrutura, método nem controle, eram evidentes. Muitas vezes, elas surgiam pouco depois, quando Luiz – devido ao grande volume de transações – não lembrava mais quanto tinha comprado ou quando seria entregue, entre diversos outros problemas. Além disso, integrar funcionários naquele sistema era sempre complicado. Como citado anteriormente, ele representava o melhor (e às vezes o pior) das empresas familiares.

Além disso, o sucesso – demonstrado pelo crescimento que raros concorrentes conseguiam igualar – tinha seus inconvenientes. Entre eles, a dependência das capacidades intelectuais de Luiz: memória, raciocínio rápido e amplitude de visão empresarial, tudo alimentado pelo hábito de ler e absorver informações. E essa condição trazia, entre outras consequências, a dificuldade do fundador da Prati de formar lideranças. Parte importante de seu método e estilo que funcionavam com ele ou com alguém semelhante a ele. E até aquele momento essa pessoa não havia aparecido. Há quem diga que esse profissional nunca apareceu.

Depois de três meses trabalhando ao lado de Luiz, Eder recebeu um pedido de ajuda diferente.

– Eder, me ajuda a comprar alguns metros de "lã de rocha"?

Além de não trabalhar com compras, o novato nunca tinha ouvido falar daquele material. Não sabia o que era, para que servia, muito menos onde poderia adquiri-lo. E Luiz já estava concentrado em outra coisa; fazia parte do seu estilo dar a informação pela metade, deixando a pessoa se virar para descobrir como fazer. Eder pesquisou na internet, descobriu o que era, selecionou alguns fornecedores e decidiu que o melhor era um de São Paulo.

Ele não esperava a reação de Luiz.

– Isso não pode estar certo.

Eder olhou o papel que tinha entregado. Tudo parecia de acordo com o solicitado: medida, preço, prazo de entrega.

– Onde eu errei?

– Eu compro de uma loja de material de construção de Cascavel e pago quatro vezes esse valor. Não pode estar certo.

Eder foi checar. Era isso mesmo.

– Vamos experimentar?

O produto veio, correto e no prazo.

A reação de Luiz foi imediata.

– Eder, então tenho um desafio para você: montar um departamento de compras.

Era agosto de 2002. A empresa estava no início do forte crescimento após a Lei dos Genéricos; terminaria o ano com 380 funcionários, mais do que o dobro dos 174 do ano anterior, quando Eder entrou. A gestão ainda era simples. Celso era responsável por administrar o fluxo financeiro, o que não era fácil, pois a receita não era estável. Mesmo assim, a empresa priorizava o salário dos funcionários que faziam faculdade. Isso porque, se o estudante atrasasse a mensalidade, tinha que pagar multa, um enorme impacto na renda. O risco de ter essa perda financeira devido a multas poderia desestimular aqueles que tinham vontade de estudar. Por isso, Luiz estabeleceu que, assim que o recurso financeiro estivesse disponível no caixa, o funcionário que estudava receberia o mais rápido possível. Celso seguia a determinação, mesmo que isso significasse pagar o salário parcelado, duas vezes no mesmo mês.

Enquanto isso, Carmen tocava os processos no chão de fábrica e Arno cuidava das máquinas. Luiz supervisionava todos os departamentos, sendo responsável por decisões, como aprovar vendas, conceder crédito, e até dar ok nas artes das embalagens dos medicamentos. Fazia de tudo.

Pouco depois de montar o departamento, Eder teve uma noção de como a situação ainda estava instável na Prati. Um dos fornecedores de açúcar (ingrediente usado em grande quantidade nos xaropes) veio fazer um pedido, muito sem jeito, como se fosse um favor. Era um senhor de idade, que a Eder pareceu muito simpático.

– Não é por nada, mas sabe aquele título do último pedido?...

Fez uma pausa, enquanto Eder esperava que ele concluísse, sem entender muito bem do que ele estava falando.

– Pede pro financeiro pagar o vencido pra eu poder carregar esse novo.

Nova pausa.

– ...porque a fábrica não vai liberar a carga enquanto o outro não for pago.

Definitivamente, eram tempos em que a empresa vendia o almoço para comprar o jantar. Tempos em que Luiz, que não morava mais no puxadinho, chegava às 5 da manhã e ficava até meia-noite na empresa.

Nos anos seguintes, Eder passou por diversas áreas, até que Luiz resolveu transferi-lo para o marketing, no início de 2010. Não parecia ser uma promoção. Com 2,7 mil funcionários na empresa, na época, o departamento era composto de duas pessoas. Uma delas tinha por função comprar e entregar uma sacolinha para guardar medicamentos, para os representantes comerciais. A outra pessoa conferia a lista de preços dos medicamentos em uma folha A4, que também era distribuída para os representantes.

"Por que esses dois funcionários precisam de um diretor?", pensou Eder. A resposta é que, da maneira como o marketing existia, realmente não havia necessidade dele. Como condição para aceitar aquela primeira proposta, ele sugeriu reformular completamente o departamento. Deveria passar de uma sala de office boys para uma central de inteligência. E uma das primeiras ações foi comprar uma auditoria de mercado, aproveitando o fato de que o setor das farmas é um dos mais ricos em informação. É possível saber exatamente o que se vende, para quem se vende e quando se vende. Assim seria possível determinar quais concorrentes tinham paracetamol, qual a participação de mercado de cada um, quantos milhões de reais faturavam, quantas doses vendiam etc. Os concorrentes usavam essa informação, e a Prati não, o que a colocava em séria desvantagem.

Evidentemente, para conseguir tudo isso, Eder teria que gastar. E bastante. Um pacote de informações era equivalente ao custo anual com salários do atual departamento de marketing. Mas Luiz ouviu os argumentos e aprovou a aquisição da informação. Foi a partir dali que a Prati começou a construir um portfólio com um valor agregado maior. Quase quinze anos depois, a Prati gastava com inteligência dezenas de vezes o que investiu quando Eder assumiu.

Porém, não foi a convicção de investir em inteligência que marcou o período em que o marketing foi colocado sob a responsabilidade exclusiva de Eder. Sua visão do setor estava intrinsecamente relacionada ao modo como ele enxergava a posição da Prati no mercado. Do ponto de vista do novo diretor daquela área, a empresa não podia depender exclusivamente do setor público: era fundamental diversificar e passar a ser relevante nas farmácias. Aprendera da maneira mais dura possível o risco da dependência, quando na adolescência sua escola de informática faliu – tudo porque sua receita vinha exclusivamente de licitações.

A questão era: como mudar o cenário, como fazer a Prati ser conhecida no varejo. Foi por isso que ele começou visitando as farmácias e questionando se os balconistas conheciam ou não a marca. Ao confirmar que a empresa era de fato pouco conhecida, definiu uma estratégia para mudar esse cenário. O plano se chamava "Conheça Mais" e era extremamente simples. Convidariam o lojista para conhecer a fábrica, com todas as despesas pagas. Quanto mais longe estivesse, melhor – podiam trazer gente do Acre e do Pará, do Mato Grosso e do Piauí.

"Vamos usar o princípio psicológico da reciprocidade", explicou Eder, quando apresentou a ideia. A ambição era fazer da viagem mais do que uma visita, mas um ritual. Seria uma viagem de turismo, com uma visita técnica, concluindo com uma negociação de venda no fim. Eles ainda ganhariam uma passada por Foz do Iguaçu, visitando as cataratas, o que certamente encantaria os convidados, principalmente os que viessem de mais longe.

Eder acreditava que era possível fazer um convite simpático e que quem aceitasse voltaria para casa levando um sentimento de gratidão para com a empresa. "Viagem é uma das principais experiências da vida, tem muito mais valor do que o dinheiro que ela custa", argumentou.

O novo diretor de marketing apostava que o lojista naturalmente daria atenção para os produtos da Prati quando voltasse para trás do balcão da farmácia. Não garantia uma compra, mas corrigia um problema, aquele desconhecimento sobre a existência da empresa. E poderiam medir o retorno do investimento, registrando quanto a loja comprava antes e depois da visita. Eder estava convicto do sucesso do projeto, tanto quanto estava convicto de que conquistar o público era fundamental para o futuro da empresa.

Segundo a lógica empresarial, Eder estava coberto de razão. Embora o setor público sempre tivesse sido o coração da estratégia e do crescimento da Prati, aquele era um negócio de escala. Se outros conseguissem produzir e vender mais, um dia poderiam ameaçar o espaço que aquela farma paranaense média havia conquistado. Portanto, ao propor expandir as vendas para o varejo, o que o executivo fazia era o que chamam de "ataque preventivo". É o que se faz quando se lança um produto ou se adquire uma *startup* com o único objetivo de proteger vendas futuras.

Entretanto, apesar de a lógica ser impecável, ele precisava ter sucesso na prática: seu projeto "Conheça Mais" precisava funcionar, o que significava conseguir trazer os convidados para a Prati. Pessoalmente, acreditava que era possível. Só que essa convicção não era compartilhada por toda a empresa. Entre os céticos, havia quem achasse que os lojistas nem aceitariam o convite. À medida que o dia da visita se aproximava, Eder ficava mais apreensivo.

A uma semana do evento, descobriu que havia poucas confirmações. Se aquele primeiro piloto desse errado, toda a iniciativa de trazer gente para conhecer a empresa teria a credibilidade destruída. Decidiu que a única maneira de o evento dar certo seria convidar ao vivo e em cores. Chamou Gustavo Prati, filho do sócio Celso e sobrinho de Luiz, que trabalhava com ele, e fez a proposta.

– Gustavo, acho que não vai aparecer ninguém. Vamos fazer o seguinte: pega o seu carro, eu pego o meu, eu vou sair com a lista de farmácias daqui pra Guaíra e você sai daqui pra Assis Chateaubriand. Aí a gente se encontra em Palotina.

O caminho descrito por Eder formava um coração ao norte de Toledo, com ele indo para a esquerda e Gustavo para a direita, ambos se encontrando no centro, no município de Palotina, sua cidade natal, que ficava a 60 quilômetros de onde estavam. Pretendiam convidar lojistas de todas as farmácias que encontrassem pelo caminho. A lógica era que tinham uma chance melhor de convencer gente da região, que já devia ter ouvido falar da Prati.

Era simbólico que ele escolhesse sua cidade natal como ponto de encontro. Tinha nascido e crescido na região, ali estava jogando seu destino – porque, se ninguém aparecesse e o ceticismo reinante na empresa estivesse correto, sua estreia no novo cargo poderia ser mais curta do que ele esperava.

Ao entrarem nas lojas, o que ele e Gustavo encontraram não foi exatamente o que imaginavam. Sim, as farmácias não compravam da Prati, o que as tornavam um mercado potencial interessante. Qualquer crescimento já seria uma vitória. Mas os dois descobriram que a maioria dos lojistas nem sequer tinha ouvido falar da empresa, mesmo ela estando a poucos quilômetros dali. Mesmo considerando que a Prati tinha um tamanho razoável àquela altura (em 2011, alcançaria 3 mil funcionários), o fato de só vender para o setor público tornava a empresa um mistério para os farmacêuticos.

Ainda assim eles insistiram, indo de cidade em cidade, começando a visitar a partir do centro e se afastando, o que aparentemente diminuía ainda mais a chance de o lojista ter ouvido falar da grande farma da região. Quando finalmente encontravam alguém que tinha ouvido falar da empresa, a percepção era distorcida: muita gente achava que era uma indústria que não tinha nada a oferecer para eles. Outra desvantagem era que um lojista do Nordeste ou do Centro-Oeste até poderia se encantar com a ideia de pegar um avião e visitar uma empresa em São Paulo, mas para um lojista dali mesmo, do interior do Paraná, o convite para ir a uma cidade vizinha não parecia tão sedutor.

Durante três dias, os dois pularam de uma cidade para outra, tentando convencer os donos de farmácias a irem (ou deixar que um funcionário fosse) visitar a fábrica. Quando finalmente se encontraram em Palotina, estavam exaustos. E ainda incertos do resultado. Era bem possível que as confirmações que tinham, a muito custo, conquistado, simplesmente não aparecessem. Só saberiam no dia mesmo.

Chegou a data tão esperada. Quinze minutos antes do evento, Eder andou pela empresa, convidando a todos para ir ao auditório. Chamou inclusive os céticos, que tinham chegado a apostar que ninguém viria.

Um perguntou:

– Evento para fantasmas?

Eder sorriu e respondeu que havia 45 pessoas no auditório, cada uma representando uma empresa diferente. Nos meses seguintes, aquele grupo de 45 CNPJs que compareceram comprou em média dez ou doze vezes mais do que costumava comprar. Era um resultado muito melhor do que Eder poderia ter previsto.

Evidentemente, Luiz se empolgou com o efeito do projeto e reagiu do jeito esperado diante de uma ideia sensacional.

– Agora vamos implementar em tudo. E [trazer gente para a Prati] vai ser meta para os gerentes comerciais.

A decisão foi acertada. O custo era baixo, uma média de 1.500 reais por convidado. E gerava um retorno quase imediato, com o lucro das vendas cobrindo com folga a despesa. Com o tempo, Eder aperfeiçoou o projeto. Passou a medir especificamente quanto o cliente comprava antes da visita, aumentando a segurança sobre o retorno do investimento. E, ao terminar a visita, faziam sempre uma rodada de negociação especial para que ele comprasse o portfólio da Prati. Em geral, os clientes gostavam da oportunidade e acabavam comprando o equivalente a cinco vezes o valor do que costumavam comprar antes. No total, a Prati-Donaduzzi levaria mais de 15 mil CNPJs para visitar as instalações em Toledo. Isso somente contando as farmácias independentes. Muitas vezes Eder conseguiria levar diretores de grandes redes, que podiam representar mais de duas mil lojas cada um.

Um ônibus duplo *deck* foi comprado para buscar clientes da região, enquanto o restante continuava vindo em voos comerciais. Um dia, empolgado com o projeto, Luiz chamou Eder, dizendo: "Estou assinando um cheque em branco pra você comprar um avião". A ideia era adquirir um avião para 70 passageiros, semelhante ao que empresas aéreas usam em linhas regionais.

– Não – reagiu Eder. – Aí já é ir longe demais.

Ao longo dos anos, o marketing da empresa foi totalmente reformulado. A marca foi reposicionada, a Prati passou a ser conhecida pela cor roxa e até passou a investir em carros de corrida, na modalidade Stock Car. Isso porque diversos concorrentes patrocinavam carros, e durante alguns anos eles também participaram, para levar a marca para um grande público. Em todo o país, farmacêuticos ouviam falar daquela empresa do Paraná que patrocinava carros de corrida, fazendo com que a Prati se tornasse uma marca conhecida para o público-alvo. Depois de alguns anos, tendo atingido os objetivos, deixaram a Stock Car, passando a focar os médicos, montando uma equipe com 150 propagandistas que vão até os consultórios apresentar os produtos.

Mas essa fase de consolidação do marketing veio depois, quando a Prati começaria a passar por transformações ainda mais profundas que essas. Em parte relacionadas a Eder, que não ficou muito tempo cuidando exclusivamente do marketing. Bastaram nove meses – e o sucesso do projeto Conheça Mais – para o telefone tocar e, do outro lado, soar a voz de Luiz, com uma nova proposta.

– Vem pra cá, você vai assumir o time comercial.

Eder não deixou de ser diretor de marketing, ele acumulou os dois cargos. Para o fundador da empresa, um convite como aquele era sempre difícil. A Prati crescia e ele não conseguia superar a dificuldade de formar lideranças, um executivo após o outro falhando ao emular aquele estilo simultaneamente caótico e eficaz.

Ao mesmo tempo, sentia que aquela deficiência se tornava cada vez mais perigosa para o futuro da Prati-Donaduzzi. Nos últimos anos, Luiz vinha mudando a maneira de enxergar o futuro, uma reflexão que começou na época em que descobriu o câncer – mesmo ano em que Eder entrou na empresa. O fundador passou a pensar sobre o legado que deixaria, uma preocupação que se manteve frequente, mesmo depois de a doença ter sido vencida. E, com ela, outra dúvida veio ocupar seus pensamentos: como seria a sucessão na Prati-Donaduzzi?

Dali em diante, cada executivo promovido podia ser visto como um potencial sucessor. E Eder, mais do que qualquer outro, cumpria esse requisito, ao somar ao marketing o novo posto de diretor comercial. Isso em tempo recorde. No entanto, o primeiro pensamento dele não foi de confiança absoluta, mas o de que nunca tinha comercializado um medicamento na vida. Nem sequer tinha trabalhado no setor comercial até aquele dia.

Enquanto Eder lidava com a ideia, a famosa dificuldade de Luiz em formar lideranças estava simultaneamente sendo colocada à prova. Desde a doença, ele sentia que corria contra o tempo. Até aquela experiência, Luiz era um homem que corria para chegar ao futuro. A partir da ideia de que morreria em breve, passou a pensar em um futuro sem ele.

Para a empresa sobreviver a ele, a pessoa que ficaria em seu lugar precisava absorver o DNA do fundador. Para quem conhecia de perto a gestão da Prati, não era difícil formar e escolher esse sucessor. Era impossível. O primeiro problema era aquele bem conhecido, o de um gestor sem método estruturado que baseava seus sucessos no pensamento rápido e na maneira diferente de enxergar as situações. Ele até poderia tentar transmitir sua exigência com qualidade, ética e administração de custos, mas alguns elementos seriam difíceis de passar adiante.

Por exemplo, o fato de que a mente de Luiz nunca parava. Quando tirou férias com a família no litoral paranaense, em Guaratuba, a expectativa era de que relaxasse. Quando voltaram, não tinha pisado na praia mais do que duas vezes – mas voltou com 28 ideias de projetos a serem implantados. Em outra ocasião, participou do Programa de Gestão Avançada da Fundação Dom Cabral, que começava na sede mineira, no município de Nova Lima, e concluía com um período na França. Dessa vez, retornou com 52 ideias.

Quando saíam para passear na fazenda, Luiz e Carmen conversavam o tempo todo. Por isso, quando precisava refletir, muitas vezes ele preferia ir acompanhado de Charlie, o cachorrinho da filha, Sara, que seguia ao seu lado em silêncio. Absorto em seus pensamentos, as caminhadas sempre geravam ideias, que Luiz corria para anotar em seus Post-its amarelos.

É bom lembrar que Luiz tinha a capacidade do "baixo luto", como visto anteriormente. Quando identificava que uma determinada ideia não daria certo, ele a abandonava rapidamente. Era uma habilidade desenvolvida anos antes, de maneira instintiva. O que estava inteiramente de acordo com as mais modernas teorias de gestão, que também incluem conceitos como "pivotar", palavra que vem do verbo inglês *pivot*, que significa "girar" ou "mover-se em torno do próprio eixo". Na prática, trata-se de mudar a direção estratégica de um negócio ou produto sem alterar sua visão ou objetivo final. Como uma *startup* que oferece um aplicativo de compartilhamento de fotos e muda o foco, ao descobrir que o público prefere vídeos curtos, por exemplo.

A base desses conceitos é evidente: fracasso e erro fazem parte do processo e, principalmente, do caminho para ter sucesso.

O americano Thomas Edison disse que não havia fracassado, apenas havia encontrado "10 mil maneiras que não funcionam". Poucos anos depois que o inventor disse isso, o filósofo da ciência Karl Popper ajudou a consolidar a ideia de que a ciência se constrói por meio da refutação de teorias, o que torna o erro o elemento crucial para o aperfeiçoamento do conhecimento.

Nos negócios, essa concepção se fortaleceu ainda mais nas últimas décadas, a partir da ideia "falhe rápido, falhe frequentemente", apoiada por inúmeros gurus da gestão, em especial o norte-americano Eric Ries, autor do movimento *Lean Startup*. Ao longo dos anos, Luiz – que seguia lendo livros vorazmente – foi tendo contato com essas noções de gestão, confirmando e refinando sua forma de administrar a Prati. Passou de William Deming a Peter Drucker, de Jack Welch a Manuel Castells, leu centenas de autores que poderiam ajudar de alguma forma no seu esforço intelectual de administrar de maneira inovadora e eficaz. Procurou ainda refinar seu olhar fazendo um MBA Executivo na Fundação Getulio Vargas e um Programa de Gestão Avançada na Fundação Dom Cabral. Foram úteis, ajudaram a organizar as ideias e a corrigir algumas deficiências na formação, mas não mudaram a essência do gestor que ele era.

O perfil *sui generis* e o forte aparato teórico e intelectual de Luiz não garantiam uma vida muito fácil a gestores como Eder, que precisavam acompanhá-lo. Quem explica bem é Victor, que reconhece que o fato de o pai abrir várias frentes ao mesmo tempo muitas vezes tornava difícil gerenciar, focar recursos e produzir resultados. Luiz achava pouco quem, com dez passarinhos voando, se contentasse com três na mão, enquanto tentava pegar o quarto. "Meu pai quer que a gente pegue os dez ao mesmo tempo."

A ânsia por novas ideias não significava que Luiz estava disposto a fazer tudo por um bom negócio. Mais ou menos nessa época, quando Eder tentava conciliar o marketing, o comercial e o estilo de administração de Luiz, surgiu uma grande licitação de medicamentos. O valor de vários milhões de reais era bastante significativo para a Prati. Quando o modelo foi apresentado, Luiz se recusou a participar. A aquisição tinha sido dividida em blocos, cada um deles valendo milhões. A proposta era que cada farma concorresse praticamente sozinha em cada bloco, e a descrição do produto praticamente definia o ganhador.

Luiz considerava esse modelo criminoso. Em vez de promover uma disputa no mercado, fazendo com que o mais competente apresentasse o melhor preço, todos os candidatos podiam inflar seus preços à vontade. "Assim nós não trabalhamos", disse Luiz, encerrando a discussão. "O que é errado não dá pra fazer."

Eder entendeu que ter ideias como as de Luiz seria fundamental para substituir o fundador. Mas que, se o funcionário não tivesse ética, então nem poderia ficar dentro da empresa. O pré-requisito combinava perfeitamente com o executivo. Nos corredores, comentavam que a convivência parecia fazer com que os dois homens ficassem mais parecidos. Se perguntassem a opinião de ambos sobre algo, havia boas chances de que dessem respostas similares, mesmo levando em conta a diferença de personalidade – Eder era mais tranquilo e comedido, em contraste com o estilo mais enérgico de Luiz.

No início de 2011, o executivo avaliou que era hora de apostar no fracionamento. Havia no Brasil uma legislação de medicamentos fracionados, que consistia no corte da cartela, de forma que o farmacêutico vendia a quantidade exata de comprimidos de que o cliente precisava. Mas a lei era muito complexa, e a consequência era que as empresas simplesmente a ignoravam. Mais uma vez, Eder viu ali uma oportunidade. Começou a estudar o tema e resolveu convidar as farmácias da região para promover um fórum e ouvir o que os lojistas achavam. Foi assim que conseguiu compreender o que estava faltando. Entre outras coisas, a legislação exigia que a farmácia tivesse uma área adequada para fazer o fracionamento. Sem ela, não poderia vender um único comprimido de medicamento fracionado. Conversando com as farmácias, Eder percebeu que havia desinteresse da parte delas em se adequar, por isso o fracionamento não avançava.

– Vem cá, mas e se a gente fizesse um balcão com um tamanho exato para caber?

– Aí, sim!

Eder concluiu que ali estava a solução. Desenharam um balcão de 80 centímetros de largura, exclusivo para o funcionário fracionar o medicamento, com uma gaveta para guardar os utensílios. Tudo para atender a legislação. Deu certo. Mais de 10 mil balcões foram produzidos e entregues nas farmácias Brasil afora, que puderam, enfim, vender medicamentos fracionados.

Para a Prati, um ganho de escala. Em vez de vender uma embalagem com trinta comprimidos, passaram a vender uma com quinhentos. Para a farmácia, economia na compra. E vantagem também para o consumidor, pois podia comprar um pedaço de cartela de comprimidos com a quantidade exata de que precisava, fracionada na hora pelo balconista. Para completar, uma impressionante vitória da Prati, que passou a ser líder incontestem medicamentos fracionados no Brasil.

Histórias como essas pareciam indicar que a busca de Luiz havia terminado. Naquele mesmo ano de 2011, pouco depois de a iniciativa com os fracionados mostrar que era um sucesso, Eder assumiu um cargo transitório de vice-presidente. Dali em diante, a cada seis ou oito meses, ele absorveria uma das diretorias que até ali tinha sido responsabilidade de Luiz. No final de 2015, todas as áreas da empresa estavam subordinadas a ele.

– Agora é só virar a chave – ele disse a Luiz.

O improvável tinha se tornado realidade, o inatingível tinha sido alcançado. O "sucessor impossível" da Prati-Donaduzzi estava pronto para assumir o cargo.

O projeto da *Cannabis* medicinal, liderado por Liberato Brum Junior a partir daquele ano, era um exemplo interessante de como seria a gestão da Prati nos anos seguintes. A ideia original veio do casal Donaduzzi, quando souberam do caso da criança paulista que usava o óleo medicinal para tratar as dezenas de convulsões diárias que a acometiam. Mas a decisão se ajustou perfeitamente à filosofia que Eder enxergava para a empresa. Para ele, investir em valor agregado não era uma opção, mas uma necessidade, tanto quanto sua visão de que era necessário expandir para o varejo.

"Temos um limite de medicamentos genéricos viáveis passíveis de desenvolvimento", pensava. Sabia que ainda estavam muito longe de alcançar esse limite, mas, se não começassem a investir em inovação, não haveria futuro para a Prati-Donaduzzi. Tudo foi alinhado com o Conselho de Administração, presidido por Luiz e instituído por recomendação do BNDES. Como foco, escolheram o sistema nervoso central, o que inclui doenças complexas, como Alzheimer, Parkinson, autismo, esquizofrenia, entre outras. Em 2024, os novos produtos já respondiam por cerca de 10% da receita da empresa.

Foram anos de muitas mudanças na Prati. Entre elas, uma que ocorreu em janeiro de 2016, quando a empresa passou a ter um novo CEO: Eder Fernando Maffissoni. No mesmo mês, Luiz completava 61 anos e observava o que se tornava a empresa que ele havia fundado e refletia sobre seu legado. Era relativamente jovem para pensar dessa maneira, mas desde o câncer de quinze anos antes ele não tinha parado de pensar sobre sua vida. Essa reflexão faria com que ele tomasse uma decisão que iria chocar o mercado de farmas e toda a região de Toledo.

Capítulo 25
A família Prati

Era madrugada quando bateram na janela dos Donaduzzis. Carmen abriu os olhos, reconhecendo a voz familiar. Era uma funcionária, vizinha e amiga, que trazia uma notícia devastadora: um acidente de automóvel havia levado a filha, também funcionária da Prati. O casal sentiu o baque, lembrando-se da jovem de olhos expressivos que no fim do expediente costumava passar na frente do espelho para checar se o cabelo estava bem ajeitado.

Sempre emotivo, Luiz chorou muito, enquanto Carmen levou a mãe à igreja para conversar com o pastor e tentar conter o desespero.

No dia seguinte, uma tempestade se abateu sobre Toledo. Porém, não foram os trovões que acordaram o casal, mas uma nova batida na janela.

– Carmen, não sei o que fazer. Vai entrar água no caixão, minha filha vai ser inundada pela água.

Os Donaduzzis abriram a porta e a acolheram, explicando que tinham tomado as devidas precauções e que aquilo não aconteceria. Carmen a acompanhou até em casa. Era assim que o casal se relacionava com seus funcionários. Esse traço fundamental determinaria o futuro de Luiz, agora que ele havia assegurado a sucessão, com a liderança nas mãos de Eder.

A passagem da liderança se dava em um contexto bastante favorável. Quando o bastão foi passado, no início de 2016, eram 140 produtos registrados e em comercialização, e previsão de chegar em breve a um faturamento de quase R$ 1 bilhão. Mesmo as iniciativas "na contramão" de Luiz, fazendo internamente o que o mercado gostava de terceirizar, estavam consolidadas. Como a Centralpack, empresa de embalagens do grupo, que não só dava uma vantagem competitiva para a Prati, mas se firmava como uma das principais fornecedoras do mercado. A filosofia se consolidaria mesmo após a saída de Luiz do cargo de CEO, com o crescimento da Biocinese, o Centro de Estudos Biofarmacêuticos. O grupo ainda mantinha a transportadora, a NDS Distribuidora e a Specialità Fine Chemicals, focada no desenvolvimento do processo de fabricação dos insumos. O que dava errado em outros lugares funcionava dentro da cultura da Prati.

Evidentemente, a empresa não ficou desprovida do estilo de gestão de Luiz. E não só porque Eder seria, como alguns diziam, uma versão mais jovem do fundador, um executivo que vivia a empresa como se fosse dele e pensando de maneira muito similar em todas as áreas. A resposta era mais banal: Luiz ainda teria uma presença forte na empresa. Mantinha uma pequena sala, como um ponto de referência em um lugar imenso – a essa altura a Prati já tinha vários prédios.

Luiz também continuou fazendo parte do Conselho de Administração, que orientava a estratégia geral. Para completar, ele e Eder continuariam se reunindo periodicamente, até duas vezes por mês, para conversar. Nessas ocasiões, não falavam sobre os resultados da empresa, mas sobre o futuro da Prati. Por exemplo, Luiz frequentemente questionava sobre a rotatividade, a razão de alguém sair da empresa ou como fazer os funcionários crescerem mais. Em suma, tinha o olhar voltado para as pessoas.

O tema dessas conversas confirmava um traço da personalidade dos Donaduzzis, como o médico ocupacional Raul Dias havia testemunhado. Na Prati, o clichê batido de os funcionários serem uma família não era discurso, mas realidade. Do administrativo à fábrica, da transportadora ao homem de 70 anos que cuidava do jardim, até a funcionária que batia na janela no meio da madrugada. Por onde passavam, recebiam olhares de carinho, como responsáveis por uma grande comunidade, com funcionários se aposentando e deixando seus netos também trabalhando na Prati. Ao se afastar das preocupações cotidianas da gestão, a mente e o coração de

Luiz se ocupavam cada vez mais com o que aconteceria com sua família estendida.

O que era bem-vindo e necessário, pois, se Luiz ficasse um único dia sem uma atividade intelectual, sem um futuro para vislumbrar, seu cérebro poderia entrar em pane. Seria o fenômeno conhecido como *boreout*, semelhante ao mais conhecido *burnout*, com igual potencial de causar problemas de saúde, como estresse, ansiedade e depressão, afetando o bem-estar mental e físico. Só que, no caso do *boreout*, trata-se de um tédio crônico, causado pela falta de desafios e propósitos na vida, o que torna fácil compreender por que poucos anos antes Luiz havia reagido com firmeza à ideia de sair da Prati. "Somos apaixonados pelo trabalho, não faz sentido começar em outra atividade agora", disse, em uma declaração no plural em que parecia referir-se a ele e a Carmen.

Entretanto, o questionamento que ele se fazia desde o tempo em que fora diagnosticado com câncer tinha ganhado um novo significado. A Prati-Donaduzzi era sem dúvida seu legado, mas talvez não fosse o único. Aos 61 anos (idade que completou no mesmo mês em que Eder se tornou CEO), Luiz tinha tempo, energia e – mais do que nunca – recursos financeiros para começar a construir um segundo legado. Se desse certo, poderia ser até mais importante que o primeiro.

Evidentemente, Luiz não tinha interesse em começar um segundo empreendimento com o objetivo de ganhar dinheiro. Embora fugir da pobreza tivesse sido sua obsessão desde criança, seu desinteresse por coisas materiais era notório. Era folclore na família o fato de que ele muitas vezes esquecia-se de abrir presentes de aniversário, a ponto de só lembrar na comemoração do ano seguinte. Era quase impossível escolher um presente para ele. Na dúvida, os familiares costumavam dar um CD de música gauchesca, seguros de que assim conseguiriam agradá-lo.

Na década de 1990, o psiquiatra norte-americano David Viscott escreveu que "o propósito da vida é encontrar o seu dom". Ao explicar melhor a ideia em um de seus livros, o autor complementou que, após desenvolver esse talento, o "sentido da vida" estaria em doá-lo. Poucas visões de mundo definiam melhor o que os Donaduzzis desejavam fazer naquela fase da vida. Tinham encontrado seu propósito na ciência e no empreendedorismo e o haviam desenvolvido ao criar a maior fabricante de genéricos da América Latina, com incalculáveis ganhos sociais para o consumidor de medicamentos brasileiro. Agora queriam encontrar uma forma de devolver para a sociedade o que tinham conseguido desenvolver. E seu ponto de partida era justamente o funcionário da Prati.

Luiz sabia bem o que desejava para sua família estendida. Queria seu bem-estar, o que para ele era sinônimo de conhecimento e educação. Porém, os últimos anos o ensinaram que havia um limite para o que podia fazer nessa área. Era possível treinar e levar educação aos mais jovens e aos funcionários que tinham se habituado, desde cedo, a estudar. Mas diversas vezes ele fracassara nas tentativas de promover, por meio da educação, os funcionários que tinham menos estudo. Aqueles que tinham estudado pouco na juventude tinham mais dificuldade de se concentrar e de aprender em áreas mais complexas.

E, para piorar, muitas vezes a situação econômica se agravava. Eram os casos em que os filhos ganhavam menos do que os pais que tinham feito carreira na Prati. A geração seguinte seria mais pobre que a anterior. Foi quando Luiz teve uma epifania. "Se a gente os trouxer com o compromisso de colocar os filhos para estudar, muda o estado da família", pensou. "É a única maneira possível de mudar."

Portanto, sua missão seria formar os filhos da empresa. Com eles, o futuro estaria garantido. Mais tarde, ele confirmaria uma intuição que tinha: a de que garantir o estudo dos filhos consolidaria as relações na empresa e reduziria a rotatividade de funcionários.

Entretanto, não bastava educar os jovens. Sem demanda por profissionais qualificados na região, o diploma poderia ir parar na gaveta, ou, na melhor das hipóteses, eles teriam que buscar emprego em outro lugar. Dessa maneira, em grande parte, o ciclo de pobreza continuaria. Luiz queria mais, queria iniciar um ciclo virtuoso de educação, inovação e progresso.

Um observador desavisado poderia imaginar que não se tratava de algo complicado. Especialmente considerando que, ao longo dos anos, a Prati tinha se transformado em uma grande escola técnica, formando incontáveis profissionais. Alguém poderia pensar que se tratava somente de ampliar essa experiência para uma instituição de ensino superior. Mas Luiz sabia muito bem que não bastava criar uma universidade. Ela precisaria estar inserida em algo maior. "Um parque tecnológico", pensou.

Era um tema que havia anos lhe interessava e agora tinha tempo para se aprofundar em suas leituras. A palavra-chave, ele bem sabia, era inovação. Em torno disso, uma universidade, um parque tecnológico, um parque industrial. O cérebro do empresário começou a fervilhar. Dezenas de ideias, uma torrente, uma atrás da outra, fruto de seus anos de leitura e experiência empresarial. "Um parque científico-tecnológico, ancorado em tecnologia, ciências", pensou.

As ideias levaram Luiz à lembrança de um encontro ocorrido quase dez anos antes. Foi em uma festa de aniversário, em 2003, marcada na memória de Luiz por ter passado todo o tempo conversando sobre livros com uma figura da região. Era o toledano Enio Luiz Perin, com quem Luiz comentou que sonhava construir em Toledo um *campus* como o da Universidade de Harvard, na cidade norte-americana de Boston. Suas utopias eram antigas.

Os anos passaram, mas Luiz não se esqueceu daquela longa conversa sobre urbanismo e livros. No fim de 2013, o telefone tocou na casa de Enio, que ouviu do outro lado o empresário dizendo que queria continuar o papo de uma década antes. Ele acreditava que o urbanista tinha o perfil perfeito para ajudar. Em 1970, havia trabalhado no primeiro plano diretor do município de Toledo, definindo o planejamento urbano para reorganizar os espaços da cidade e garantir a melhoria da qualidade de vida da população. Isso com apenas 18 anos, antes mesmo de fazer faculdade. Depois iniciou o curso de Engenharia Civil no Rio de Janeiro, transferindo-se mais tarde para Arquitetura em Goiânia.

Enio nunca mais parou de se interessar pelas diferentes maneiras de organizar e desenvolver os espaços urbanos, visitando e observando, a partir dos anos 1980, por diversas vezes, cidades norte-americanas e europeias, até a China e a Austrália. Suas várias décadas de trabalho resultariam em mais de 450 projetos em arquitetura, interiores e planejamento urbano em vários estados brasileiros, no Paraguai, na Espanha e na Itália. Desenhou de tudo: hotel, residência, shopping, museu, paço municipal etc. Idealizou centros de eventos, centros médicos, tecnológicos e culturais. Até templo da Igreja Católica ele projetou.

A *expertise* de Enio não seria desperdiçada, pois, assim como histórias como a do médico ocupacional Raul Dias haviam demonstrado, o empresário dava muita atenção ao conhecimento especializado. Foi assim que passaram da conversa para uma colaboração, e o urbanista se tornou uma peça fundamental na criação do parque tecnológico, que Luiz já pensava em batizar de Biopark. E essa orientação seria crucial. Ao longo dos anos, Luiz repetidamente tomou conhecimento das dificuldades enfrentadas pelos projetos de parques tecnológicos brasileiros.

Certa vez, Enio e Luiz compareceram a um evento para falar sobre o Biopark e ouviram mais uma vez que projetos como aquele raramente davam resultado. A declaração veio justamente de uma executiva que representava o órgão responsável pelos parques tecnológicos de São Paulo. Ela afirmava que, apesar de existirem quase 40 locais semelhantes no país, poucos realmente funcionavam. Enio explicou a Luiz que um dos principais problemas era a ausência do que chamou de "continuidade administrativa". Entre as causas, o fato de que o poder público não oferecia estabilidade na relação com aquelas áreas urbanas. Um acordo feito com um prefeito não tinha continuidade na gestão daquele que o substituía, o mesmo valendo para os níveis estadual e federal.

Enio tinha uma resposta para aquele problema. Havia acumulado um aprendizado desde sua primeira experiência profissional em 1970, em Toledo, onde foi, por duas vezes, secretário de Planejamento. A solução: parques tecnológicos tinham que estar inseridos no projeto urbanístico do município em que se localizavam. Somente assim seriam projetos perenes, evitando a instabilidade causada pela alternância de mandatos políticos. No fim de 2014, pouco tempo depois de concluir a aquisição do terreno, Luiz contratou Enio para trabalhar na inclusão do Biopark no plano diretor de Toledo.

Entretanto, isso certamente não seria suficiente. Luiz estava plenamente consciente de quanto o desafio que escolhera era complexo, e o fracasso das experiências existentes só confirmava essa realidade. Era hora de sair a campo e buscar o modelo ideal – ele precisava adquirir o conhecimento necessário para garantir o sucesso do projeto. Caso contrário, o futuro dos "filhos da empresa" estaria comprometido.

Capítulo 26

Nasce o Biopark

Os municípios ofereciam belos terrenos, bem localizados, perto da rodovia. "É uma área fantástica, muito valorizada", garantiam a Luiz. Ele conhecia bem a região de onde vinham os que tentavam seduzi-lo. Estavam dizendo a verdade. Porém, ele havia definido um pré-requisito, uma condição inegociável para dar início ao seu novo projeto. Só faria sentido levá-lo adiante se fosse erguido na região que os acolheu, o lugar que os Donaduzzis passaram a chamar de casa. Além daquele, outros municípios ainda tentariam atraí-lo. "Não", continuou sendo sua resposta. "Não invisto fora de Toledo."

O ano era 2014, e Luiz havia decidido comprar uma grande extensão de terra para abrigar seu sonho. Uma dificuldade era que nesse caso ele não poderia começar pequeno e ir aumentando aos poucos. Tinha que adquirir uma área grande de imediato; caso contrário, não daria certo. Depois de pensar um pouco, decidiu que compraria duzentos hectares, o que era uma enorme quantidade de terra, equivalente a quase duzentos campos de futebol profissional. Era maior do que a maioria dos parques tecnológicos do país, como o gaúcho Tecnopuc, que tinha quinze hectares. Ou que o paulista Pólis de Tecnologia de Campinas, com 36 hectares, e o mineiro BH-TEC, em Belo Horizonte, com 55 hectares. Com aquela dimensão, o futuro parque de Toledo ultrapassaria inclusive o Porto Digital, no Recife, com seus gigantescos 171 hectares.

Nessa primeira etapa, Luiz teve sorte. Um proprietário rural, Luiz Johan, não só concordou em vender uma área grande – pouco mais de cem hectares – como ainda se dispôs a convencer alguns vizinhos a lhe venderem terrenos. A área ficava ao lado da PR-182, sete quilômetros distante da mancha urbana de Toledo, mas pertencente ao município. Começaria por ali, e naquele lugar ergueria sua universidade. Em pouco tempo comprara 250 hectares, uma área que parecia mais do que satisfatória para o projeto. Estava confirmado: o futuro parque tecnológico seria em Toledo.

Em seguida, Luiz decidiu que ele mesmo faria o trabalho de limpeza do terreno. Em vez de contratar alguém, comprou uma "pantaneira" 320, como costumam chamar as retroescavadeiras hidráulicas, máquinas com diversas utilidades, entre elas remover e transportar terra, rochas e árvores. O empresário subiu na máquina e começou a criar seu parque tecnológico. Enquanto nivelava e preparava o espaço para futuras ruas, imaginava os edifícios subindo. Entre eles, o mais importante, aquele que abrigaria sua universidade.

Porém, o terreno adquirido poderia não ser suficiente. Quem deu o alerta foi o engenheiro argentino Juan Carlos Sotuyo, que alguns anos antes havia ministrado uma palestra na região de Toledo. Quando começou seu novo projeto, Luiz entrou em contato com ele em busca de conhecimento especializado.

Sotuyo havia escapado da ditadura militar argentina na década de 1970, depois de ter sido torturado no campo de concentração conhecido como "La Escuelita". Seu irmão e sua cunhada foram sequestrados e assassinados pelo regime, e até hoje os corpos não foram localizados. O engenheiro sobreviveu à tragédia e tornou-se um dos maiores especialistas do Brasil na área de inovação.

Foi nessa condição que Sotuyo fez o alerta a Luiz: "Se não assegurar o território, o preço vai explodir". Ele se referia ao impacto que o anúncio de um parque tecnológico poderia gerar em qualquer região que fosse escolhida. Por exemplo, entre as metas definidas por Luiz estava a promessa de gerar 30 mil empregos. O efeito do anúncio seria atrair uma grande quantidade de capital, sem contar a população que migraria para os arredores. Assim que o mercado imobiliário entendesse as consequências do que estava sendo planejado, o preço do metro quadrado inviabilizaria o projeto – que, assim, corria risco.

Luiz fazia cálculos mentais: o preço atual dos terrenos, o preço futuro, quando deveria investir etc. Para se precaver contra o que o argentino alertava, não bastariam os 250 hectares. E comprar mais aumentava exponencialmente as dificuldades. Não só o investimento seria maior, como seria difícil encontrar um terreno grande o suficiente.

De fato, o preço começou a subir, como Sotuyo havia alertado. No início, Luiz pagava o equivalente a 2,8 mil sacos de soja por alqueire, uma demonstração de como o meio rural tem padrões monetários muito específicos. Além do hábito de usar "sacos de soja", o uso do alqueire resiste, mesmo tendo um valor diferente de acordo com a região do Brasil. Por exemplo, o alqueire paulista equivale a 2,42 hectares, enquanto o mineiro vale o dobro (4,84 ha) e o baiano, o quádruplo (9,68 ha). Os fazendeiros negociavam com Luiz usando a medida de sacos de soja e o alqueire paranaense (que vale o mesmo que o paulista, 2,42 hectares). Quando perguntavam a ele o que ia fazer com tanto terreno, o empresário respondia que ia cultivar "ervas medicinais". Mesmo com esse subterfúgio, o preço foi subindo à medida que ia comprando, até alcançar 6 mil sacos por alqueire. E já havia gente pedindo até 8 mil sacos. Isso em um período em que a soja estava valorizada. Em determinado momento, 1 alqueire paranaense chegou a ser oferecido por mais de 1,4 milhão de reais.

Luiz concluiu que era hora de parar de comprar. Não sem antes aceitar pagar, em locais necessários para fechar o desenho do loteamento, até 9 mil sacos de soja por um único alqueire. No total, já havia despendido quase 150 milhões de reais somente na aquisição do território. O Biopark atingia mais de quinhentos hectares, ultrapassando em área a maior parte dos parques da América Latina. E viria a se tornar um dos maiores do mundo com financiamento privado.

Enquanto adquiria terrenos, Luiz pensava nos diversos modelos existentes. As conversas com especialistas como Enio e Sotuyo eram instigantes, mas ele sentia que precisava encontrar referências concretas. Ao longo dos anos, havia lido sobre alguns parques tecnológicos e sabia da existência de poucas experiências que alcançaram sucesso no Brasil, com cidades que criaram no entorno complexos empresariais e universitários. Luiz pensava nessas iniciativas e sabia que o que ele queria fazer era diferente. Até porque nenhum parque no Brasil tinha sido desenvolvido por uma só pessoa, totalmente financiado com recursos privados.

Quando imaginava o futuro, pensava em projetos dos quais tinha ouvido falar ao longo da vida. Como o de Sophia Antipolis, no sul da França, uma região pobre do país, que em 1969 havia sido capaz de atrair grandes corporações com a estratégia de estimular a inovação. Décadas depois, a região empregava quase 40 mil pessoas em pesquisa científica de ponta. Outro local que lhe veio à memória foi o Research Triangle Park, no estado norte-americano da Carolina do Norte, que empregava 65 mil pessoas em diversas áreas de desenvolvimento tecnológico.

A dificuldade é que a bibliografia era escassa, tornando difícil descobrir a razão de esses projetos terem dado certo, enquanto tantos outros falhavam. Por exemplo, era difícil saber como o ucraniano-americano Karl Robbins conseguiu transformar uma das regiões com renda mais baixa dos Estados Unidos, terceira pior no ranking nacional, em uma das principais fontes de inovação do país. Na época em que Robbins doou o terreno para criar o que viria a ser o Research Triangle Park, a Carolina do Norte sofria o que chamam de "hemorragia de cérebros", perdendo talentos para outras regiões norte-americanas mais desenvolvidas. Exatamente o que Luiz temia que acontecesse com Toledo depois que ele se fosse. Atualmente, esse parque norte-americano abriga 600 empresas, e suas inovações impulsionaram boa parte das tecnologias que transformaram o mundo nas últimas décadas.

Também não era fácil encontrar informação sobre como o francês Pierre Laffitte concebeu o modelo de desenvolvimento do Sophia Antipolis, que hoje reúne 2.500 empresas. E ele fez isso justamente criando uma sinergia entre pesquisadores e industriais. Ou seja, uma questão central que o fundador da Prati teria que solucionar, se quisesse replicar aquele modelo no Paraná.

Mesmo preferindo desenvolver um modelo próprio, Luiz sabia que o adequado seria copiar as inovações e os acertos, queimando etapas. Do contrário, gastaria muito mais energia e tempo. Seu primeiro movimento foi buscar exemplos no Brasil mesmo. E resolveu seguir o conselho de Sotuyo, que em uma conversa sugeriu que fosse conhecer o Parque de Inovação Tecnológica São José dos Campos, referência interessante, porque era ligado a uma grande empresa, a Embraer. "Vá lá, é um parque ligado aos centros de pesquisa das universidades, ao Instituto Tecnológico de Aeronáutica (ITA), ao Centro Técnico de Aeronáutica (CTA), à Embraer", explicou.

O raciocínio de Sotuyo era de que o novo parque precisava tirar vantagem da *expertise* de negócio acumulada na Prati-Donaduzzi, e a visita ao município paulista poderia ajudar nesse aspecto. A questão era como "contaminar", como transferir os conhecimentos e práticas da farma de Toledo para os empreendedores que viessem fazer parte do que Luiz queria criar. "Empresas incubadas são peixinhos que navegam em mar de tubarões", repetia Sotuyo. E comentava sobre a importância de uma escola de desenvolvimento de negócios, para que existisse no parque uma massa crítica nessa área. O cuidado era importante, até porque a crise da internet anos antes (o estouro da bolha após a euforia dos investidores com a internet, que ocorreu entre 1994 e 2000) havia fornecido farta quantidade de exemplos de fracasso de *startups*. Por isso, era fundamental um aconselhamento direcionado às empresas incubadas, com uma forte transferência de conhecimento.

Luiz aceitou o conselho sobre visitar São José dos Campos. Evidentemente era um caso de sucesso, especialmente no nicho de engenharia aeroespacial. E o ITA era um centro de excelência, não somente nacional, mas mundial.

Como era de esperar, quando Luiz chegou, encontrou em um mesmo ambiente, dentro e nos arredores do Parque de Inovação Tecnológica, as universidades, os centros de pesquisa, centros de desenvolvimento, incubadoras, indústrias, empresas de base tecnológica e toda a estrutura necessária. Além da proximidade do ITA, estavam ali a Fatec, a Unifesp, a Unesp, entre outras instituições de ensino. Luiz compreendia a importância daquela proximidade, mas sem dúvida era útil observar os prédios *in loco* – ensino, empresas e fomento – próximos uns dos outros, às vezes ao lado, às vezes a alguns quilômetros de distância. Como resumiu Sotuyo, "o olho no olho ainda é, em um primeiro contato, a maneira como você conecta as instituições". Da mesma maneira, recomendou criar um "relacionamento com o mundo", ou seja, trazer pesquisadores de outros países. Assim, um alemão, um chinês ou um norte-americano podem – olho no olho entre eles e com os brasileiros – inovar juntos. A sugestão também ficou, mas em breve Luiz buscaria no exterior inspiração de outra maneira.

Em termos conceituais, o urbanista Enio confirmava a necessidade daquela configuração. Ele explicava que os parques tecnológicos clássicos dos anos 1930 e 1940, por exemplo, no Vale do Silício, no estado norte-americano da

Califórnia, já traziam aquela visão de universidade, empresa e pesquisa dentro de um mesmo território. Era o que Enio chamava de primeira geração dos parques tecnológicos.

Luiz sabia que era só o início. Precisava de mais referências. A visita a São José dos Campos mostrou que o primeiro passo seria necessariamente entender que modelo educacional seria o mais adequado. Luiz não queria copiar as universidades que conhecia no Brasil, até porque tinha um profundo conhecimento das deficiências na formação dos profissionais que essas instituições diplomavam. Em vez do modelo tradicional, queria um que fosse mais integrado às necessidades das empresas, o que por si só faria com que elas se interessassem em integrar o parque. E que, evidentemente, seria muito benéfico para a própria Prati, primeira grande empregadora dos alunos saídos da futura universidade.

Os Donaduzzis poderiam encontrar essa e outras respostas no destino seguinte: Alemanha. Em princípio, a escolha dos germânicos como referência pareceu uma feliz coincidência. Uma entidade educacional estava promovendo uma visita supervisionada ao país. Era o Sindicato das Entidades Mantenedoras de Estabelecimentos de Ensino Superior no Estado de São Paulo (Semesp), que representa o setor no Brasil. O objetivo era conhecer o segmento educacional da nação com maior Produto Interno Bruto da Europa, atualmente terceiro do mundo (na época da viagem ainda estavam em quarto, atrás do Japão, que perdeu uma posição em 2023).

Para além da feliz coincidência, a Alemanha parecia ser uma escolha óbvia por outros motivos. A começar pelo fato de a Prati ter um histórico de importação de máquinas que quase sempre eram alemãs. Mesmo quando fabricadas na Índia – chegando ao Brasil com um indiano junto para ensinar a usá-la –, o projeto era germânico.

Havia também a importância histórica do desenvolvimento científico. É famosa a frase de *sir* Ian Jacobs, secretário militar de Winston Churchill durante a Segunda Guerra Mundial: "Os Aliados ganharam porque 'nossos' cientistas alemães eram melhores do que os cientistas alemães 'deles'".

Só no êxodo de cientistas que fugiram do nazismo, e que o próprio Adolf Hitler encorajou a partir, estavam 19 ganhadores do prêmio Nobel. Se cada país fizesse uma lista com seus dez maiores gênios, dificilmente algum outro superaria a cultura germânica em termos de impacto, não só em ciência, mas em toda a história do conhecimento: Immanuel Kant, Alexander von

Humboldt, Karl Marx, Rudolf Clausius, Gregor Mendel, Friedrich Nietzsche, Max Planck, Max Weber, Sigmund Freud e Albert Einstein. São nomes que moldaram o pensamento ocidental, vindos tanto da Alemanha quanto da Áustria, revelando o profundo legado intelectual da região.

As razões para isso eram históricas, incluindo o fato de terem conseguido construir uma classe média extremamente bem-educada. A Prússia, antigo estado alemão que foi o coração da unificação da Alemanha no final do século XIX, impôs a escola para crianças entre sete e catorze anos a partir do início do século XIX. Na Inglaterra, isso aconteceria em 1880, quando os germânicos já tinham 2,5 vezes mais estudantes universitários do que os britânicos.

Os alemães ficaram chocados quando foram divulgados pela primeira vez, em 2000, os resultados do Programa Internacional de Avaliação de Alunos, o Pisa (do inglês Programme for International Student Assessment): não estavam em primeiro lugar. O país ficou em 21° em Matemática e Ciências e em 22° em Leitura. O Pisa confere o nível dos alunos adolescentes em Matemática, Leitura e habilidades científicas em um teste de duas horas. É o mais importante *ranking* educacional do mundo, e os alemães ficaram devastados com a notícia.

O Brasil disputava os últimos lugares, situação que se repetiu no anúncio seguinte, em 2003. Apesar de sairmos das últimas posições, com uma pequena melhora, isso se deveu ao aumento do número de países participantes. Atualmente, ainda temos um dos piores desempenhos, ficando em 65° (Matemática), 52° (Leitura) e 62° (Ciências). É possível dizer que a divulgação do *ranking* nunca chegou a produzir um resultado que se traduzisse em ascensão na lista. No caso da Alemanha, foi um pouco diferente. Eles subiram em todas as posições na segunda divulgação, repetindo com regularidade o feito a cada anúncio do programa. No *ranking* de 2024, apareciam em 12° em Ciências e em 16° em Matemática.

Mesmo filosoficamente, os alemães encaravam a educação de maneira mais central. O conceito de *Bildung*, considerado único do país, supõe que a salvação (que outras culturas encontram exclusivamente na religião) pode ocorrer por meio da educação. Era perfeito para uma classe média em um século assolado pela dúvida entre Deus e Darwin. Por isso, por meio do *Bildung*, o indivíduo podia se desenvolver completamente e alcançar a perfeição, inclusive em termos morais.

Como resultado, o autor norte-americano Peter Watson, que escreveu *The German genius* ("O gênio alemão", não traduzido para o português), afirma que eles foram os primeiros a institucionalizar a pesquisa científica. Ela já existia, claro, mas os alemães fizeram com que fosse produto de um esforço nacional organizado, criando inclusive o próprio conceito moderno de PhD, que Watson declara ser uma das "mais influentes inovações alemãs, embora muito menos apreciada".

De fato, embora o doutorado já existisse bem antes disso, essa concepção contemporânea de pesquisa sistemática que confere o título de PhD a quem a encabeça vem de lá. Ou seja, a união de pesquisa e ensino, com professores e alunos engajados na busca por uma pesquisa original, em um ambiente com autonomia acadêmica. São elementos que só aparecem juntos após a criação da Universidade de Berlim, por Alexander von Humboldt, no início do século XIX, uma das universidades que o grupo de Luiz e Carmen visitaria. O especialista norte-americano Clark Kerr ainda distingue a abordagem alemã da inglesa, afirmando que os germânicos optaram por focar a pesquisa e a especialização com fortes vínculos com o Estado. Foi exatamente o modelo que surgiu pelas mãos de Humboldt, quando fundou a Universidade de Berlim.

Por volta de 1850, quase todas as universidades germânicas tinham sido transformadas em institutos de pesquisa. Um pesquisador de Princeton analisou as universidades prussianas do período e elencou quatro inovações principais que as distinguiam das instituições do resto do mundo: 1) publicação de novos resultados baseados em pesquisa original, fruto de investigação científica própria, como exigência mínima para qualquer cargo universitário; 2) infraestrutura criada especificamente para o apoio à pesquisa, como livrarias, seminários e laboratórios; 3) ensino de métodos de pesquisa; 4) corpo acadêmico que glorificava acima de tudo a pesquisa original.

É por isso que se afirma que foram eles que integraram pela primeira vez a "institucionalização da descoberta". Somente na segunda metade do século XIX essas características chegariam com força aos Estados Unidos e à Inglaterra.

Esse ambiente teve consequências incalculáveis para a ciência alemã. Inclusive, há quem estabeleça o marco da indústria farmacêutica moderna na criação da aspirina, em 1897, pelo alemão Felix Hoffmann. Mesmo a ascensão do laboratório contemporâneo não teria sido possível sem que fosse aperfeiçoado o mais útil dos seus instrumentos: o microscópio. Que por sua vez deve a maior parte de suas patentes a três alemães: Carl Zeiss, Ernst Abbe e Ernst Leitz.

Foi esse país que Luiz, Carmen e quase trinta representantes, entre presidentes e reitores de universidades privadas de vários estados, foram visitar na primeira quinzena de maio de 2015. Em dez dias, deveriam passar por instituições em duas cidades, Berlim e Munique. Além da Universidade Humboldt, também conheceriam a Universidade Técnica de Munique, a Escola Profissionalizante de Munique – Städtische Berufsschule für Kfz-Technik München – e a Universidade Steinbeis. Ao ver a lista, Luiz achou interessante que, entre as instituições de ensino, também estava listada a empresa BMW. Imediatamente suspeitou qual seria o motivo de terem incluído a fabricante de automóveis, mas resolveu aguardar para confirmar suas suspeitas.

Junto com eles estava o diretor-executivo do Semesp, Rodrigo Capelato, um veterano daquele tipo de missão. Era a sétima feita pela entidade, desde que, seis anos antes, tinham ido a São Francisco, na Califórnia, visitar Stanford, Berkeley, UCLA e outras instituições, além da agência reguladora de ensino superior norte-americana. Depois disso, visitaram França, Estados Unidos, China, Inglaterra e Canadá. Agora na Alemanha, como das outras vezes, o objetivo era o mesmo: conhecer os diferentes modelos de educação superior.

De certa maneira, repetiam o que o norte-americano Horace Mann havia feito em meados do século XIX, quando saiu de Massachusetts e foi até a Prússia examinar o sistema de educação. O grupo de Luiz e Carmen tinha expectativas bem mais sofisticadas que as de Mann 172 anos antes. Queriam conferir as inovações, fazer *benchmark* e, se possível, estabelecer parcerias das instituições com as universidades do Brasil.

O que eles encontraram foi um ambiente em que havia uma relação extremamente forte entre universidade e empresas, o que chamam de "modelo dual". Era por essa razão que Luiz já suspeitava que o grupo também tinha incluído na agenda visitas a empresas. Uma montadora, como a BMW, que iriam visitar, não só interferia no currículo da universidade, mas também tinha o aluno estudando dentro da empresa, que acaba sendo um ambiente de aprendizado. "Isso é raríssimo no Brasil", comentou Rodrigo, acrescentando que nunca tinha visto uma relação tão forte entre empresa e universidade. Tudo isso em universidades públicas, que eram a maioria das que eles estavam visitando em Berlim e em Munique.

Rodrigo percebeu o contraste com o modelo tradicional, dos países que tinha visitado antes, em que o aluno faz toda a jornada na universidade e depois, somente no final, vai ter contato com o mundo do trabalho e iniciar uma carreira. Vira projetos pontuais diferentes disso em outros países, mas na Alemanha a relação íntima entre universidade e empresa era estrutural.

Era exatamente o que Luiz esperava ouvir, o que o fez lembrar-se dos funcionários que chegavam mal preparados, obrigando a empresa a aumentar o investimento em educação (como havia sido o caso da Uniprati). O próprio projeto que estavam criando era uma consequência disso, entre outros fatores. O fato de ter a exigência de estágio no currículo não ajudava muito, pois frequentemente eram experiências que costumavam estar fora de sintonia com o curso. É comum o estudante aceitar porque tem a ilusão de que vai aprender, e depois permanece porque precisa do dinheiro do salário.

O modelo alemão também parecia ser diferente do que Rodrigo presenciara na universidade norte-americana de Stanford. Ambas têm forte ligação com o setor empresarial, mas no caso norte-americano o vínculo é mais focado no financiamento e na comercialização de pesquisas, com incubação de *startups* e ênfase na propriedade intelectual. Ali na Alemanha, o modelo dava mais importância para a colaboração de longo prazo, para a qualificação técnica, alinhada às necessidades da indústria.

A viagem acabou, e, de volta ao Brasil, Luiz se sentiu mais entusiasmado do que nunca. Subia na pantaneira, preparando as futuras ruas do Biopark, ansioso para que o prédio da universidade ficasse pronto logo. As ideias amadureciam, indo além do que Enio havia explicado como a primeira geração dos parques tecnológicos – universidade, empresa e pesquisa dentro de um mesmo território – que Luiz tinha visto na prática mundo afora. Com a orientação do urbanista, foi decidido que as vias seriam espaçosas, algumas com até setenta metros de largura. "Isso vai fazer a diferença", explicava. Eles pensavam em algo mais avançado, gerações adiante, em que, além de indústria e universidade, aquela unidade urbana também abrigaria outros aspectos, para que realmente se tornasse um território orgânico. Onde a família estendida da Prati – e de toda a região – pudesse não somente trabalhar, mas viver.

Àquela altura, o parque se consolidava em termos legais, pois o trabalho de Enio dava frutos no Plano Diretor Participativo Toledo 2050. O documento que estava sendo aprovado no município trazia um anexo específico sobre o projeto, com o nome "Parque Científico e Tecnológico de Biociências (Biopark) de Toledo".

O Plano Diretor já indicava muito do que eles vinham discutindo nos últimos anos, prevendo setores específicos, como industrial, comercial, universitário e residencial. Em 16 de setembro de 2016, foi proposta a Lei Complementar nº 2.233, que dois meses depois seria referendada em audiência pública pela comunidade. Ela estabelece um perímetro urbano especial, localizado na rodovia estadual PR-182, perto da conexão com a BR-163. É a Zona do Parque Tecnológico de Biociências (ZPT).

A grande vantagem é que o Biopark passava a ter segurança jurídica, um aspecto importante para quem pensa em investir e empreender. Tudo havia sido feito dentro da legislação, com taxa de ocupação, recuo, normas de edificações etc. E estavam previstos todos os incentivos fiscais. O documento ainda adiantava algumas novidades, como o anúncio de que o casal Donaduzzi estava doando oficialmente o terreno para o Biopark, trazendo a mensagem importante de que aquele projeto ia muito além de seus fundadores. Havia também a notícia do lançamento da "Pedra Fundamental" de uma instituição federal, indicando o começo da construção de um edifício crucial para o parque tecnológico, o que para muitos era a garantia definitiva do sucesso.

Mas talvez a notícia mais importante de todas, igualmente registrada no Plano Diretor, não seria nenhuma dessas. Não se tratava de prédios ou ruas. Afinal, nenhuma construção tinha sido finalizada, as ruas inacabadas estavam empoeiradas e as calçadas ainda por fazer. O fato realmente relevante era a chegada de um pequeno grupo de jovens, alguns tímidos, outros falando alto, os primeiros a cruzar a soleira daquele prédio ainda com tinta fresca. Eram os primeiros estudantes do parque que começavam suas aulas. A educação acontecia naquele território.

O Biopark estava realmente nascendo.

Capítulo 27

A força da gravidade

Nem todo mundo entendia o que estava sendo exibido naquela apresentação de PowerPoint. Luiz apontava e explicava, falando de variáveis de uma fórmula científica. Ele estava tentando fazer uma metáfora do que teria que fazer com o Biopark. Projetada na parede, uma enigmática imagem de um buraco negro.

– A energia gravitacional atrai as pessoas para o centro – explicava Luiz, enquanto apontava para a imagem.

Ele usava o fenômeno astronômico para transmitir o que teriam que fazer no novo parque tecnológico. No decorrer dos meses, a equipe que ele havia montado conseguiu convencê-lo de que a imagem não era muito didática. "Ele esquece que nem todo mundo é cientista", diziam. A mensagem foi alterada, passando a focar a ideia de que o Biopark era "acolhedor".

É possível que a abordagem inicial não fosse a mais eficaz, mas do ponto de vista conceitual Luiz estava correto. O grande desafio do parque era se tornar um lugar que atraísse inovação por inércia. Que estudantes quisessem estudar, cientistas quisessem fazer suas pesquisas e empreendedores quisessem fundar ali suas empresas. Idealmente, buscariam o Biopark por suas vantagens naturais, a começar pela oferta de profissionais qualificados, que deveriam sair dos bancos da futura universidade que Luiz estava construindo e de outras que ele sonhava em atrair para o parque.

Ao menos naqueles primeiros anos, é possível que o passo mais importante tenha acontecido quase por acaso. Toledo abrigava uma faculdade de medicina da Universidade Federal do Paraná, mas as condições do espaço limitavam o crescimento. Era até possível que o curso fosse cancelado e a faculdade deixasse a cidade. Na época, meados de 2016, Luiz já havia iniciado os planos da própria universidade no Biopark. Mas ter uma federal seria uma oportunidade grande demais para deixar passar. Poderia ser o tal "buraco negro", oferecendo a força gravitacional necessária para que o mundo começasse a ser atraído pelo Biopark.

Como a possibilidade de retorno era grande, Luiz concluiu que valia a pena investir. E decidiu fazer uma proposta semelhante ao acordo que tinha assinado meses antes, no início do ano, com os pesquisadores da USP de Ribeirão Preto: construir um prédio e doar para a universidade pública. Tinha sido a condição para que o projeto da Prati com *Cannabis* medicinal avançasse. Se havia funcionado com uma universidade pública, poderia funcionar com outra.

A experiência adquirida na Prati se provou útil. Proposta feita, proposta aceita. O Biopark abrigaria um *campus*. Em 16 de novembro a construção começou, com o anúncio da pedra fundamental da Universidade Federal do Paraná, *campus* Toledo. E treze meses depois o primeiro bloco do prédio estava pronto para receber os alunos.

Mais do que um selo de credibilidade, a vinda da universidade federal indicava que algo grandioso e com raízes profundas estava acontecendo naquele local. Ia além da promessa de atrair talentos e investimentos, reconfigurando a dinâmica de desenvolvimento. Era também um marco histórico: o Biopark deixava de ser somente o sonho de um indivíduo e começava a se integrar de forma definitiva ao tecido social e econômico de Toledo e de toda a região.

Evidentemente o processo estava somente começando. No caso da Federal, o crescimento teria que seguir um ritmo próprio. Mesmo com as paredes subindo rapidamente, havia regras que limitavam a capacidade de expandir a oferta. Por ora, a universidade só poderia oferecer o curso de medicina. Apenas quando formassem a primeira turma é que haveria a possibilidade de um segundo curso, como enfermagem. Portanto, a força gravitacional oferecida pela Federal tinha limites e aumentava lentamente.

Enquanto isso não ocorria, diversas atividades podiam ser realizadas nas salas que não estavam sendo ocupadas pela Faculdade de Medicina. Isso porque o acordo previa que a doação do prédio só seria formalizada após o segundo curso ser autorizado. Durante esse período, o Biopark poderia continuar usando o espaço, por exemplo, com empresas que vinham fazer reuniões ou alunos que vinham fazer cursos oferecidos no parque tecnológico.

O impasse perdurava. Havia infraestrutura, havia planos, mas permanecia o dilema de como atrair as pessoas. Enquanto isso, a cidade vizinha exercia sua própria força gravitacional. A menos de 50 quilômetros de Toledo, Cascavel tinha quase o dobro da área e bem mais do que duas vezes a população do município que abrigava a Prati e o Biopark. Entre os indicadores, Toledo praticamente só levava a melhor em um: o PIB *per capita*, ligeiramente mais alto que o da vizinha.

No fim de 2018, uma notícia importante, que ampliava a força gravitacional: a formatura de sua primeira turma de alunos. Eram os 28 jovens que tinham concluído o curso técnico de farmácia oferecido no Biopark, aqueles que tinham inaugurado a educação em um espaço de ruas inacabadas, em um prédio ainda por finalizar. Depois de dezoito meses, estavam preparados para atuar em farmácias de dispensação e manipulação, além da área industrial, como na produção, desenvolvimento e controle de qualidade dos medicamentos.

A essa altura, Luiz já preparava o que seria mais um marco do parque: o início das aulas em sua própria universidade. Porque o curso de medicina na Federal era fundamental, mas o pontapé simbólico seria o lançamento do primeiro curso no prédio que se erguia em frente ao da universidade pública. E o primeiro curso de ensino superior não poderia ser outro: Farmácia.

O empresário tinha muito claro o que queria. "O modelo atual de ensino não é mais eficiente", pensava consigo e comentava com todos que encontrava. E completava que não adiantava continuar fazendo o mesmo que nos últimos 40 anos. Seria um curso bem diferente daquele que ele mesmo tinha concluído nos anos 1980, na Universidade Estadual de Maringá. Mais importante ainda, queria que fosse diferente do que se via atualmente no Brasil.

A filosofia era a mesma usada nos programas educacionais da Prati-Donaduzzi: os conteúdos tinham que ser compatíveis com a necessidade das empresas e do mercado de trabalho. Tinha dado extremamente certo, então seria repetido. Mas não só isso, Luiz queria aperfeiçoar esse modelo, inspirando-se em países asiáticos, como a Coreia do Sul, e mesmo vizinhos, como o Chile.

Como se fosse uma representação material desse esforço, chegaram às salas de aula do Biopark várias mesas hexagonais. Esses móveis individuais, com formato que permite que sejam dispostos em círculo, substituem o modelo tradicional de carteiras enfileiradas, em que os alunos sentam-se um atrás do outro. Em vez disso, passaram a sentar-se em pequenos grupos, o que incentiva a colaboração, em vez da individualidade. Não que a mobília diferente fosse fundamental, mas ela dava uma pista sobre a vontade de fazer diferente. De fato, o parque ia investir nas chamadas metodologias ativas, em que os alunos aprendem principalmente por meio de desafios baseados em problemas e situações reais. Era um modelo colaborativo, no qual o professor assume o papel de orientador e mentor, enquanto o aluno se torna o protagonista do próprio aprendizado.

Quando as inscrições foram abertas, quase 300 candidatos se interessaram em disputar as 48 vagas oferecidas para a graduação. Já nessa fase, Luiz quis fazer diferente. No processo seletivo, primeiro os alunos participariam de aulas semanais e de simulados. E isso seria só a primeira fase. Depois, na segunda, teriam que passar por múltiplas entrevistas durante três dias, para que fossem avaliados com base em competências emocionais e comportamentais.

Finalmente, em 18 de fevereiro de 2019, aconteceu a aula magna, ministrada pelo próprio Luiz. Pouco depois seria inaugurado o Laboratório de Biomateriais e Bioengenharia, em parceria com uma universidade canadense de Quebec, que ainda traria outras novidades para o Biopark.

Com tudo isso, ainda não era possível dizer que o Biopark havia se transformado no "buraco negro" que Luiz imaginava, atraindo empresários, estudantes e pesquisadores com enorme força gravitacional. Mas a formação que estava sendo dada aos alunos não passou despercebida.

Gradualmente, as empresas da região começaram a se dar conta do que estava ocorrendo. Como no caso do industrial curitibano Atilano Oms, fundador do grupo Inepar, que ficou surpreso com o que encontrou no Biopark. Para compreender a extensão da reação do empresário, que atuou em setores tão diversos, como telecomunicações, construção civil, energia e petróleo, é interessante saber que ele tinha ficado décadas fora do Paraná. Retornou no início da década de 2010 e encontrou um estado transformado econômica e socialmente, tanto pelo encolhimento do setor industrial como pela expansão do agro.

Em meio a essa transformação, Atilano ficou admirado com a existência de uma empresa como a Prati-Donaduzzi, em uma cidade pequena e em uma região sem tradição no setor de farma. Passou a dizer que "o sonho de um homem pode transformar uma cidade". Mas o industrial ficou ainda mais estupefato com o desempenho do colega empresário na área de educação. "O que mais admiro em Luiz é a formação de gente", disse. Especificamente, o sistema de capacitação que ele havia criado para atender a necessidade da Prati, que acabou por assistir a região. No Biopark, a admiração de Atilano foi multiplicada, ao ver os modelos educacionais que Luiz havia trazido de fora, com a metodologia ativa, formando até pessoas que só tinham o segundo grau e em seis meses saíam formadas. "Isso precisa ir para as outras universidades", repetia Atilano, admirado com o que Luiz estava "devolvendo para a sociedade" e prometendo firmar um acordo de colaboração com o Biopark.

Tudo isso estava funcionando antes do parque ter ruas finalizadas. O que mudaria em breve, pois Luiz já sabia inclusive qual seria o nome da via principal: Avenida Max Planck, o cientista alemão considerado o pai da Física Quântica. Um dos fundadores da física moderna, ele deu nome à famosa constante de Planck, que relaciona a energia de uma partícula de luz (fóton) à sua frequência. A partir dela, foi possível entender melhor como a energia se comporta no mundo subatômico, entre outras contribuições do famoso pesquisador.

Além da Avenida Max Planck, era hora de completar o traçado urbano do Biopark, mais uma tarefa a que Luiz se dedicaria em 2020. E, para contribuir com essa dedicação, os funcionários da Prati-Donaduzzi testemunhariam uma cena histórica no início daquele ano, em janeiro. O episódio parecia banal: dois funcionários tirando uma mesinha de madeira de uma sala.

No entanto, não era uma mesa qualquer sendo retirada das dependências da fábrica. Sua remoção simbolizava o fim de uma era. A sala e a mesa eram de Luiz Donaduzzi, que não passaria mais seus dias ali. Carmen manteria sua interação, especialmente com a área de pesquisa. Mas seu marido, fundador e acionista, que durante anos havia sido associado à marca, deixava de cumprir expediente na empresa que havia criado.

Com Eder Fernando Maffissoni como CEO, a presença de Luiz dentro da Prati havia deixado de ser um pré-requisito para o sucesso. Além disso, era fato conhecido que a duplicidade de autoridade pode se tornar um elemento "maléfico" – como caracterizou um dos conselheiros da empresa. Quando há sobreposição, começam os problemas de comunicação e a perda de autoridade de pelo menos uma das lideranças.

Funcionários insatisfeitos acabam por reclamar para um ou para outro, buscando burlar regras ou sugerindo acordos fora das normas vigentes na empresa. Luiz sabia bem disso. Por isso, tomou uma das decisões mais difíceis para um fundador: deixar o barco e observar de longe. Assim, a mesa foi retirada.

A Prati seguiria seu caminho. Para Luiz, o desafio agora seria se dedicar integralmente à tarefa de fortalecer o Biopark e aumentar a sua capacidade de atração. Uma nova fase estava começando. E ela tinha endereço novo.

Capítulo 28
Pressa de futuro

As crianças correram em sua direção assim que ele entrou na sala. Não pareciam ter mais de oito anos, o que tornava Luiz um gigante. Elas não se intimidaram.

– Olha, estamos fazendo plástico biodegradável com chorume.

Estavam no Charles Darwin, edifício da universidade do Biopark, inaugurado em 2021. A escolha do nome reforçava o foco em ciência, homenageando o inglês que havia transformado para sempre a compreensão da vida na Terra. Toda semana o edifício recebia centenas de crianças, com transporte gratuito oferecido a quem vinha de Toledo, e que a partir de quatro anos tinham a oportunidade de estar no Biopark. Era o programa Clube de Ciências.

Com a curiosidade científica estimulada, as crianças se encantavam mais e mais a cada semana com as possibilidades infinitas do universo e as incríveis regras que o governavam. De certa forma, era um sentimento semelhante ao de Luiz quando pisou pela primeira vez na biblioteca do Ginásio Agrícola. A ciência era o caminho para compreender o funcionamento do mundo. Ou pelo menos uma das maneiras para levar a isso, o que já criava uma revolução nos neurônios daqueles jovens cérebros.

Os anos se passaram e algo não planejado ocorreu: os funcionários da Prati-Donaduzzi com filhos no Clube de Ciências fortaleceram seu vínculo com a empresa. Desde que suas crianças começaram a participar das atividades científicas, nenhum desses pais deixou a companhia. Luiz concluiu que o Clube também era uma ferramenta eficaz para reduzir a rotatividade.

A descoberta o encheu de alegria. Desde que tinha passado o bastão para Eder, reter funcionários seguia sendo o tema mais abordado nas conversas periódicas com o CEO. Luiz examinava com lupa a causa de cada funcionário perdido, um número que podia chegar a centenas por mês. Não era nada excepcional, considerando que a Prati empregava quase 5 mil funcionários em 2022. Ainda assim, reduzir a rotatividade naquele grupo específico era uma façanha digna de nota.

Os ganhos eram muitos. Reter bons funcionários tinha influência direta na qualidade da força de trabalho. E, mesmo de um ponto de vista puramente financeiro, a conta era muito positiva. Substituir um funcionário experiente custava mais de 30 mil reais, enquanto o gasto por aluno no Clube era uma fração desse valor. Luiz só via motivos para ficar feliz.

Alguém poderia argumentar que o funcionário que colocava o filho no Clube de Ciências já tinha uma probabilidade menor de querer deixar a empresa. Isso não era relevante. Poucas coisas deixavam Luiz mais satisfeito do que entrar na sala e encontrar as crianças desvendando o funcionamento do mundo.

Entretanto, seu humor podia mudar rapidamente quando ele saía do Charles Darwin. Criar uma cidade é tarefa colossal, ainda mais envolvendo inovação e nos níveis de excelência que Luiz se impôs. É evidente que a rotina seria recheada de imprevistos, reveses, barreiras e desastres. Não que faltassem boas notícias, como a chegada do Instituto Federal do Paraná (IFPR) em 2022, uma instituição pública especializada na oferta gratuita de educação profissional e tecnológica em diferentes modalidades e níveis de ensino. No Paraná, já eram quase 30 mil estudantes em 310 cursos, incluindo técnico, graduação, qualificação profissional e pós-graduação. Luiz lhes ofereceu um prédio e a perspectiva de participar do centro de inovação que estava sendo criado. Com isso, a adição do IFPR era mais uma conquista que parecia confirmar o caminho que estavam seguindo.

Porém, para cada vitória, uma infinidade de pequenas dificuldades surgia, que Luiz resolvia enquanto olhava o vasto terreno que tinha comprado. Já tinham aberto ruas e erguido prédios, mas quem poderia garantir que um dia aquele lugar realmente seria tudo que ele sonhava?

Alguns problemas surgiram logo no início, como a necessidade de inverter a ordem de loteamento. Normalmente, a orientação é que se inicie pela parte mais baixa do terreno e vá subindo. Quando chove, a água desce e encontra embaixo galerias que costumam funcionar como bueiros ou drenos, permitindo o escoamento do excesso. Mas no Biopark não foi assim. Luiz sabia que o parque precisava atrair pessoas rapidamente, caso contrário a "força gravitacional" não se estabeleceria. Por isso, foi necessário começar o loteamento por cima, para que os interessados em investir já pudessem adquirir terrenos.

No início de 2023, as chuvas vieram fortes, o que obrigou os funcionários a interromper diversas vezes o trabalho. Desde que começaram a preparar a Avenida Max Planck, o Biopark contava com um encarregado de terraplanagem indicado pelo irmão Arno (falecido em 2020). Era Vanderlei Silva, que operava uma escavadeira 320 idêntica à de Luiz. Depois da primeira avenida, veio a Rua Alexandre Fleming, aberta no mesmo mês em que Arno faleceu.

Vanderlei seguiu limpando o terreno e substituindo os campos de soja por ruas. Isso quando as chuvas não o obrigavam a parar as máquinas e dispensar os funcionários. Na época, o ritmo estava se acelerando, e Luiz caminhava para ter trinta equipamentos abrindo, limpando e preparando as ruas. Mas a chuva atrapalhava o progresso, com a enxurrada alagando rapidamente a parte de baixo.

Eventualmente chovia 200 milímetros em uma única hora e tudo ficava alagado. Para resolver o problema, Vanderlei foi obrigado a criar lagos a fim de escoar o excesso. Mas mesmo esses espaços enchiam, e, às vezes, os funcionários tinham que ficar até por volta das 23h abrindo valetas para impedir que a água barrenta chegasse ao rio.

Mesmo quando tudo parecia ir bem, as visitas às obras consumiam uma enorme quantidade de energia do empresário, pois cada uma delas se transformava em uma inspeção. Principalmente depois de Luiz ter tirado sua mesinha da Prati, era comum encontrá-lo andando ou dirigindo, antes das sete da manhã, observando as ruas e conferindo se estava tudo perfeito. Não admitia calçada com aspecto feio, com montes de terra jogados por cima. Pedia também a Vanderlei que passasse o trator e roçasse o mato. Os funcionários entendiam a mensagem e repetiam: "Tem que ficar bonito, grama cortada, tudo arrumadinho".

Em um giro rotineiro pelas novas ruas, passou por uma rotatória e parou o carro. Desceu, mediu com o olhar. Parecia desnivelada para fora. "Se passar um apressadinho por aqui", pensou, "ele pode capotar". Voltou ao centro de vendas, montado do lado da estrada, onde agora havia uma sala de reuniões. Ao mencionar a urgência de corrigir a rotatória, alguém comentou que seria necessário falar com o engenheiro responsável e mandar refazer o projeto.

– Não vamos esperar o projeto – respondeu.

Não esperava prefeitura, não esperava engenheiro. Não se tratava somente de atingir a excelência, mas de fazer o futuro com que ele sonhava chegar mais rápido. Mais tarde, ligou para Vanderlei e pediu-lhe que levantasse o terreno com pedra, de forma que a pista ficasse com caimento para dentro. Tinha de ficar bonito e precisava ser seguro. Ele tinha pressa. Às vezes imaginava que o que ele estava criando só daria frutos na geração seguinte. Outras vezes, especialmente quando uma grande conquista ocorria, tudo que ele imaginava parecia próximo, quase visível no horizonte.

O binômio ansiedade e excelência se via em cada detalhe, até mesmo no asfalto, que, como todas as outras coisas, era pago com recursos próprios. Evidentemente, a prefeitura poderia ser chamada, mas seria extremamente demorado. Além disso, Luiz fazia questão de fazer um asfalto preparado para tráfego pesado. Era um contraste enorme com diversas prefeituras, que faziam ruas que duravam quatro anos. Não era o caso de Toledo, que tinha vias com boa qualidade, mas ali a exigência era maior. "Toda a terraplanagem era feita com o apoio de um laboratório de compactação", explicava Vanderlei. "Podiam passar caminhões todos os dias, que o asfalto seria capaz de resistir." As ruas do Biopark precisavam durar muito.

Apesar dos contratempos e da ansiedade, andar pelo Biopark seguia sendo uma fonte de satisfação para Luiz. A paisagem se transformava de forma acelerada; bastava ficar ausente algumas semanas para encontrar um cenário diferente. As árvores dos canteiros cresciam, os prédios subiam e o número de alunos aumentava. Para quem tinha pressa de futuro, aquele era o lugar ideal; em nenhuma outra região o tempo avançava mais rápido do que no Biopark.

Aos poucos, o parque indicava o que deveria ser: uma cidade, com todas as suas complexidades, riquezas e dificuldades. Mesmo Luiz, com toda a sua atenção, não daria conta da infinidade de demandas que o Biopark começava a gerar. Para apoiá-lo, logo nos primeiros anos criou um conselho, em que se discutiam as estratégias e possibilidades do Biopark. O grupo era composto pelo próprio Luiz, por seu filho, Victor, que assumiria um papel importante na empreitada, pelo CEO da Prati, Eder Maffissoni, pelo urbanista Enio Perin e pelo engenheiro Pedro Palmeira. Pedro havia sido executivo com carreira internacional no setor químico e depois ficou quase vinte anos como chefe de departamento no BNDES, na área de indústria e produtos para saúde. Quando saiu do banco de fomento, Luiz imediatamente o chamou para fazer parte do conselho do Biopark. Depois de um período de quarentena, isto é, quatro meses de interdição, em que o profissional não pode realizar atividade ligada ao cargo exercido, Pedro Palmeira aceitou o convite.

Em 2024, Luiz criou um segundo conselho, este composto exclusivamente por urbanistas, que teriam a tarefa de refletir sobre a coletividade que estavam criando. Além de Enio, convidou o arquiteto Mario Costenaro, que naquele mesmo ano seria pela primeira vez candidato a um cargo político, disputando a prefeitura de Toledo. Para completar o grupo, uma aquisição fundamental e única, com a entrada do arquiteto e urbanista João Alberto Viezzer Filho.

A participação de Viezzer era crucial porque ele havia sido o primeiro investidor do Biopark, um movimento com motivos relevantes e que vale a pena examinar. Primeiramente, comprar um lote no Biopark não era uma decisão trivial. O metro quadrado chegava a ser mais caro que o de alguns bairros já plenamente urbanizados de Toledo, um contraponto enorme se considerarmos que, quando Viezzer chegou, o Biopark nem sequer tinha ruas. Vanderlei ainda não tinha feito a Avenida Max Planck, nem a Rua Alexander Fleming.

Mesmo assim, Viezzer decidiu investir, por uma razão muito simples: porque Luiz dizia que seria bom. A imagem do empresário na região era tão forte que bastava isso para atrair interessados, era suficiente saber que se tratava de um empreendimento criado por ele. Não apenas por ter fundado a Prati, mas porque tinha angariado na região o respeito e a confiança de quem o conhecia. E assim começaram a chegar os investidores.

Viezzer seria o primeiro de centenas, mas sua importância não terminou aí. Arquiteto por formação e tendo sido secretário de Planejamento de Toledo, ele tinha um perfil valioso no conselho, também agindo como uma influência positiva no parque. Afinal, um dos desafios de Luiz parecia ser conseguir criar uma comunidade de moradores que compartilhassem os mesmos valores que ele. No caso específico do parque, excelência no cuidado das propriedades e valorização da ciência, da inovação e do empreendedorismo. Mais tarde, o urbanista toledano criaria a Associação dos Investidores no Parque Científico e Tecnológico de Biociências, de onde veio o acrônimo "Assinbio".

A associação visava atender diversas necessidades do Biopark. Incluindo questões prosaicas, como o descuido de deixar entulho na frente dos prédios – o que incomodava bastante Luiz, em sua eterna busca pela excelência. Para além disso, havia o pensamento de que um dia o Biopark deveria conduzir a si próprio, com uma participação ativa dos investidores que faziam parte dele.

A organização dos investidores era mais um dos vértices fundamentais – juntamente com universidades, trazendo alunos e pesquisadores –, contribuindo para criar a mágica que impulsionaria o Biopark. Mas havia um outro elemento, tão importante quanto esses. Era a busca constante por referências e parcerias internacionais. O que Luiz tinha feito indo para a Alemanha, buscando os modelos mais adequados, teria que se tornar parte da cultura do parque, permanentemente sintonizado com o que há de mais avançado no planeta.

Desde 2017, Luiz vinha fazendo visitas ao Canadá. O contato começou quando o canadense François Godbout ouviu de amigos sobre o que estava acontecendo em Toledo e visitou o parque. Com muitos anos de experiência acompanhando parcerias estratégicas e colaborações científicas, Godbout viu potencial naquele projeto ainda incipiente, com a terraplanagem – do que viria a ser o Charles Darwin – ainda em curso.

Desde a década de 1990, Godbout havia morado no Brasil em diversos períodos, representando o governo de Quebec em assuntos econômicos e acadêmicos. Era o guia ideal. Luiz prontamente o acompanhou ao Canadá, onde visitou empresas, universidades, centros de pesquisa e parques científicos. E até conheceu um pouco da culinária local, provando o famoso *poutine*, prato quebequense típico, composto, na receita clássica, por três elementos: batata frita, queijo coalho e molho de carne.

Entre 2017 e 2019, várias viagens foram feitas, sendo quase impossível medir os ganhos intangíveis obtidos. Luiz observava tudo que podia para tentar desenvolver em Toledo o ecossistema perfeito, que dependia de encontrar a modelagem correta da relação entre três elementos: gerir o espaço, atrair empresas e estimular o ambiente acadêmico. Mas, para além das ideias que surgiam dessas visitas, é possível citar alguns resultados concretos, especialmente a criação do Laboratório de Biomateriais e Bioengenharia (LBB), fruto de uma parceria com a Universidade Laval. Mais tarde, a colaboração prosseguiria com um intercâmbio, em que uma pesquisadora do parque, a doutora Cecilia Zorzi Bueno, embarcou para Quebec, onde passou quatro meses. Sem dúvida era o caminho, e aquele tipo de intercâmbio precisaria se repetir diversas vezes no futuro.

Entretanto, uma das viagens teria um resultado peculiar: queijo. Não aquele da *poutine* que Luiz gostava, mas o resultado de um convite feito por Godbout, que lhe perguntou se ele não gostaria de conhecer a fabricação canadense do produto. Não era longe, o local ficava na cidade de Saint-Hyacinthe, a 200 quilômetros de Quebec, onde estavam.

Luiz aceitou, vendo ali uma oportunidade. Havia tempos enxergava na indústria de alimentos um filão crucial para se investir, sempre dentro do foco do Biopark: inovação. Portanto, não se tratava somente de queijos, mas de todo tipo de derivados do leite, de iogurte a manteiga. Do ponto de vista econômico, havia um argumento adicional para inovar o produto no Paraná: o estado é o segundo maior produtor de leite do Brasil, com uma produção diária de 12 milhões de litros, sendo que 40% vão para a produção de queijo.

Em Saint-Hyacinthe eles conheceram o Centre d'expertise fromagère du Québec (CEFQ), uma organização criada alguns anos antes, em 2010, pelo Ministério da Agricultura canadense. Não tinha fins lucrativos, o objetivo do CEFQ era simplesmente apoiar a produção de queijo da região, oferecendo conselhos e serviços técnicos, além de transferência de tecnologia. Em suma, tinha a meta de disseminar inovação. Luiz achou aquele desenho institucional extremamente interessante.

Foi assim que nasceu o projeto de queijos finos do Biopark. De volta a Toledo, o empresário subiu novamente em sua pantaneira no fim de semana e escolheu uma área do Biopark para limpar. Ali, montou uma planta-piloto, uma abordagem totalmente científica de produção, com foco na precisão, em equipamentos de ponta e na reprodução cuidadosa de resultados. Fazia sentido: antes de ser empreendedor, ele era cientista.

Sua experiência tinha sido no mercado de farmas. Se o Biopark ia investir nessa produção, usaria o *know-how* tecnológico de um centro com foco na ciência. Tudo com o objetivo de adaptar e desenvolver as melhores práticas do setor. Mais tarde, Luiz traria do Canadá Mario Béland, diretor-geral do CEFQ em Saint-Hyacinthe, que veio ao Brasil orientar os primeiros passos do centro de inovação queijeira que nascia.

A estranha coincidência é que, anos antes, Luiz tinha tido contato com o tema. Na França, enquanto fazia o doutorado, chegou a dar aulas sobre controle de qualidade de queijo. Isso no país que era um dos principais centros de produção de queijos finos do mundo. Isso explica por que a ênfase na qualidade foi uma de suas primeiras preocupações quando decidiu investir no segmento. Também conhecia os problemas mais comuns do queijo nacional, como, por exemplo, a venda de produtos feitos de forma arcaica, sem as boas práticas de produção, tão difundidas na indústria alimentar.

Porém, a meta não era ser mais um produtor, ainda que com qualidade: pretendia ser uma referência. Não repetiria o que se encontrava em tantas queijarias pelo país, que faziam produtos com o mesmo gosto, sem nada inovador. Sabia ser prática corrente viajar até a Europa e copiar os estilos e os nomes dos queijos italianos e franceses. Esse era um caminho a evitar se a proposta do Biopark era realmente inovar.

A empreitada exigia descobrir talentos extraordinários. Foi o que levou Luiz a contratar profissionais como Maike Maziero, doutora em tecnologia de alimentos, assim como o jovem Kennidy de Bortoli, que contava ter se apaixonado por queijo antes dos três anos de idade e nunca quis fazer outra coisa na vida. Sua realização iniciou-se ao cursar Engenharia de Alimentos e ao começar a trabalhar com o que queria. Mas o sonho realmente tomou forma quando soube o que Luiz pretendia fazer no Biopark. Lá, Kennidy poderia aprender e se concentrar totalmente no desenvolvimento de técnicas inovadoras e na criação de queijos finos. Em 2018, inscreveu-se no processo de seleção. Passou por várias etapas, incluindo uma entrevista em inglês com os parceiros canadenses. Depois de meses sem ter resposta, achou que tivesse perdido a oportunidade.

Finalmente foi contratado e começou a passar seus dias estudando manuais, única fonte disponível para o conhecimento técnico de que precisava. Faltava a prática. Em 2021, Kennidy já tinha aprendido tudo que podia daquela maneira. Foi quando entrou na história o suíço Josef

Locher, que morava no Brasil havia mais de vinte anos. Após alguns encontros, Kennidy concluiu que não sabia nada até aquele momento. Mais tarde, após muitos encontros com Locher, ele acabaria afirmando: "Locher me ensinou tudo que eu sei".

À medida que aprendia, Kennidy também orientava técnicos, produtores e mestres queijeiros da região. Certa vez, um mestre queijeiro tentava fazer *cheddar*, orientado por um técnico que tinha contratado. Quando mostrou a foto para Kennidy, este ficou chocado, pois o queijo estava escorrendo, o que ele chamou de "esgualepado".

Kennidy virou-se para o técnico e perguntou:

– O que aconteceu aqui? Por que está desse jeito?

– Mas é assim que *cheddar* tem que ser – respondeu o outro.

Depois de respirar fundo, Kennidy explicou que o *cheddar* tinha de ser "um bloco fechado, bonito". E que não era possível consumir aquele produto. Então, sugeriu que ele mudasse a formulação e lhe mandasse a foto quando o queijo ficasse pronto. Essa cena se repetiria diversas vezes, à medida que os produtores da região ficavam sabendo que podiam contar com a orientação do jovem. O projeto se consolidava e agora tinha um nome: Queijaria Flor da Terra, que produzia os queijos e transferia a tecnologia para produtores da região.

Um dia, Locher surpreendeu a todos que trabalhavam no Biopark. Especialmente Kennidy, que a essa altura admirava muito o mestre. A frase inesperada veio depois que lhe foi apresentada uma *raclette*, uma preparação culinária de queijo semelhante ao *fondue*, que tinha sido feita pelo jovem queijeiro. Era um prato da região suíça de Valais, portanto o mestre sabia melhor do que ninguém do que estava falando.

Kennidy acreditava que tinha feito um trabalho bom o suficiente para oferecer ao mentor. Locher provou. E disse que os suíços que conhecia e que trabalhavam com queijo poderiam chorar se provassem aquela *raclette*.

– Chorar?

– Chorar de tão bom que é.

De acordo com Locher, o prato que Kennidy havia preparado era muito melhor do que as *raclettes* originais produzidas em seu país natal. E ele não era um suíço qualquer, mas um especialista internacionalmente renomado.

Nos anos seguintes, os elogios de Locher iriam se confirmar. Começou em 2022, com três queijos produzidos com a tecnologia do projeto de Queijos

Finos do Biopark sendo premiados no 2º Mundial do Queijo do Brasil, realizado em São Paulo, entre 15 e 18 de setembro. Disputavam com 1.100 concorrentes de 11 países. Produtos beneficiados com a tecnologia do projeto seguiram acumulando dezenas de medalhas em premiações nacionais e internacionais. Assim como fazia com os produtores no Brasil, Kennidy passou a dar orientações até aos que concorriam com ele nessas competições.

Certo dia o telefone tocou, enquanto Kennidy lavava a louça em casa. Era uma mestra queijeira, desesperada porque não sabia o que fazer com um queijo que tinham enviado para ela em uma competição. Em poucos minutos, Kennidy a orientou. No dia seguinte, ela ligou novamente, perguntando quanto ele cobraria pela consultoria, mas Kennidy disse que não era necessário. Mais tarde, ela ganhou o título de segunda melhor queijeira do Brasil com um queijo do mesmo tipo.

A iniciativa do Biopark continuaria causando alvoroço no exterior. No Mundial de 2024, novamente em São Paulo, o projeto de Queijos Finos do Biopark conquistou oito medalhas. Três de ouro e cinco de prata. Além disso, a dupla de queijeiros do Biopark, Kennidy e Henrique Herbert, conquistou o título de "Melhores Queijeiros do Brasil".

Mas nem só de mestres queijeiros vivia o reconhecimento internacional do Biopark. As crianças do Clube de Ciências também já chamavam a atenção, com seus projetos científicos. Duas meninas criaram um protetor solar a partir de um extrato de plantas. Dois meninos desenvolveram um canudo biodegradável, enquanto outros três optaram por um plástico, também biodegradável, mas com ação antibacteriana. Os projetos se multiplicavam e levaram prêmios, de Pernambuco (Feira Ciência Jovem) ao Rio Grande do Sul (Mostratec Júnior), passando por São Paulo (Feira Brasileira de Ciências e Engenharia – Febrace). E, como os queijos, também chegavam ao exterior, como na ExpoCiencias Zamá, no México, e na Feira Internacional Copa Tecnociências, no Paraguai. Em algumas ocasiões, as crianças de Toledo chegavam a disputar com centenas de concorrentes. E arrematavam os prêmios.

Era a prova de que realmente é possível influenciar positivamente as gerações futuras. Conquistas como aquelas eram a prioridade para Luiz, a razão pela qual agora ele dedicava sua vida ao Biopark, motivo pelo qual ele não saía do Charles Darwin. E foi ali, em 2022, que ele recebeu aquele que se tornaria um de seus aliados mais importantes.

Baiano de Salvador, Paulo Rocha e seus três irmãos eram de família simples e só poderiam estudar se conseguissem entrar em uma faculdade pública, pois a família não tinha meios de bancar ensino superior privado. Rocha conseguiu entrar no curso de Administração da Universidade Federal da Bahia, onde sua atividade em uma empresa Júnior chamou a atenção de um professor, que o convidou para trabalhar.

Anos depois, Rocha achou que tinha encontrado sua vocação quando entrou no setor de educação e seguiu carreira trabalhando em grandes corporações do setor. Mas, apesar do bom desempenho, confirmado pela conquista de bônus todos os anos, o executivo sentiu uma certa decepção. O que ele tinha enxergado de diferente na educação era o foco nas pessoas, no impacto na vida delas, lembrando-se de como tinha sido difícil e importante para ele ter conseguido se formar. No entanto, as empresas com melhor desempenho financeiro do setor conseguiam seus resultados com foco no resultado contábil, não no aspecto humano.

A surpresa mesmo veio quando, motivado por essa frustração, ele aceitou um convite vindo do interior do Paraná. Ninguém entendeu – logo ele, executivo do primeiro time, considerando uma vaga em uma instituição de ensino ainda em estágio inicial e com um corpo discente que mal ocupava uma quadra de basquete. Rocha tinha gerenciado operações com dezenas de milhares de alunos e chegou a ser sócio em um grande grupo educacional.

Mesmo assim, resolveu disputar a vaga. Evidentemente, as credenciais do soteropolitano foram mais do que suficientes para que passasse pela primeira peneira. Foi convidado, juntamente com dois outros candidatos, para ir a Toledo. Diferentemente dos concorrentes, Rocha surpreendeu ao levar a família na viagem, usando o argumento bastante razoável de que a mudança seria enorme também para eles e que todos tinham que decidir juntos.

Talvez tenha sido isso, talvez tenha sido o currículo, talvez a maneira como Rocha se expressou quando encontrou Luiz. O fato é que bastaram poucos minutos para o idealizador do Biopark dizer ao executivo:

– Paulo, estou torcendo por você.

Estava contratado. No início de 2022, assumiu a função de diretor-geral do Biopark Educação. Dois anos depois, acumularia o posto de vice-presidente do parque tecnológico. Nessas funções, Rocha se convenceu de que o caminho para o Biopark seria contar com uma estrutura educacional integrada – do ensino fundamental ao ensino superior, incluindo programas de pós-graduação e programas de iniciação científica. Somente com isso as empresas passariam a enxergar o Biopark como um centro urbano ideal para instalação, atraindo negócios focados em inovação por meio de investimentos em pesquisa e desenvolvimento, criando um ciclo virtuoso capaz de cativar investidores e empreendedores.

Como Enio tinha sugerido, a área iria se transformar em um parque tecnológico de quarta geração, com vida própria – um território urbano completo, com moradia, comércio, escolas e todos os serviços necessários para uma cidade funcional e tecnológica. A essa altura, dezenas de milhares de pessoas passariam diariamente pelo Biopark, parte dessa população morando nos setores residenciais.

Aquele era um trabalho gigantesco, um esforço hercúleo que exigiria o talento de todos. Incluindo Carmen, que dividia seu olhar com a área de pesquisa da Prati, atividade que amava. Desde sempre, o estudo e a ciência se mantiveram como suas grandes paixões. Ainda na escola, quando garantiu, com olhar firme para a freira do colégio, que ia estudar. Depois, adulta, quando se apaixonou pelas máquinas. Mais tarde, com a vivência da Prati, quando levou seu fascínio pela ciência para os alunos na universidade ou quando desbravou a Ásia e a Europa em busca de conhecimento e fornecedores. Em todas essas situações, Carmen manteve acesa a chama do amor pelo conhecimento e pela ciência. E, agora, apoiava o marido no projeto do Biopark.

Mas Luiz tinha completado 70 anos no início de 2025 e sabia que estava necessariamente plantando para as futuras gerações. Ele, o filho, Victor Donaduzzi, Rocha e o restante da equipe do Biopark tinham um grande número de desafios pela frente. Se fossem bem-sucedidos, conseguiriam criar aquela força gravitacional para atrair cientistas, empreendedores e estudantes.

Mas o tempo era curto e Luiz tinha pressa. Ter a certeza do sucesso era uma questão que ficaria em aberto. A história ainda estava longe de terminar.

Álbum de fotos

Aldemar Donaduzzi com o neto Victor.

Luiz na sua farmácia, em Querência do Norte (PR).

Luiz na França, durante o doutorado.

Anos 1980 em Rondônia: doutorado interrompido.

Formatura em Farmácia, na Universidade Estadual de Maringá (PR).

Carmen, formada em Farmácia em Maringá (PR), em 1983.

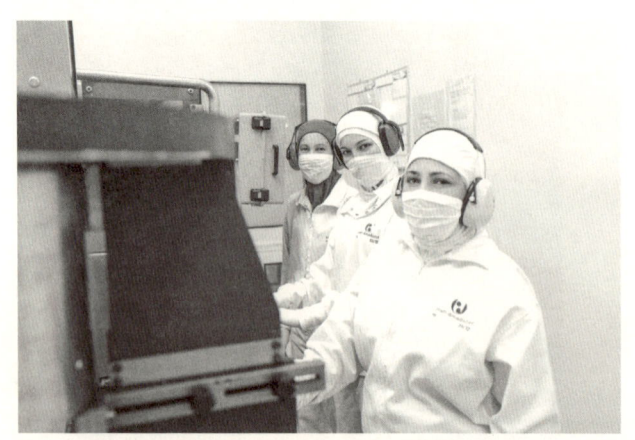

Funcionárias usando EPI (equipamento de proteção individual): rigor aos padrões.

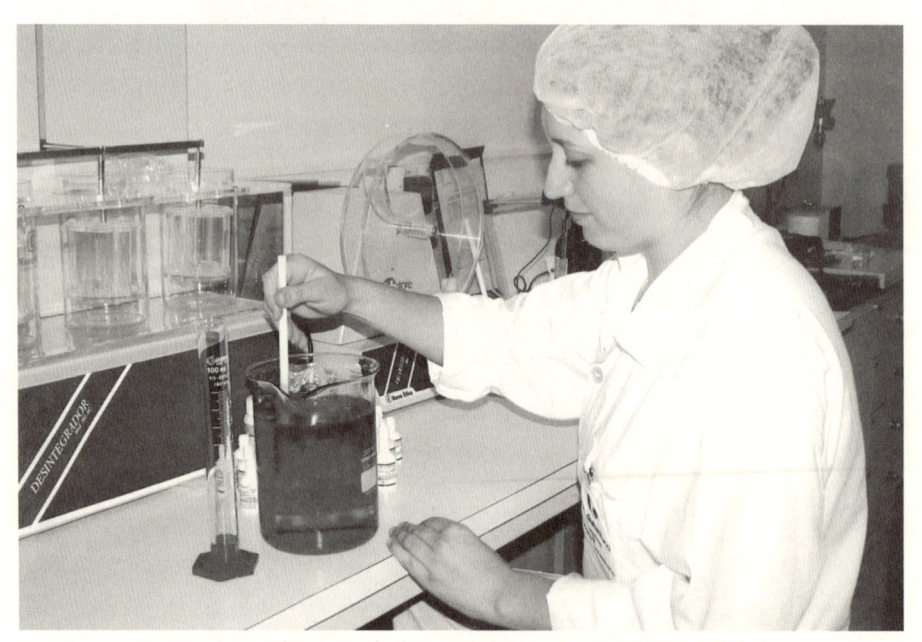

Funcionária realiza teste de desintegração para controle de qualidade.

Fachada do prédio da Fármaco em Toledo (PR), com o acréscimo do nome Prati-Donaduzzi.

Maquinário mais avançado indicava o crescimento da Prati-Donaduzzi, nos anos 2000.

A envasadora automatizou o processo que antes era feito na cozinha da família.

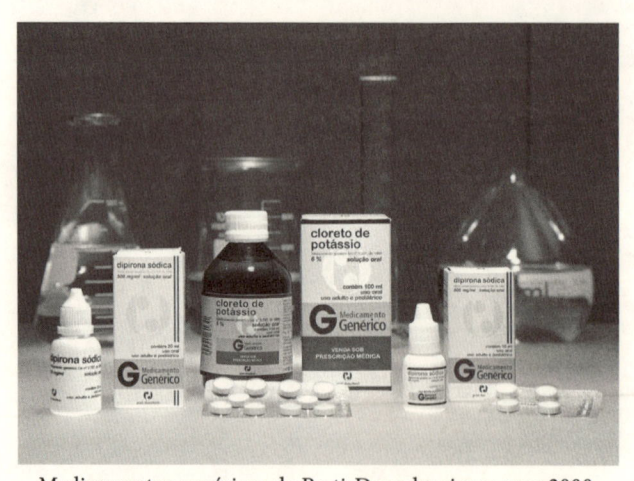

Medicamentos genéricos da Prati-Donaduzzi nos anos 2000.

Lançamento da pedra fundamental da Faculdade de Medicina da UFPR no Biopark, em 16 de novembro de 2016.

Construção do edifício Charles Darwin, em 2019.

Vista aérea das primeiras construções do Biopark:
edifício Charles Darwin e Universidade Federal do Paraná.

Vista aérea do Biopark. No meio, a rodovia PR-182.

Luiz em aula no Biopark.

Clube de Ciências: crianças a partir dos 4 anos são apresentadas ao mundo científico.

Inauguração da biblioteca do Biopark.

Casal Donaduzzi e funcionários da empresa em evento na Prati.

Luiz e Carmen.

Fachada da Prati-Donaduzzi e seus funcionários na comemoração de 25 anos da empresa. Ao fundo, novas instalações sendo construídas.

Celso, Carmen, Luiz, Angela, Elenise e Arno.

Entrada da fábrica da Prati-Donaduzzi.

Vista aérea do complexo da Prati-Donaduzzi, em Toledo-PR.

MATRIX